共图经管

冉斌◎主编

学管理 用管理 會管理

优秀管理者成长三部曲

水藏玺◎著

中国经济出版社
CHINA ECONOMIC PUBLISHING HOUSE
北 京

图书在版编目（CIP）数据

学管理 用管理 会管理／水藏玺著．
北京：中国经济出版社，2016.6
ISBN 978－7－5136－3016－0

Ⅰ．①学… Ⅱ．①水… Ⅲ．①管理学 Ⅳ．①C93

中国版本图书馆 CIP 数据核字（2014）第 009579 号

责任编辑　李煜萍
责任审读　霍宏涛
责任印制　马小宾

出版发行　中国经济出版社
印 刷 者　北京科信印刷有限公司
经 销 者　各地新华书店
开　　本　787mm×1092mm　1/16
印　　张　14.25
字　　数　263 千字
版　　次　2016 年 6 月第 1 版
印　　次　2016 年 6 月第 1 次
定　　价　45.00 元
广告经营许可证　京西工商广字第 8179 号

中国经济出版社 **网址** www.economyph.com **社址** 北京市西城区百万庄北街 3 号 **邮编** 100037
本版图书如存在印装质量问题，请与本社发行中心联系调换（联系电话：010－68330607）

序 一

随时随地、随人随事地实施管理

欣闻水藏玺先生《学管理 用管理 会管理》一书即将付梓，在此送上我的祝福。水藏玺先生在日常繁忙的咨询工作中，还能抽出时间将自己的十多年咨询经验和对管理的感悟写出来，与大家分享，这对我们多年苦恼于管理团队培养、管理问题解决的企业家而言无疑是一个福音。

自2004年成立以来，金溢科技始终以“成为全球领先的智慧交通与物联网核心设备及解决方案提供商”为愿景，以“让交通更智慧，让生活更简单”为使命，聚焦智能交通十余载，以高速公路智能交通、射频识别、城市智能交通、营运车联网四大业务领域为核心，致力于构建一个将人、车、路、场、环境等紧密协调，便捷、高效、绿色、安全的城市交通物联网，从而打造一个上得了高速、下得了停车场、进得了商圈、回得了家园的车生活场景，并通过统一的云平台，为政府、行业客户、终端用户提供决策监管、营运管理和交通出行等专业信息服务。

这么多年来，在公司业务快速发展的牵引下，我们始终在奔跑，甚至很少有时间停下来思考企业未来发展的事情，导致现在企业规模越来越大，管理难度也越来越大，特别是在经济下行、竞争格局不断被打破的情况下，企业的经营质量也遇到了前所未有的挑战。

在企业快速扩展的同时，公司对管理人才的需求越来越迫切，之前公司内部惯用的“技而优则管、业而精则管”的管理干部选拔模式，其弊端已逐步凸显。如何才能在很短的时间培养出一支“懂业务、精管理”的管理干部队伍，是一直困扰金溢科技人力资源管理的问题。

水藏玺先生提出的管理循环和管理者成长三部曲，很好地诠释了成为一名优秀管理者的最佳路径。我非常欣赏书中提到的“会管理就是随时随地、随人随事地实施管理”，这也是金溢科技在过去培养管理干部的过程中极其苦恼的事情，公司每年花费大量的人力、物力和财力在管理干部的培养上，但效果并不好。看了水藏玺先生的《学管理 用管理 会管理》之后，犹如醍醐灌顶。

我认为，传统企业要保持良性的发展，基础必须扎实，那么基础又是什么呢？基础就是管理，做好了管理，企业才有了发展动力。水藏玺先生的《学管理 用管理 会管理》一书系统地介绍了企业如何快速培养和打造一批既有战略眼光又具管理技能的管理团队，可以这么讲，这本书为那些深陷泥潭的中国传统企业打好管理基础提供了全面的方法论和实践经验。

金溢科技总裁：罗瑞发

2016 年 5 月 1 日于广州

序 二 <<<

团队成就百年金凯德

每位企业家都有一个做百年企业的梦想。金凯德集团自2007年成立以来，始终也按照这样的梦想在坚持。到今年为止，金凯德成立不过区区八年的时间，虽然离百年的目标还很远，但我坚信金凯德一定会成为一家受人尊敬的百年企业。

八年前，我们凭着对钢木门市场的预判开启了金凯德发展的蓝海时代，过去的经营业绩证明当初的选择是正确的，特别是在这两年大环境和行业不景气的背景下，金凯德还能实现业绩增长，就是最好的证明。

但在带领金凯德持续前行的过程中，我越来越明显地感觉到市场变化的巨大压力。八年前我们凭借敏锐的市场嗅觉让金凯德获得了成功；八年后的今天，钢木门市场俨然已经成为一片红海，那么金凯德的未来在哪里？

俗话说：五年的企业靠老板，十年的企业靠团队，百年的企业靠文化。是的，未来的金凯德一定需要打造一支优秀团队。过去我们每年都要花上百万的资金进行团队技能提升，同时也成立了金凯德商学院来加强团队建设。

自从水藏玺先生和他的团队进驻金凯德之后，我们通过水藏玺先生提出的"管理循环理论"，更进一步地体会到，团队技能的提升在于知，更在于行。过去我们组织的很多培训大多更加关注"知"，即思想和理论层面的内容，但要把管理工作做好更在于"行"，即工具、方法和实践。

水藏玺先生的《学管理 用管理 会管理》一书非常直观地告诉我们如何从一名管理的门外汉成功转型成为行家里手：学管理的重点在于学习管理的思想和理论、原则；用管理是需要用科学的管理工具和方法去解决问题；会管理则是管理的最高境界，是每位管理者追求的终极目标。

金凯德的未来一定能够利用水藏玺先生提出的“管理循环理论”，打造出一支既有战略眼光更有实战能力的团队，为实现百年金凯德的梦想而全力以赴！

中国金凯德集团董事长：陈利新

2016 年 5 月 1 日

前言

十多年的管理咨询生涯，几乎每天都在谈论关于企业经营、战略规划、商业模式、业务蓝图、流程再造、组织优化、集团管控、管理创新、团队管理、员工激励、绩效管理、企业文化重构、互联网+转型、物联网变革等涉及企业经营与管理的话题，在与很多企业老板和管理者们就这些话题进行沟通的过程中，经常会面临这样的问题：

老板说："水顾问，要是早5年、10年认识你就好了。"我问："为什么呢?"老板们通常会说："那时候我们企业刚刚起步，如果我们在企业创立伊始就先把管理体系设计好，然后各部门按照设计好的管理体系推进，企业在管理上就不会走那么多弯路，岂不更好!"

管理者讲："水老师，要是我们早些时候学会并运用这些管理工具和方法就好了。如果掌握了它们，我们在日常管理工作中就不会那么纠结了，岂不快哉!"

面对这些问题，我通常会用一个字回答他们：错!

为什么呢?原因很简单：

第一，管理体系的建设要与企业的发展阶段和战略诉求相符。通过下页的图我们可以看得出来，企业在发展的不同阶段，就像一个人处于不同的年龄段一样，其历史使命和经营重点是不同的。人的一生必须经历求学、成家、立业等一系列人生阶段。孔子说："吾十有五而志于学，三十而立，四十而不惑，五十而知天命，六十而耳顺，七十而随心所欲，不逾矩。"不同的人生阶段对人生的感悟是不同的，企业也是同理，从小到大，必须经历从初创、成长、成熟到衰退的不同发展阶段，不同发展阶段其经营重点是不同的，管理的侧重点也会存在非常大的差异。

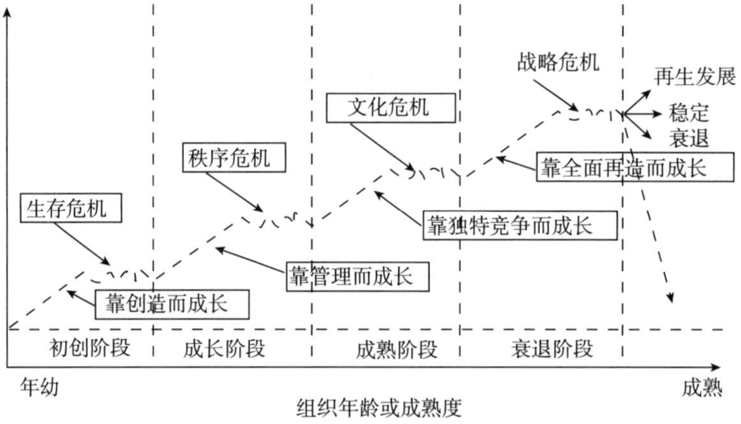

初创阶段的企业最需要解决的是生存的问题，这时候企业往往是依靠某种市场机遇，抑或某种特殊的商业模式获得成长与发展，就如马云所讲，“初创企业的核心就两点：生存和赚钱”，这时候的企业一般规模都比较小，业务模式也相对简单，对管理体系的依赖并不强。

随着企业进入了快速成长期，规模会不断壮大，组织分工也会越来越细。这个发展阶段的企业如果还是延续初创期粗放的管理模式，很有可能会遭遇灭顶之灾，提前进入衰退期甚至夭折，因此建立和健全企业内部的管理秩序（如流程体系、组织职位体系、利益分配体系、员工激励、人才培养、梯队建设、目标绩效体系，等等）就成为这一发展阶段企业管理工作的核心。

进入成熟期，企业资产达到相当规模后保持相对稳定，业务模式趋于成熟，同时，经过多年的快速发展，企业也积累了比较丰富的管理经验，此时，独特的企业文化便会初露端倪。但此时的企业往往又会表现出组织臃肿、运营效率低下、盈利能力下降、员工士气低落、缺乏激情、发展乏力、战略导向模糊等一系列问题。所有这些现象都预示着企业将面临极大的挑战和考验，此时，企业需要规范化、流程化、扁平化、分权化和系统化的管理。

随着企业步入衰退期，发展战略、市场营销、生产运作、供应链管理、财务管理、成本控制、人力资源等方面都可能出现了问题，这就迫使企业对管理的各方面进行全面审视。值得注意的是，这时候最值得检讨的是发展战略和商业模式，企业需要通过对宏观环境、行业竞争及发展态势、自身经营状况、资源配置等状况进行客观审视，重新确定企业发展愿景、定位以及总体发展战略、业务战略和职能战略，而这些又会成为这个阶段企业管理的重点。

可见，企业管理体系的建立，一定要与所处的发展阶段及战略诉求密切相关，而离开发展阶段及战略诉求去构建管理体系，很可能会导致事倍功半。这就是我们认为“在创立伊始就建立完善的管理体系”的观点失之简单的道理。

第二，如果机械地运用管理工具和方法去解决问题，也是存在问题的。

我们回头看看过去20多年中国企业追逐管理的过程就一目了然了。中国企业最早从做ISO9000开始，到后来做现场管理、成本管理、精细化管理、简单管理、细节管理、执行力、6Sigma、5S、JIT、流程再造、BSC、KPI、任职资格、战略管理、商业模式、学习型组织建设、流程中心型组织、战略中心型组织、互联网+转型，等等，全部都是期望机械地利用一些管理工具和管理方法解决实际的管理问题。

在拙著《管理成熟度评价理论与方法》（中国经济出版社，2012年3月出版）中，笔者将中国企业过去20多年追逐管理的过程归结为四种类型：

（1）抽风运动。过去20多年中国企业至少“抽过”5次“风”——成本管理风、现场管理风、学习风、精细化管理风、标准化管理风。

（2）盲目跟风。我们看到很多企业，今天抓现场，明天搞品牌，本月玩广告，下月抓促销，脚踩西瓜皮，踩到哪里算哪里，别人搞嘛我搞嘛，跟在别人屁股后面跑，到头来没有任何积累和沉淀。

（3）支离破碎。中国企业的管理是不成体系的：要么打满补丁，要么残缺不全；要么多头管理，要么管理空白。

（4）参差不齐。中国企业的管理体系犹如犬牙交错，参差不齐。正因为企业总是在“抽风”，老板亲自抓的事情就好一些，老板不关心的事情就一团糟；今天关注的事情可能好一些，今天不关注的事情就可能一塌糊涂。

在笔者看来，其中，抽风运动和盲目跟风就是简单利用管理工具的结果，而支离破碎和参差不齐则是管理者对管理体系建设片面理解和没有体系化的思维造成的。

由此可见，企业的管理既不能离开战略意图及发展阶段凭空想象，也不能粗暴、简单、机械地利用管理工具和方法解决问题；这也是我们认为“如果掌握了管理工具和方法，我们在日常管理工作中就不会那么纠结了”的观点存在的主要问题。

既然以上两种观点都存在问题，那么企业管理究竟应该如何去做呢？

这也正是很多企业老板、管理层苦恼的问题，在本书中，笔者将和大家共同研讨这些话题，期望通过本书，帮助企业管理者打开一扇“窗户”，找到一些思路。

其实，管理本身就是一个很大的话题，治理一个国家需要管理，经营一家企业需要管理，开一间夫妻店需要管理，甚至居家过日子都离不开管理。管理无处不在，因为有“人”的地方就需要管理，有“事”的地方也需要管理。可以说，我们每个人都生存在一个时时刻刻被管理的社会，同时我们又时时刻刻在行使管理，约束自己和他人。

在很多人看来，管理是极其复杂的，但如果我们抽丝剥茧，正本清源，便会发现，任何管理都是有规律的，正如下图所示。

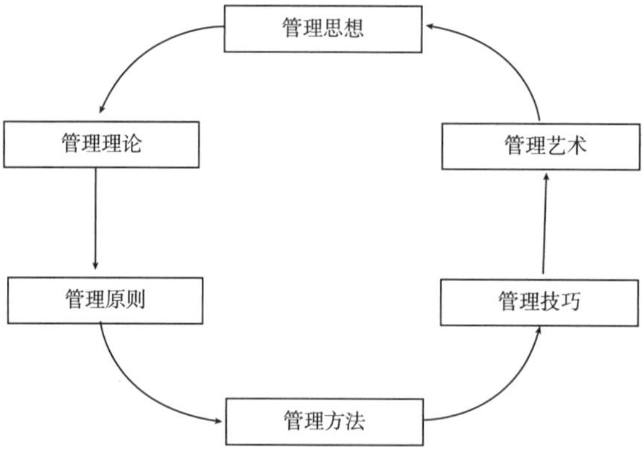

管理的本源来自思想，不管你是企业老板、高层管理者，还是中层管理者、基层管理者，你都必须深层次地理解管理思想层面的东西，诸如：中国传统文化中的孔子、孟子、荀子、老子、庄子、孙子等百家思想，佛教、基督教、伊斯兰教、道教的宗教思想，竞争与合作、合纵连横的战争思想，古希腊三贤（苏格拉底、柏拉图、亚里士多德）的哲学思想，等等。因为管理者在实施管理的过程中，势必会涉及人性的假设、等级观念、道德观、伦理观、财富观、竞争观、利益观、世界观等价值观层面的内容，而这些内容必须与传统的管理思想保持一致。

但我们只了解思想层面还不够，要想实施管理还必须系统地掌握基本管理理论，比如泰罗倡导的科学管理、法约尔提出的管理职能、韦伯主张的组织管理、巴纳德的组织论、梅奥的人际关系学说、马斯洛的需求层次理论、赫茨伯格的双因素理论、麦格雷戈的X理论与Y理论等等，只有系统掌握这些管理理论，才能为管理者实施管理提供理论依据。

当然，管理者除了系统掌握管理知识之外，还需要了解基本的管理原则，早在19世纪，法约尔就提出了管理的14项原则（包括分工、职权与职责、纪律、统一指挥、统一领导、个人利益服从整体利益、个人报酬、集中化、等级链、秩序、公正、保持人员的稳定、首创精神、团结精神）。在2000年的世界经理人大会上，又结合当前的社会主流价值观及管理科学的发展，提出了符合当代企业管理的10大原则（包括激励与沟通原则，合作原则，诚信原则，服务原则，以人为本原则，个人利益服从整体利益原则，持续领先原则，公开、公平和公正原则，目标与计划原则，高效与快速响应原则），这些原则是企业实施管理的基准。

在具体工作中，管理者还必须将上面提到的管理理论和原则转化为切实可行的各种管理工具和方法。这些管理工具和方法的应用会随着管理对象、管理场景的不同而要求管理者做到随时、随地、随人、随事，比如管理者期望员工努力工作，可以选择用目标激励、绩效考核、发奖金、管理者以身作则、树立榜样、鞭策后进、优胜劣汰等手段和方法，可以使用“大棒”，也可以使用“胡萝卜”；再如评估一名员工是否优秀，管理者可以采用360°评估、180°评估、任职资格测评、适岗率测评、MBTI测评、KPI评价、KCI评价、KBI评价，等等。究竟哪个方法更好，需要根据不同的管理对象区别对待。

最后，我们发现在实际管理工作中，那些能熟练和巧妙应用管理工具和方法的管理者，大家都会认为他的管理能力很强，也就是我们通常所说的富于管理技巧，而那些能将这些管理工具和方法恰到好处应用的管理者才能称为具有管理艺术的管理者。这些管理者通过多年的管理实践和体会，会根据自己的理解提炼和总结出一些管理法则和理论，诸如大家很熟悉的苛希纳定律、赛局理论、不值得定律、木桶原理、温水煮青蛙原理、烫炉法则、隧道视野理论、马太效应、蝴蝶效应、多米诺效应、250定律、因果定律、韦尔奇原则、惠普定律等。许多国内知名企业也提出了自己的理论主张，如：海尔提出的OEC管理法、斜坡理论、赛马理论、80/20法则、休克鱼理论、6S大脚印等；蒙牛提出的98%法则、3个3原则、奥运精神+木匠观点、1+1 > 2；联想提出的看画理论、鸵鸟理论；宏基提出的微笑曲线；阿里巴巴提出的狂人理论；等等。

综上所述，要想成为一名真正的管理高手，既不能“只见树木，不见森林”，也不能“乱拳打死老师傅”；既不能脱离实际地凭空想象，也不能违背管理原则瞎琢磨。管理既是科学又是艺术，要想拿捏得当且成效显著，掌握其中的规律是很重要的；正如本书的书名一样：学管理、用管理、会管理，这才是一名优秀管理者成长的必经之路。

本书就是按照上页图中所示，从管理思想入手，对管理理论、管理原则进行系统介绍，同时也为管理者归纳和总结了常用的一些管理工具和方法，此外，为了让管理者能够“入模”和快速成长，本书还系统介绍了管理者任职资格体系。期望本书能够抛砖引玉，“敲”开管理思路，帮助管理者快速成长、成熟为一名优秀的管理“大咖”！

是为序。

水藏玺

2016 年 4 月 5 日

目 录

第一篇　管理者角色认知篇

第二篇 管理职责篇

第三篇　管理素质提升篇

第一篇

管理者角色认知篇

管理是一门科学，这首先就意味着，管理人员付诸实践的是管理学而不是经济学，不是计量方法，不是行为科学。无论是经济学、计量方法还是行为科学都只是管理人员的工具。但是，管理人员付诸实践的并不是经济学，正好像一个医生付诸实践的并不是验血那样；管理人员付诸实践的并不是行为科学，正好像一位生物学家付诸实践的并不是显微镜那样；管理人员付诸实践的也并不是计量方法，正好像一位律师付诸实践的并不是判例那样。管理人员付诸实践的是管理学。

——彼得·德鲁克

既然管理人员付诸实践的是管理学，那么管理应该怎么做呢？管理者又该如何去进行管理实践呢？

从古典管理理论的代表人物泰罗（科学管理之父）、法约尔（管理过程之父）、韦伯（组织理论之父）开始，到后来以孔茨（管理过程学派代表人物）、马斯洛（需求层次理论创始人）、赫茨伯格（双因素理论创始人）、麦格雷戈（行为科学流派代表人物）、西蒙（管理决策流派代表人物）、德鲁克（经验管理流派代表人物）、巴纳德（社会系统流派代表人物）、卡普兰和诺顿（战略地图、平衡计分卡理论创始人）、彼得·圣洁（学习型组织创始人）等为代表的管理学家们，都在研究如何通过系统的战略规划、科学的商业模式、完善的组织体系、科学的分工与高效的协作、规范的行为标准、科学的激励体系、高效的决策等，快速实现组织目标。

在本篇中，我们将重点探讨管理的本质、企业管理者的基本特征及管理者任职资格等话题，旨在帮助管理者正确认知自身角色定位。

第一章

认识管理：管理与管理者

德鲁克曾经说过：管理是一门科学，管理也是一门艺术，管理更是一种实践。

企业管理工作的核心就是从事管理工作的人通过他人并使他人同自己一起实现企业经营目标。通常情况下，管理者并不直接参与具体事务性工作的处理，而是委托下属去做，自己则花大量的时间和精力进行计划安排、组织领导、监督检查和结果评价。正如联想集团的柳传志先生所言：管理者的三项重点工作，即搭班子、定战略、看结果。

3 setps to be an excellent manager

第一节 管理的本质

一、管理的目的在于实现企业目标

（1）企业通过管理可以明确发展方向。我们知道，一家成功的企业取决于两个核心的因素，即成功的战略和组织能力。战略选择正确与否，直接影响企业的发展前途和命运，企业可以通过对行业发展前景、企业经营环境以及内部经营状况分析等一系列管理方法和手段，保证企业战略选择是正确的，因为战略错了，一切就都错了！

（2）企业通过管理可以提升组织能力。企业的组织能力包括组织设计、部门配合、责权利划分、跨部门流程管理等，这些因素直接影响企业运作的效率和质量，企业可以通过价值链分析、工作分析、工作饱和度测量、业务流程再造等管理方法提升组织能力。

（3）企业可以通过管理提升运营能力。我们都明白一个简单的道理：企业要想提升盈利能力，有两条路可以选择——开源和节流，而开源和节流在很大程度上都可以通过管理的手段来实现。

（4）企业还可以通过管理提升员工敬业度。员工敬业度与员工满意度不同，它是指员工在情感上认同并投入其所从事的工作和所在组织的程度，员工满意度高，并不能代表员工的敬业度就高。企业可以通过营造良好的工作氛围，塑造和谐的企业文化，为员工提供更大、更好的发展空间，提供具有竞争力和公平性的薪酬福利等管理手段实现这一目标。

总之，发展战略指明了企业的发展方向，组织效能保证企业整体运作的效率，运营能力可以帮助企业实现更大的盈利，员工敬业可以保障组织的稳定性与战斗力；而管理则可以帮助企业实现这一切。**将"偶然"变为"必然"，这就是管理的价值所在。**

二、管理是过程，经营是结果

在企业内部我们经常讲到这样两个词：经营与管理，那么经营和管理之间又有哪些区别呢？

早些年有一部电视剧《刘老根》，可以说红极一时。在这部电视剧中，刘老根的龙泉山庄举行了一次招聘面试，主考官问了应聘者这样一个问题：你认为在企业中经营和管理有什么不同？这位应聘者的回答给我留下了深刻的印象，他回答道：**经营是经济运营之意，经营的目的是为了追求企业效益最大化，经营以采购—生产—销售为主线；而管理是管辖治理之意，管理的目的是追求效率最大化，管理重点体现以人为本。**

这个回答太好了，简单几句话，道出了企业经营和管理的关系，言简意赅！

其实，在企业，经营和管理犹如自行车的两个轮子，少了任何一个，自行车都会变成独轮车，骑不快，也危险。经营的目的就是如何让企业赚钱，经营是由企业的发展战略决定的；而管理则可以帮助企业稳健、低成本、高效率地赚钱。

我们也经常听到很多人在说：管理是过程，经营是结果。下面，我们结合管理"三叶草"理论①对管理和经营的关系进行阐述。

企业管理职责包括战略管理、组织管理、人力资源管理，前面我们已经提到：如果一家企业没有战略，工作就会失去方向；如果一家企业的组织体系存在问题，

① 注：本书第三章对管理"三叶草"另有详细阐述。

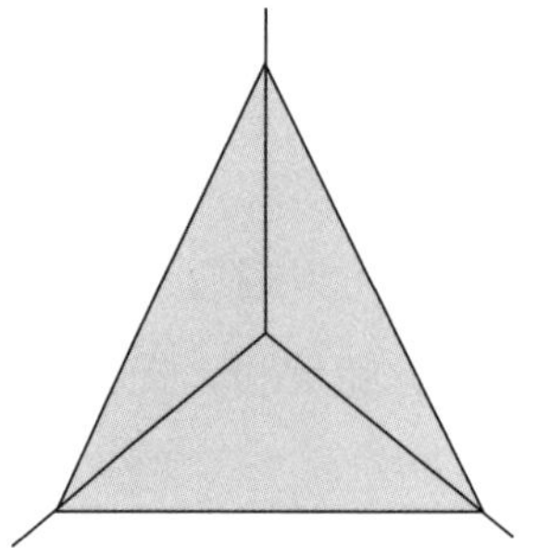

图1－1　管理与经营的关系

就很有可能导致战略在执行的过程中脱离既定的路线和方针；如果一家企业不能招到并用好合适的人，也极有可能导致战略流产。正是基于以上的原因，我们认为，企业管理在战略、组织、人力资源三个方面缺一不可。

那么企业的经营又是什么呢？我们认为，经营就是如何将战略、组织和人力资源完美地结合起来，让合适的人用正确的方法去做正确的事情。如图1－1所示，战略、组织和人力资源围成了一个三角形，三角形面积的大小，代表企业经营成果的好坏。企业要想取得良好的经营业绩，就需要让三角形的面积最大化，而要做到这一点，企业必须要从战略、组织、人力资源三个维度都做好；这三个维度的任何一个出了问题，三角形的面积都会缩小，相应的，企业的经营业绩也就会变差。

综上所述，如果企业的管理离开了对企业发展方向的坚持和对企业组织能力的提升，以及对于组织效率的提升，所有管理活动都将变得毫无意义，因为管理的目的就是要通过管理方法和手段，以最低的成本和最快的速度实现企业的战略目标。

三、管理就是管人和理事

既然管理追求效率最大化，那么如何才能保证效率呢？这需要我们从管理的对象进行分析，有人把管理分为“管人”和“理事”，这就说明**管理的对象包括人和事两种，企业经营的过程就是通过不断地对人和事进行资源重组、调整和优化，实现不同的经营目标。**

“管人”的核心在于选人、育人、用人和留人，通过“管人”，企业可以保证让合适的人在合适的时候到合适的岗位上工作；而“管事”的核心包括产、供、销、财、物、信息等，通过“管事”，企业可以以最高效和最经济的方式满足客户需求。

“管人”需要建立以人为本的人力资源管理体系；“管事”需要建立以流程导向和结果导向的规范化管理体系。

另外，在企业内部，“管”和“理”的内容也是不同的：“管”包括定战略、定目标、文化建设、团队建设、授权、员工激励、业绩导向等；而“理”则包括组织优化、岗位设置、职责调整、流程梳理、制度优化等。

企业如想要把“人”和“事”管好，则需要建立必要的管理机制/体系。在企业中，管理机制/体系又往往通过流程、制度、标准和表单来体现，我们可以建一个企业管理体系生态图。（如图1－2）

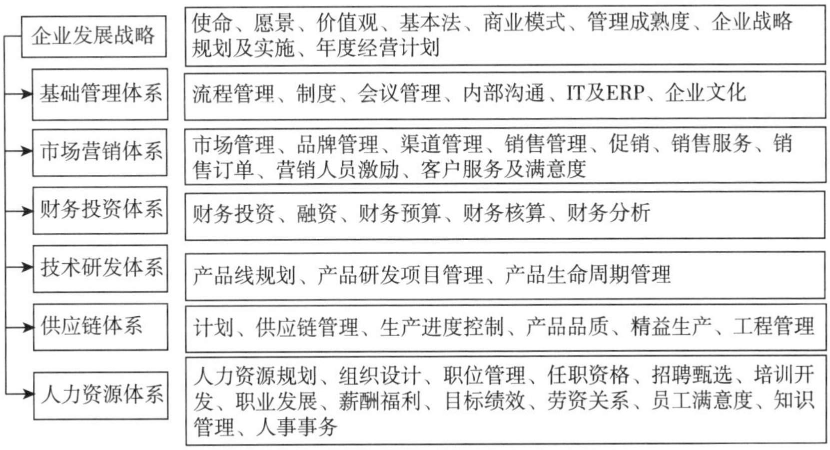

图1－2　企业管理体系生态图（示意）

通过图1－2，我们可以清晰地看到，企业需要根据自己的战略定位及规划，系统建立和完善与之相匹配的管理体系。当然，不同的企业，由于管理对象不同，其管理体系也会有所差异。

四、管理的核心是对人性的把握

不管是麦格雷戈的X理论、Y理论[①]，还是孟子主张的人性本善、荀子主张的人性本恶，都是一种对人性的假设。在企业管理过程中，管理者也不可避免地会面临这样的问题——对人性的理解和把握。面对一个自然人就已经很难把握了，况且管理者面对的不仅仅是自然人，还是经济人、社会人、企业人，这个问题就变得极

① 注：本书第九章对X理论、Y理论另有详细阐述。

其复杂。特别是在这个“物欲横流”的时代，员工本身需要扮演多重角色，又会受到很多诱惑、面临很多选择，这时候，对于管理者而言，对人性的理解和把握就显得尤为关键。此外，员工一方面迫于生计需要努力工作，为了自身的发展和职业追求也会任劳任怨，另一方面，当不断受到外界干扰的时候，又会表现出趋利避害、唯利是图的一面，那么管理者要想在这些因素当中取得一种平衡就需要深刻理解人性本身。

3 setps to be an excellent manager | 第二节

企业发展阶段与管理需求

前面我们已经提到，企业的管理职责包括战略管理、组织管理和人力资源管理，那么企业在不同的发展阶段，对管理职责的建设是否存在一定的差异呢？答案是肯定的，企业在构建管理体系的过程中，不能离开发展阶段和管理基础盲目地去做。

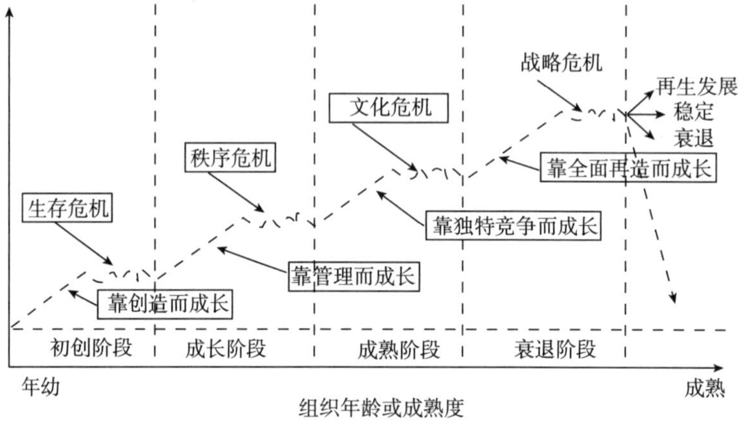

图 1－3　企业发展不同阶段对管理的需求

通过图 1－3 可以看得出来，企业在不同的发展阶段，会面临不同的危机，而化解这些危机，需要从管理体系建设方面进行系统考量；所以说，企业管理体系的建设、管理职责的履行必须要与企业的发展阶段密切相关。

表1-1　不同发展阶段企业管理重点分析

企业发展阶段	企业特征	成长策略	管理重点		
			战略管理维度	组织管理维度	人力资源管理维度
初创阶段	刚起步、规模小、团队凝聚力强、富创业激情、业务模式简单	靠创造和机会获得成长	商业模式定义	计划体系、项目管理体系、组织定义	薪酬福利体系
成长阶段	业务快速发展、组织快速扩张、内部秩序混乱	靠内部管理获得成长	企业战略规划、年度经营计划	组织体系、业务流程、管理流程、信息化导入	任职资格、人才培养、企业大学
成熟阶段	业务扩张减缓、运营效率低下，盈利能力下降、员工士气低落、战略导向模糊	靠独特竞争获得成长	战略升级、商业模式再造、年度经营计划	流程体系优化、组织体系优化、集团管控、信息化升级	关键岗位管理、核心员工激励
衰退阶段	战略迷失、增长乏力甚至停滞不前、人浮于事、组织臃肿、官僚主义严重、员工士气低下	靠全面再造获得成长	战略转型、企业文化再造	流程再造、组织再造、信息化再造	人力资本再造

3 setps to be an excellent manager | **第三节**

互联网+时代企业管理面临的挑战

2015年3月5日十二届全国人大三次会议上，李克强总理在政府工作报告中首次提出“互联网+”行动计划：制订“互联网+”行动计划，推动移动互联网、云计算、大数据、物联网等与现代制造业结合，促进电子商务、工业互联网和互联网金融健康发展，引导互联网企业拓展国际市场。

其实，早在十多年前，随着电子商务在中国的兴起，中国企业传统管理模式就开始面临巨大的挑战，这些挑战既有来自外部竞争对手和消费者的，也有来自内部员工的，还有来自管理科学和方法创新的，这些挑战正在迫使当今的企业改变和调整传统的管理模式，以适应“互联网+”时代的变化。

一、太阳底下无新事

自从有了互联网，整个社会的交流和互动变得越来越简单，每个人、每个家庭、每家企业，甚至每个国家和地区，都可以通过互联网随时随地通过大数据进行链接。特别是随着移动互联网尤其是社交网络、电子商务与移动通信、物联网、云计算、4G 技术、5G 技术的应用和普及，每台电脑、电视、手机、腕表及其他手持终端都成了爆炸性增长数据的来源。舍恩伯格在《大数据时代》一书中，将大数据描述为“大数据是人们获得新的认知、创造新的价值的源泉；大数据还是改变市场结构、组织结构以及政府与公民关系的方法”。可以这么说，在未来，整个社会都将成为一个巨无霸的数据库，每个人、每个企业都可以从这个数据库中获得自己想要的东西。

大家可以想想，在这种情况下：其一，每位员工和管理者可能在同一时间获得相同的信息和知识，传统依靠知识和经验进行管理的方式将受到极大的挑战；其二，企业和竞争对手也可能在同一时间获得相同的信息和知识，原来企业靠“一招鲜，吃遍天”的经营模式也会面临巨大的挑战。

二、选谁都是对的

大家都知道，浙江永康是中国门都，全市大大小小的门企有好几百家，其中不乏像步阳、星月、春天、梦天、金凯德这样的门企大佬。很多企业花巨资研发出来的新产品，都期望通过一年一度的永康门博会进行展示，以获得客户的订单；与此同时，这些新产品也吸引了众多竞争对手的眼球，因此在永康就有了这样一个怪现象，一旦在门博会上表现突出的新产品，在 5 ~7 天之内定会被所有竞争对手仿制。

同样的现象在其他行业和地区也在上演。在深圳有个南洋国际服装批发城，该服装批发城定位中高档精品女装，主营欧、日、韩风格。批发城中的所有企业每年都会紧盯全球四大时装周（纽约时装周、伦敦时装周、巴黎时装周、米兰时装周），从时装周新品发布到批发城的各个企业新品上市中间差不多也就 5 ~7 天的时间。这期间需要经历从设计、打样、原料采购、下单生产到物流、上柜等多个环节，如果哪家企业在这个时间点上滞后了，就会遭受极大的损失，因为在这个时间点上批发城的每家企业产品不论是款式、面料还是色彩搭配都极其相似，对于批发商而言，选哪家的产品其实都差不多。

永康门企和深圳南洋国际服装批发城面临的问题在中国绝非个案，在很多产业比较集中的地方都能看到这种现象，在这种情况下，产品的同质化非常严重，对于客户和消费者而言，选任何一家的产品都差不多，不会存在对错之分，这样一来，企业传统的管理和经营模式必须进行调整。

三、客户忠诚度急剧下降

我想很多人都有陪自己的爱人逛商场的生活经历。大家算一下，过去逛商场从一家专卖店到另一家专卖店需要多长时间，而现在通过网购，从一家公司的专卖店转到另一家公司的专卖店又需要多久？

这是一个极其简单的问题，按照原来大家逛商场的经历，实现不同厂家专卖店的转化可能需要10分钟，甚至更长时间，而现在通过网购，从A专卖店到B专卖店可能只需要几秒钟。大家发现没有，在这种情况下客户的忠诚度将会变得越来越低。

四、80后、90后成为时代的主流

当80后、90后逐渐成为社会就业主体的时候，传统企业管理模式也需要进行相应调整，因为他们不论教育背景、家庭条件还是时代观念、消费能力，都与60后、70后存在巨大的差异。还有一个非常明显的区别在于，80后、90后被称为“互联网土著”，他们生长在互联网大发展的时代，他们更加主张自我，他们个性具有明显的互联网特征（如小资、“屌丝”、任性）。

面对这样的管理对象，企业就不能再像原来那样进行管理，而必须从人文情怀、工作环境、上班时间、沟通方式等方面做出调整和改变，以便更加适应80后、90后的需求。

3 setps to be an excellent manager

第四节 什么是管理者

企业管理职责的履行，在于各级管理者，通常情况下，管理者是通过别人来完成工作的。他们通过确定愿景、明确目标、做出决策、分配资源、监督检查等活动指导他人实现组织目标，也就是说，管理者通过协调他人的活动、与他人一起或者通过他人实现组织目标的目的。

一、管理者的基本特征

在组织内部，管理者不同于其他员工，他们通常具有以下几个特点：

1. 管理者是具有职位和相应权力的人

管理者的职权是管理者从事管理活动的资格，管理者的职位越高，其权力就会越大。为了让管理者能够充分发挥其职责，组织必须赋予管理者一定的职权，如果一个人处在某一职位上，却没有相应的职权，那么他是无法进行管理工作的。

韦伯认为管理者应该有三种权力：

（1）**传统权力：**传统惯例或世袭得来，比如帝王的世袭制。

（2）**超凡权力：**来源于别人的崇拜与追随，带有感情色彩并且是非理性的，不是依据规章制度而是依据以往所树立的威信。在现实工作中，我们可以把管理者的超凡权力理解为管理者的影响力或者个人魅力。

（3）**法定权力：**法定权力即法律规定的权力，通过合法的程序所拥有的权力，比如通过直接选举产生的总统、企业用正式文件任命的经理等。

但实际上，在管理活动中，管理者仅仅具有法定的权力，是难以做好管理工作的，管理者在工作中应重视“个人影响力”，成为具有一定权威的管理者。所谓“权威”，是指管理者在组织中的威信、威望，是一种非强制性的“影响力”。权威不是法定的，不能靠别人授权。权威虽然与职位有一定的关系，但主要取决于管理者个人的品质、思想、知识、能力、水平和影响力；取决于同组织人员思想的共鸣、感情的沟通；取决于相互之间的理解、信赖与支持。这种“影响力”一旦形成，各种人才和广大员工都会被吸引到管理者周围，心悦诚服地接受管理者的引导和指挥，从而产生巨大的物质力量。

用一句通俗的话来讲：如果一名管理者通过自己的影响力能够影响一大批基层员工，那么他就是一名合格的经理；如果这名管理者能够影响一大批经理级的员工，那么他就是一名合格的总监；如果他能影响一批总监级的员工，那么他就是一名合格的总经理。

2. 管理者是负有一定责任的人

任何组织的管理者，都具特定的职位，这些职位可能是总经理、副总经理，也可能是总监、副总监，还可能是经理、副经理、主管……不论是哪个级别的管理者，他们都要运用和行使相应的权力，同时也要承担一定的责任。比如，企业的副总经理首先是一个正式的职位，同时这个职位必须承担所分管业务领域的业绩目标达成、组织建设和下属员工的培养等责任，当然，企业也会同步赋予其相应的权力以保障这些责任的顺利达成。

表 1-2　不同管理者权限一览表

权力类型		高层管理人员	中层管理人员	基层管理人员
人事权	人事任免权	√	√	√
	奖金分配权	√	√	√
	员工考核权	√	√	√
	申诉权	√	√	√
	组织调整权	√	√	
财务权	对外投资权	√		
	企业融资权	√		
	预算编制权	√	√	√
	预算调整权	√	√	
	超预算修正权	√		
	成本控制权	√	√	√
信息权	财务信息知晓权	√		
	产品信息知晓权	√	√	√
	商业机密知晓权	√		
	合理化建议权	√	√	√
	相关报表信息知晓权	√	√	√
	档案查询权	√	√	√
	经济合同评审权	√	√	
资源调配权	办公类固定资产调配权	√	√	
	设备类固定资产处置权	√	√	
	生产类固定资产处置权	√	√	
	低值易耗品处置权	√	√	√
	不良资产处置权	√		
	不合格产品处理权	√	√	

在很多情况下，权力和责任是一个矛盾的统一体，一定的权力又总是和相应的责任相联系的。当企业赋予管理者一定的职务和地位、使其拥有了一定的权力时，相应的，管理者同时也就担负了对组织一定的责任。企业各级管理人员中，责和权必须对等和明确，没有责任的权力必然会导致管理者用权不当；没有权力的责任也是空泛的、难于承担。有权无责或有责无权的人，都很难在工作中发挥应有的作用，很难成为真正的合格管理者。

责任是对管理者的基本要求，管理者被授予权力的同时，应该对组织或团队的命运负有相应的责任，对组织或团队的成员负有相应的义务。权力和责任应该同步消长，权力越大，责任越重。**比较而言，责任比权力更本质，权力只是尽到责任的手段，责任才是管理者真正的象征。**如果一个管理者仅有职权，而没有相应的责任，他是做不好管理工作的。管理者的与众不同，正因为他是一位责任者。如果管理者没有尽到自己的责任，就意味着失职，等于放弃了管理。

亨利·明茨伯格认为，管理者的主要职责是要带领团队成员完成以下6项目标：

（1）保证组织实现其目标——有效地生产出某些产品或服务；

（2）设计和维持他分管业务的稳定性，规划其组织业务并对这些规划进行监督，以保证工作流程有一个稳定的模型；

（3）经理必须负责组织的战略系统决策，并使组织以一种可控制的方式适应于变动的环境；

（4）经理必须保证组织为那些对组织有影响力的人服务，这些人必须对经理施加压力，以便组织为其共同目标服务；

（5）经理必须在组织同环境之间建立起关键的信息联系；

（6）作为正式的权威，经理负责其所在组织的等级制度运行。

3. 管理者是对组织目标直接负责任的人

企业战略和经营目标是从高层管理者、中层管理者、基层管理者到一线员工层层分解的，而目标的实现则是从一线员工、基层管理者、中层管理者到高层管理者层层支撑的（如图1-4），如果管理者不作为或者失职，就会面临企业战略无法落地，经营目标无法达成。

二、管理者的五种习惯

德鲁克指出，有效的管理者具有不同的类型，缺少有效性的管理者也同样有不同类型。因此，有效的管理者与无效的管理者之间，在类型方面、性格方面及才智方面，是很难加以区别的。有效性是一种后天的习惯，既然是一种习惯，便可以学会，而且必须靠学习才能获得。他认为一个优秀的管理者必须具备以下五种主要习惯：

（1）善于利用有限的时间。德鲁克认为，时间是最稀有的资源，丝毫没有弹性，无法调节，无法贮存，同样也无法替代。时间一去不复返，因而永远是最短缺的，而任何工作又都要耗费时间，因此，一个有效的管理者最显著的特点就在于珍惜并善于利用有限的时间。这包括三个步骤——记录自己的时间，管理自己的时间，集中自己的时间；减少非生产性工作所占用的时间。这是管理有效性的基础。

（2）注重贡献和工作绩效。重视贡献是有效性的关键。“贡献”是指对外界、

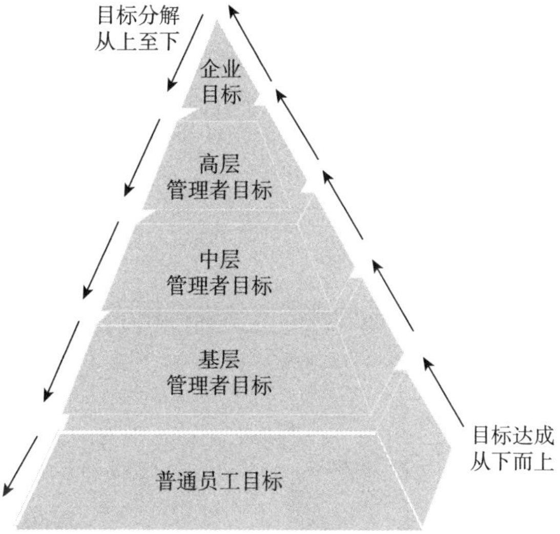

图1－4　企业目标达成过程（示意）

社会和服务对象的贡献。一个单位，无论是工商企业、政府部门还是医疗卫生单位，只有重视贡献，才会凡事想到顾客、想到服务对象、想到病人，其所作所为都考虑是否为服务对象尽了最大的努力。有效的管理者重视组织成员的贡献，并以取得整体的绩效为己任。

每一个组织都必须有三个主要方面的绩效：直接成果、价值的实现和未来的人才开发。比如，企业的直接成果是销售额和利润，医院的直接成果是治好病人；价值的实现指的是社会效益，如企业应为社会提供最好的商品和服务；未来的人才开发可以保证企业后继有人。一个组织如果仅能维持今天的成就，而忽视明天，那它必将丧失其适应能力，不能在变动的明天生存。

（3）善于发挥人之所长。德鲁克认为，有效的管理者应注重用人之长处，而不介意其缺点。对人从来不问“他能跟我合得来吗”，而问“他贡献了些什么”；也不问“他不能做什么”，而问“他能做些什么”。有效的管理者择人任事和升迁，都以一个人能做些什么为基础。

（4）集中精力于少数主要领域，建立有效的工作秩序。德鲁克认为，有效性的秘诀在于“专心”，有效的管理者做事必“先其所当先”，而且“专一不二”。因为要做的事很多，而时间毕竟有限，而且总有许多时间非本人所能控制，因此，有效的管理者要善于设计有效的工作秩序，为自己设计优先秩序，并集中精力坚持这种秩序。

（5）有效的决策。德鲁克认为，管理者的任务繁多，“决策”是管理者特有的任务。有效的管理者必须做的是有效的决策。决策是一套系统化的程序，有明确的要素和一定的步骤。一项有效的决策必然是在“议论纷纷”的基础上做成的，而不是在“众口一词”的基础上做成的。有效的管理者并不做太多的决策，而做出的决策都是重大的决策。

三、管理者角色定位

亨利·明茨伯格认为优秀的管理者必须同时扮演好10个角色：挂名首脑、领导者、联络者、信息接受者、信息传递者、发言人、企业家、故障排除者、资源分配者、谈判者。

图1-5 管理者的十大角色

另外，在企业当中，由于不同的管理者所需要承担责任的范围大小不同，企业内部的管理者就有高层、中层、基层之分，有些公司则把管理者分为经营决策层、管理层和执行层。

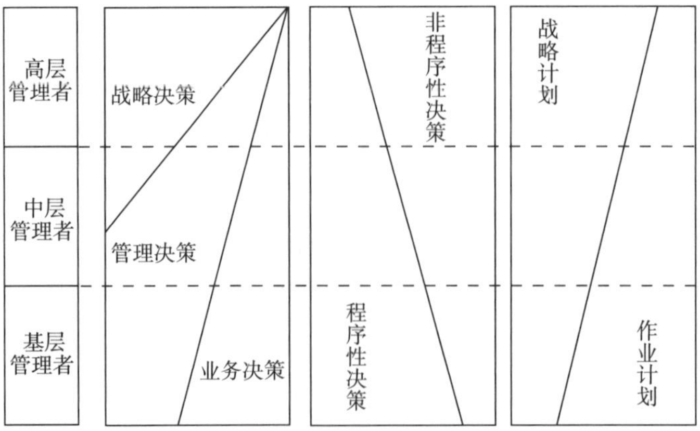

图1-6 高层、中层、基层管理者角色定位

由于不同层次的管理者扮演的角色有所不同，其所拥有的权力和需要承担的责任也会存在差异，在这里我们需要对不同层面的管理者进行详细说明。

表1－3　不同层次管理者对比分析

管理者分类	主要工作	关注重点	决策性质	角色扮演
高层管理者	对组织负全责，主要侧重于沟通组织与外部的联系和决定组织的大政方针	注重创造良好的环境和重大决策的正确性	战略决策、非程序性决策	商业领袖、舵手、船长
中层管理者	承上启下，主要职责是正确领会高层的指示精神，创造性地结合本部门的工作实际，有效指挥各基层管理者开展工作	注重的是日常管理事务	管理决策	桥梁和纽带
基层管理者	主要职责是传达上级计划、指示，直接分配每一个成员的生产任务或工作任务，随时协调下属的活动，控制工作进度，解答下属提出的问题，反映下属的要求	关心的是具体任务的完成	业务决策、程序性决策	足球队长

【案例1－1】

中层管理者角色认知

在企业内部，中层管理者作为连接高层与基层的桥梁和纽带是非常关键的，如果中层管理者对自己的角色认知不清或者出现角色错位，整个组织体系就会出现问题。

首先，中层管理者作为高层的下属，它需要具备哪些素质呢？下面是我们在深圳某公司进行中层管理者角色认知研讨时形成的结论：

执行力、担当、负责、学习力、积极主动、心态好、主动汇报、以结果为导向、坦诚、勤奋、特长、钻研、沟通能力强、工作能力强、计划、时间管理、忠诚、薪酬期望不高、价值观正确、认同公司文化、爱岗敬业、付出的心态……（注：以上结论只是在深圳某公司研讨的结果，并不代表本书观点）

我们再来分析，中层管理者作为基层的上级，它有需要具备哪些素质呢？同样，我们拿深圳这家企业研讨的结果来看看：

正直、公平、公正、负责任、可信赖、目标清晰、脾气好、帮助下属解决问题、知人善任、信任、道德观、明察秋毫、授权、善于整合资源、富洞察力、能屈能伸、坦诚沟通、幽默、善于倾听、共患难、说话算数、胆大心细……（注：以上结论同样是在深圳某公司研讨的结果，并不代表本书观点）

从以上案例可以看得出来，深圳这家企业对中层管理者的要求近乎完美，我想这也是身边很多企业老板对中层管理者的期望。这种要求明显偏高，在现实生活中，这样的人可以说是凤毛麟角。由此看来，树立正确的观念、建立管理者任职资格体系、清晰定义对各级管理者的相关要求，就显得至关重要了。

四、优秀管理者的基本条件

要成为一名优秀的管理者，除了具有一定的权力、行使特定的职责和具有良好的工作习惯之外，我们认为还应该具备以下几项基本条件：

（1）**善于选才**。正如柳传志先生所言，管理者的首要工作就是搭班子，那么班子搭得好不好、质量高不高将直接影响未来团队工作的开展和目标的实现。在选才方面，优秀的管理者必须清楚地知道如何界定选才标准，如何选用德才兼备的人，如何挖掘人才。

（2）**知人善任**。人力资源不同于其他资源，它是企业永恒的资本和决定因素，优秀的管理者一定要有一双“慧眼”，善识人才、善用人才，做到人尽其才、才尽其用。

（3）**懂得授权**。优秀的管理者深谙责权对等的意义与价值，所以他们非常清楚做好每件事情需要的权力并充分授权，发挥每位员工的积极性和主动性，从而创造双赢、多赢的工作局面。

（4）**长于组织建设**。优秀的管理者也必须是一位擅长组织分工与协作的人，他清楚哪些工作应该分工，哪些工作应该协作，以及分工、协作的工具和方法，让每位员工都清楚自己该干什么、干到什么程度。

（5）**善于调动资源**。做好任何一件事都需要人、财、物、信息等资源的投入，一名优秀的管理者也必须清楚如何投入资源、资源投入多寡以及如何用最少的资源投入获得最大的回报。

（6）**精于计划与协调**。凡事预则立，不预则废。不擅长做计划是做不好管理工作的，因为任何管理者都需要通过团队的力量完成组织赋予的使命与目标，因此，但凡优秀的管理者都必须明白计划的重要性以及如何制订和执行计划。

（7）**坚持目标**。“目标刻在岩石上，方法写在沙滩上。”优秀的管理者必须要对目标坚定不移，不达目标誓不罢休，因为他们比普通员工更明白目标的意义所在——如果一个团队对组织的目标达成没有贡献或者贡献很小，对组织而言它就失去了存在的价值。

（8）**富有激情**。但凡优秀的管理者，无论身处顺境还是逆境，都始终充满激情。这种激情可以激励和影响下属及身边的人为实现组织目标而坚持不懈，特别是在逆境中，优秀的管理者更能表现出超常的坚韧与坚持。

第二章

认清自己：管理者任职资格

德鲁克在他的《卓有成效的管理者》一书中指出，一名优秀的管理者必须以下6个特征：

（1）重视目标和绩效，只做正确的事情。

（2）一次只做一件事情，并只做最重要的事情。

（3）作为一名知识工作者，他知道自己所能做出的贡献在于：创造新思想、愿景和理念。

（4）在选用高层管理者时，他注重的是出色的绩效和正直的品格。

（5）他知道增进沟通的重要性，他有选择地搜集所需要的信息。

（6）他只做有效的决策。

这是德鲁克对一名优秀管理者的定义，在本章中，我们将通过对管理者任职资格的详细阐述，帮助管理者掌握成为一名优秀管理者的基本条件。

第一节 冰山模型与任职资格

提起任职资格，大家一定会想到冰山素质模型。冰山模型告诉我们，员工的工作业绩和行为都是冰山露出海面的部分，看得见，也容易评价；然而难点在于海面以下的部分，如员工的工作能力、工作态度、职业素养、知识结构是看不到的。谈到任职资格，就不能只谈海面以上部分，我们更需要识别和挖掘海面以下的核心潜质和条件。

20 世纪 60 年代哈佛教授 David C. McClelland 首次提出能力素质的概念，以帮

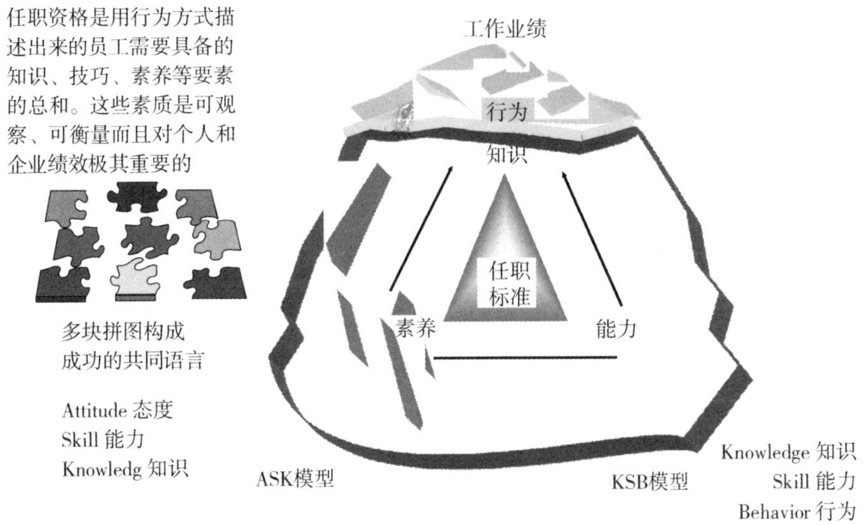

图 2－1　冰山素质模型

助组织寻找那些与员工个人能力相关并能够协助企业提高绩效的因素。McClelland 研究发现能力素质是持久的达成岗位绩效的最好判断因素。

著名的心理学家 Scott Parry 于 1998 年提出了关于能力素质的定义，他认为能力素质主要包含以下四个方面的含义：

（1）能力素质是知识、能力及职业素养的整合；

（2）这些因素的整合引出的是可观察和可测量的行为；

（3）能力素质与绩效有直接的关联；

（4）能力素质可以通过培训等手段得到提高。

从图 2－1 可以看出，工作业绩作为冰山最高的部位，由于露出海面，很容易被人发现，并做出准确的衡量与评价；然而产生工作业绩往往需要员工养成良好的习惯和行为规范，具备相当的知识、素养和能力，这些就好比冰山的海面以下部分，很难被人发现，也很难进行衡量与评价。

很多人按照 ASK 模型（Attitude 态度、Skill 能力、Knowledge 知识）或者 KSB 模型（Knowledge 知识、Skill 能力、Behavior 行为）来构建任职资格体系，其实本质上都也是来源于冰山素质模型。

3 setps to be an excellent manager

第二节 管理者任职资格

根据冰山素质模型，我们可以看到，要成为一名优秀的管理者，不仅仅需要掌握相应的管理知识，还需要具有一定的管理能力和管理素养，同时管理者还需要通过开展相应的管理工作带领团队成员达成团队目标。

那么管理者的任职条件和资格具体又包含哪些内容呢？

一、管理者任职资格基本框架

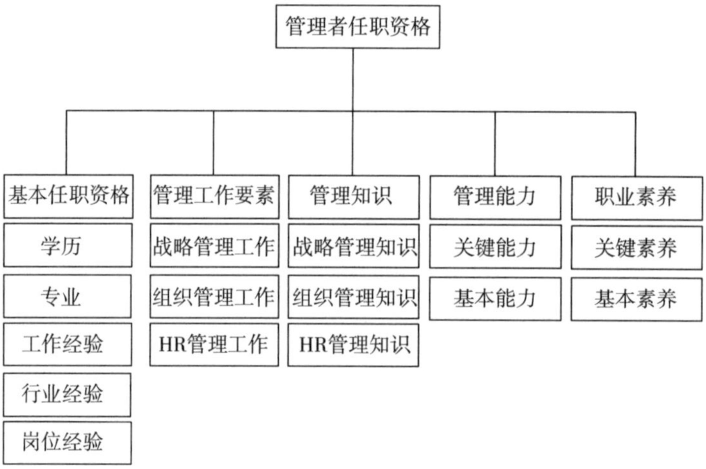

图 2－2 管理者任职资格基本框架

结合冰山素质模型，我们认为管理者任职资格包括 5 大部分，即基本任职资格、管理工作要素、管理知识、管理能力、职业素养。其中：

（1）基本任职资格是对管理者的基本要求，包括学历、专业、工作经验、行业经验、岗位经验、性格特征等；

（2）管理工作是作为一名管理者必须履行的管理工作职责；

（3）管理知识是对管理者发挥管理作用的基础性要求，没有良好的管理知识底蕴，管理者专业化的程度就会大大降低；

（4）管理能力是一名管理者综合运用管理知识的能力，也是做好管理工作的主要条件，管理能力包括战略管理能力、目标与计划管理能力、团队管理能力、人才培养能力、组织管理能力、流程管理能力等；

（5）职业素养是一名管理者需要具备的潜质，如大局意识、战略思维、客户导向、对事业忠诚、成就导向等，职业素养是动机、个性、价值观、角色定位和态度等内容的总称。

【案例2-1】

某公司管理者任职资格汇总

表2-1　某公司管理者任职资格汇总

维度	二级维度		高层管理者	中层管理者	基层管理者
基本任职资格	学历		硕士	本科	本科
	专业		工商管理/相近专业	工商管理/相近专业	工商管理/相近专业
	工作经验		15年	8年	3年
	行业经验		10年	5年	2年
	管理工作经验		10年	5年	2年
管理知识	战略管理知识		√	√	√
	组织管理知识		√	√	√
	人力资源管理知识		√	√	√
管理工作要素	战略管理	计划管理			√
		目标管理		√	
		战略管理	√		
	组织管理	组织执行			√
		组织优化		√	
		组织再造	√		
	人力资源管理	团队管理			√
		人才选拔		√	
		人才机制	√		
管理能力	关键能力	战略管理能力	S级	B级	D级
		目标与计划管理能力	S级	B级	D级
		团队管理能力	S级	B级	D级
		人才培养能力	S级	B级	D级
		组织管理能力	S级	B级	D级
		流程管理能力	S级	B级	D级

续表

维度	二级维度		高层管理者	中层管理者	基层管理者
管理能力	基本技能	领导能力	A 级	B 级	C 级
		决策能力	A 级	B 级	C 级
		过程控制能力	A 级	B 级	C 级
		人际交往能力	A 级	B 级	C 级
		沟通能力	A 级	B 级	C 级
		创新能力	A 级	B 级	C 级
		执行能力	A 级	B 级	C 级
		文化传播能力	A 级	B 级	C 级
素养	关键素养	战略思维	A 级	B 级	C 级
		大局意识	A 级	B 级	C 级
		团队合作	A 级	B 级	C 级
		成就导向	A 级	B 级	C 级
		客户导向	A 级	B 级	C 级
	基本素养	敬业精神	A 级	B 级	C 级
		责任心	A 级	B 级	C 级
		主动性	A 级	B 级	C 级

二、基本任职资格

基本任职资格是对管理者的基本要求，通常情况下，对管理者的基本任职要求包括：学历、专业、工作经验、行业经验、岗位经验、性格特征。

（1）学历要求是按照国家正规学历教育的程度，坚持适合的原则，最好采用确定某一学历或界定在某一个特定的范围之内。

（2）专业要求是按照国家学历教育机构设置的学科体系进行划分，如市场营销、工商管理、财务管理、人力资源管理。

（3）工作经验是指在不同企业或不同岗位所有工作时间的总和。

（4）行业经验是指在本行业所有工作时间的总和。

（5）岗位经验是指在与公司相同或类似岗位所有工作时间的总和。

（6）性格特征是指表现在人对现实的态度和相应的行为方式中的比较稳定的、具有核心意义的个性心理特征，它是一种与社会相关最密切的人格特征。人的性格有内向和外向之分，也有感觉和直觉之别，还有思考和情感之不同，根据国际最为流行的职业人格评估工具（MBTI），可以把人的性格从四个维度（每个维度又分两个方向）进行区分（外向和内向、感觉和直觉、思考和情感、判断和知觉），从而得出 16 种不同的性格特征，不同性格特征都有优缺点，也都有其适合的工作岗位，企业可以根据不同管理职位的要求通过测评选择最佳性格特征的人担当管理者。

三、管理知识

对于一名管理者而言，系统掌握和理解现代企业管理理论是必不可少的，读者朋友可以详细阅读本书第八章和第九章，而这里所说的管理知识是作为一名管理者最基本需要掌握的一些管理理论和方法、工具的总和。

【案例 2－2】

某公司管理者管理知识大纲汇总

表 2－2　某公司管理者管理知识大纲汇总

管理知识项目		管理知识大纲	高层管理者	中层管理者	基层管理者
1. 战略管理知识	1.1 企业发展战略知识	（1）企业发展战略的基本概念 （2）企业发展战略规划具体操作步骤 （3）企业发展战略实施与监控 （4）年度经营计划的构成与编制 （5）战略规划常用管理工具 （6）商业模式规划与创新	√	√	√
	1.2 目标绩效管理知识	（1）目标绩效管理体系的构成 （2）高绩效管理五步法 （3）绩效目标的确定与分解 （4）绩效考核表编制 （5）目标绩效常用管理工具	√	√	√
	1.3 工作计划管理知识	（1）工作计划编制技巧 （2）工作计划实施技巧 （3）工作计划常用管理工具	√	√	√
2. 组织管理知识	2.1 组织管理	（1）组织基本概念 （2）组织设计原则 （3）组织管理模式 （4）部门使命、部门职能描述 （5）组织发展趋势（职能式组织模式、流程中心型组织、战略中心型组织）	√	√	√
	2.2 职位管理	（1）岗位说明的构成与编写 （2）工作饱和度分析与岗位编制 （3）岗位任职资格标准建立及认证管理 （4）关键岗位适岗率管理	√	√	√

续表

管理知识项目		管理知识大纲	高层管理者	中层管理者	基层管理者
2. 组织管理知识	2.3 流程优化与再造	（1）流程的基本概念 （2）流程描述与问题分析 （3）流程优化与再造方法 （4）流程配套设计 （5）流程固化与落地 （6）流程与信息化 （7）流程管理机制建立	V	V	V
	2.4 会议管理	（1）企业经营管理与会议规划 （2）会议主持及会议决策效率提升	V	V	V
	2.5 企业文化	（1）企业文化的组成 （2）理念文化、行为文化、标识文化塑造 （3）团队氛围塑造与企业文化传播	V	V	V
3. 人力资源管理知识	3.1 薪酬福利管理	（1）薪酬的基本概念 （2）影响薪酬水平的内外因素 （3）薪酬体系设计核心步骤 （4）薪酬体系设计基本原则 （5）员工中长期激励 （6）员工福利体系规划	V	V	V
	3.2 员工职业生涯管理	（1）职位族划分及职位发展矩阵设计 （2）员工职业生涯规划辅导 （3）员工职业生涯规划实施	V	V	V
	3.3 招聘管理	（1）人力资源规划与员工招聘计划 （2）招聘流程 （3）招聘面试技巧 （4）试用期员工管理	V	V	V
	3.4 培训管理	（1）培训体系建立 （2）基于任职资格体系的员工培训课程体系设计 （3）内部培训讲师队伍建设与管理 （4）培训管理机制建立	V	V	V
	3.5 员工激励	（1）激励理论 （2）激励方法和手段	V	V	V

四、管理工作要素

管理工作要素即管理者必须担当和承接的基本管理职责，根据“管理三叶草”理论，企业需要综合所处发展阶段、目前管理成熟度状况、管理人员基本素质、企业发展战略及年度经营计划等多个因素，规划不同层级管理者所必须履行的管理职责，并通过定期的监督检查，保证各级管理者按照既定的职责开展相关管理工作。

我们经常会看到这样的现象：企业刚成立时，发展速度很快，发展势头很好，组织规模迅速扩张，老板也赚得盆满钵满的，但突然有一天，老板会发现似乎所有的东西都变了，企业发展速度变慢了，组织效率降低了，企业赚钱也越来越难了。企业碰到这样的问题，原因可能会有很多，比如市场环境发生了变化、企业战略出了问题、竞争对手快速成长挤占了市场等等，根据我们的经验，这些原因都是外因，单靠企业自身的力量也很有可能改变不了什么，企业需要反思的是为什么这些外部原因出现时，企业没有应对方案甚至没有察觉到呢？企业又如何破解这一困局呢？

其实，只要我们认真分析就不难发现，企业在快速发展的过程中，往往会忽略管理体系的建设，比如战略管理体系、竞争对手研究、经营环境分析、危机防范与管理等，而正是对这些环节的忽视，导致企业在真正面临挑战的时候束手无策。这就是我们通常所说的：经营欠了管理的账。经营做好了，但管理却没有跟上。为了避免这样问题的出现和发生，企业就需要不断检讨自身管理体系的建设，这是各级管理者的首要职责。

【案例 2－3】

某公司管理者工作要素规划

表 2－3　某公司管理者工作要素规划

工作单元			工作要素	高层管理者	中层管理者	基层管理者
1. 战略管理	1.1 战略管理	1.1.1 战略分析	（1）战略信息及收集渠道规划	√	√	
			（2）战略信息收集、整理与分析，并提交战略分析报告		√	√
		1.1.2 战略规划	（1）确定公司使命、愿景和中长期战略目标	√		
			（2）根据内外部状况，确定公司业务战略（产业战略、产品战略、市场战略、客户战略）	√		
			（3）所辖领域职能战略的制定和实施监控		√	
		1.1.3 战略实施与监控	（1）公司战略实施平台构建与维护		√	
			（2）公司核心能力构建与培植	√		
			（3）根据实际和发展战略，制订公司年度经营计划	√		
		1.1.4 商业模式规划	（1）根据公司业务特征规划具有竞争力的商业模式	√		
			（2）根据战略调整及经营计划进行商业模式创新	√		

续表

工作单元			工作要素	高层管理者	中层管理者	基层管理者
1. 战略管理	1.2 目标管理	1.2.1 年度目标确定	根据公司年度经营计划，确定相关目标	V	V	
		1.2.2 目标分解	对确定的目标进行分解（按月、按岗位）		V	V
		1.2.3 目标达成计划	（1）根据目标，编制目标达成计划，并保证实施		V	V
			（2）及时跟踪目标达成状况，根据实际调整相关实施计划		V	
	1.3 任务管理	1.3.1 任务实施	（1）根据工作计划，分派工作任务			V
			（2）对所辖工作进行检查和指导			V
2. 组织管理	2.1 组织再造	2.1.1 组织重组与再造	（1）懂得组织运作原理和组织设计原则，根据战略调整进行组织重组	V		
			（2）精于组织职责划分与人员配置	V		
			（3）根据组织需要，合理规划业务流程、管理流程，保证组织运作效率	V		
			（4）配置合理的资源，使组织运作更高效	V		
		2.1.2 组织文化塑造	（1）明确组织文化的内涵及定位	V		
			（2）组织文化的培育及宣导		V	
	2.2 组织优化	2.2.1 组织及流程优化	（1）根据需要，对现有组织分工及人员配置进行调整		V	
			（2）调整业务流程/管理流程，使组织效率更高、工作关系更协调		V	
		2.2.2 组织协调	（1）部门间工作关系的建立和维护		V	
			（2）公司业务关系的建立与维系		V	
	2.3 组织执行	2.3.1 流程/制度执行	（1）根据公司既定的流程，组织团队成员严格执行			V
			（2）对流程/制度实施状况进行监监控		V	V
		2.3.2 组织分工	（1）清晰组织分工及工作职责		V	V
			（2）掌握部门职能、岗位说明书描述方法		V	V
3. 人力资源管理	3.1 人才机制	3.1.1 人力资源规划	（1）明确公司人力资源管理理念	V		
			（2）完善公司人力资源规划（数量规划、结构规划、成本规划、效率规划、成长规划）	V	V	
		3.1.2 人力资源管理机制	（1）组织建立完善的人才“选、用、育、留”机制	V		
			（2）识别公司关键岗位和核心员工，并为其实施职业生涯规划	V	V	

续表

工作单元			工作要素	高层管理者	中层管理者	基层管理者
3. 人力资源管理	3.2 人才选拔	3.2.1 人才培养	（1）根据员工个人爱好及特长，有针对性地对其进行培养		V	V
			（2）为员工提供相关的培训项目，测评培训效果，并跟踪培训成果转化状况		V	V
		3.2.2 人才选拔	（1）通过绩效评价、年度素质评价等手段，客观公正地评价员工		V	V
			（2）根据业绩及素质评价结果，提供员工调整方案并组织实施		V	
	3.3 团队管理	3.3.1 团队成员管理	（1）根据需要组建团队			V
			（2）团队成员的日常管理			V
		3.3.2 团队绩效促进	（1）团队分工与激励			V
			（2）团队绩效提升的促进			V

五、管理能力

管理能力是一名管理者综合运用管理知识的能力，也是做好管理工作的必要条件。在建立管理者任职资格体系的时候，我们通常会把管理能力分为两大类：**关键管理能力**（如战略管理能力、目标与计划管理能力、团队管理能力、下属培养能力、组织管理能力、流程管理能力等）和**基本管理能力**（如领导能力、决策能力、过程控制能力、人际交往能力、沟通能力、创新能力、执行能力、文化传播能力等）。

【案例 2－4】

某公司管理者管理能力项目规划及定义

表 2－4　某公司管理者关键能力定义（战略管理能力）

定义		通过对外部竞争环境以及内部经营状况的评估，明确公司使命、愿景和核心竞争能力，规划未来产品、市场及客户，制定发展战略实施监控措施，确保公司战略目标实现的能力
分级	D 级	（1）掌握战略管理的相关知识 （2）能够在上级指导下收集管辖领域的战略规划所需要的内、外部信息，并对公司内部存在的优势、劣势以及外部面临的机会、威胁进行初步分析
	C 级	（1）能够主动收集管辖领域的战略规划所需的内、外部信息，对所管辖领域存在的优势、劣势以及面临的机会、威胁进行分析，形成完整的所管辖领域的内、外部环境分析报告 （2）能够对所管辖领域的内外部环境分析报告中存在的主要问题提出解决方案

续表

定义		通过对外部竞争环境以及内部经营状况的评估，明确公司使命、愿景和核心竞争能力，规划未来产品、市场及客户，制定发展战略实施监控措施，确保公司战略目标实现的能力
分级	B级	（1）参与公司使命、愿景以及核心能力构建，并能提出合理化建议 （2）能够根据集团或公司的战略规划制订所管辖领域的战略规划和实施计划
	A级	（1）能够根据战略规划，明确并建立所管辖领域的核心竞争能力，组织建立所辖领域战略实施平台，并进行有效监督 （2）能够对战略目标的达成情况进行分析，并对出现的偏差进行修正，制订修正方案
	S级	（1）主持制订公司的业务领域、发展方向、企业定位等 （2）能够根据战略目标，确定公司不同时期的工作重点，并组织完成 （3）能够依据战略目标及经营发展方向、模式、竞争状况等，制订相关的经营策略与方针

表2－5　某公司管理者关键能力定义（目标与计划管理能力）

定义		运用各种手段与方法，对工作目标进行分解并制订有效的工作计划，确保工作目标有效实现的能力
分级	D级	（1）掌握计划管理、目标管理、预算管理等相关知识 （2）在上级的指导下能够编制短期（月度、季度）工作计划与目标 （3）能将工作计划及目标与下属的工作职责相结合，明确任务要求和衡量标准，指导下属工作 （4）能对各项任务进行检查、分析和评估，并及时向上级汇报
	C级	（1）能够根据公司的年度计划，独立制订所负责的团队或某一模块的短期（月度、季度）工作目标与工作计划 （2）能够有效利用目标与工作计划，进行工作管理，并能够对工作目标与计划中存在的问题进行及时总结、评价及分析改进
	B级	（1）能够独立制订所负责的团队或者所管辖领域的目标与计划，并能对目标进行有效分解 （2）能够预判目标与计划实施过程中潜在的风险与障碍，并制定应对措施 （3）能够有效运用目标计划管理，对所管辖工作进行高效、熟练的运作，并能利用目标计划管理对工作中的核心问题进行合理的分析改进
	A级	（1）能够组织制订所负责的多个团队或所管辖领域年度工作目标与计划，能够将多个团队目标进行有效分解 （2）能够深入分析目标实施过程中存在的潜在风险与关键障碍，并能组织建立合理的应对策略 （3）能够运用工作目标与计划，使团队高效运作，并能够通过目标计划管理进行团队的有效管理
	S级	（1）能够组织制订所管辖领域的中长期工作目标与计划，并能将目标进行有效分解 （2）能够预测工作目标实施过程中潜在的风险或障碍，制订应对方案 （3）能够有效带领团队实现工作目标，并利用目标管理对工作思路进行不断优化，深入分析和改进

表 2－6　某公司管理者关键能力定义（团队管理能力）

定义		通过对团队成员的激励来调动员工的工作积极性，确保团队目标得以实现的能力
分级	D级	（1）掌握团队成员激励、人际沟通、培训管理、绩效管理、选拔等知识 （2）在上级指导下了解所管辖人员的培训需求和确定所管辖人员关键绩效指标与相关目标
	C级	（1）通过调研分析，能够独立了解、分析所管辖人员的培训需求 （2）能够根据绩效指标词典独立与所管辖人员沟通确定其绩效指标与相关目标，并监督绩效目标的达成情况，与下属人员一起进行分析总结，制订改进计划
	B级	（1）根据工作的需要，主动为所管辖的人员提供有针对性的培训 （2）调查分析所管辖人员工作能力现状，并能制订相应的能力提升方案 （3）能够根据公司级绩效指标来分解并制订绩效数据组织对绩效目标达成情况进行总结、分析，编写绩效分析报告
	A级	（1）主动将新知识（技术）引入公司并为相关人员提供培训，以提高相关人员工作技能 （2）根据公司战略规划制订所管辖领域的人力资源规划 （3）能够建立所管辖领域的关键岗位的人才梯队建设机制
	S级	（1）组织建立科学合理的人才"选、用、育、留"机制，并监督实施 （2）能够设计所管辖人员的员工激励体系，充分调动员工积极性，确保公司目标顺利实现

表 2－7　某公司管理者关键能力定义（人才培养能力）

定义		根据公司的发展，结合员工个人特点、职业发展方向与目标，提供学习和培训等各种锻炼机会，使员工不断成长
分级	D级	（1）在工作中尽职尽责，使自己成为良好典范 （2）对下属的业绩表现能够给予一定的关心，能够针对下属存在的问题提出相应的建议
	C级	当下属在工作中遇到困难寻求支援时，能够给予详细的指导或示范性说明，为下属提供具体的支持和帮助，说明如何解决困难
	B级	能够主动给下属下达工作任务，给予下属包含道理或理论基础在内的系统指导，或为下属提供额外的信息、工具、建议等，确保下属的工作更顺利地完成
	A级	能够主动根据下属的不同特点与技能水平为其制订发展计划和安排工作任务，并能够帮助下属员工不断成长
	S级	（1）为下属创造发展空间，并充当下属的职业生涯发展"导师"，并以发展下属为己任 （2）能够经常帮助下属提高能力，不断引导其成长

表 2-8　某公司管理者关键能力定义（组织管理能力）

定义		指为充分发挥组织职能、运作高效而进行的组织架构设计、组织分工、员工职责权限的界定等方面内容，确保组织资源合理分配的能力
分级	D 级	（1）掌握组织管理、工作分析的知识，能够在上级的指导下对所管辖的人员进行工作分析 （2）能够组织编制所管辖领域中各个岗位说明书，岗位说明书中职责描述清楚，分工明确
	C 级	（1）能够独立绘制所管辖领域的组织架构图、管理层级、汇报关系 （2）对所管辖领域的主要工作职能进行分解，能够独立根据职能对所管辖领域进行工作分析，并组织编制所管辖领域中各个岗位的岗位说明书 （3）岗位说明书中职责描述清楚，分工明确 （4）能够监控所管辖领域现有制度的执行情况
	B 级	（1）明确管辖领域的职能，能够对所管辖领域现有的组织结构提出优化建议，并根据分解的工作职能进行岗位设计，独立完成定岗、定编和定员 （2）能够根据工作需要独立制定或完善相关工作制度
	A 级	（1）根据公司的发展要求，明确所管辖领域的定位，并根据企业内外部环境的变化情况，提出公司组织变革建议 （2）能够统筹规划所管辖领域需要的工作制度，并组织相关人员编写、完善相关制度
	S 级	（1）能够根据公司发展要求和企业内外部环境的变化情况主持公司的组织变革 （2）能够对分管领域的相关权限进行分配，使相关人员明确各自的职责权限，确保组织运作规范、高效

表 2-9　某公司管理者关键能力定义（流程管理能力）

定义		指根据业务需要制定、实施、优化流程与相关配套制度，保障各项工作顺利进行的能力
分级	D 级	（1）掌握流程管理的相关知识 （2）能够在上级的指导下制定所负责的工作流程，并能应用于实际工作中
	C 级	（1）能够规划所管辖范围内的工作流程，识别出关键流程与非关键流程 （2）能够独立制定所管辖范围内的工作流程与相关配套制度，并监控所管辖范围内的流程与相关配套制度的运行情况
	B 级	能够组织相关部门制定跨管辖领域的流程与相关配套制度，并监控跨管辖领域的流程与相关配套制度的运行情况
	A 级	（1）熟悉公司业务运作，能够识别公司核心业务流程和管理流程 （2）能够对所管辖领域的流程运行情况进行深入分析，并提出流程优化方案
	S 级	（1）精通企业价值链模型，并能根据战略调整，提出价值链优化方案 （2）能够主持所管辖领域的流程再造工作

表 2－10　某公司管理者基本能力定义

项目	定义	基本能力分级			
		D 级	C 级	B 级	A 级
领导能力	采用多种管理手段，解决人员冲突，促进合作，带领成员实现工作目标的能力	(1) 关心员工，了解员工的生活和工作情况，和员工就工作中的事情进行及时沟通，帮助其解决工作中的问题 (2) 当面临团队内部公开的矛盾和分歧时能够及时解决，维护团结	(1) 对涉及团队或部门每个人的重大问题，采用民主集中的原则，重视团队成员的意见 (2) 预见团队中的问题，在问题出现之前就提前处理，促进团队成员的合作	(1) 增进团队成员的归属感，使每一位员工都感到自己是团队中的一员 (2) 考虑员工个人优势，合理分配工作任务，提高团队绩效	(1) 关心员工个人发展，设计员工职业生涯，使员工的个人发展与企业的发展能够紧密地联系在一起 (2) 激发员工的使命感和责任感，打造具有强大凝聚力、工作高效的队伍
决策能力	制定策略、办法，在多方案中选择最佳方案的能力	作决策时需借助他人的力量，通过协调决定	能够对下属提出的建议进行决策或能向上级提供合理的决策建议，能考虑决策所需要的一般因素	能够对下属提出的建议进行决策或能向上级提供合理的决策建议，能对影响决策因素进行全面分析，决策较为准确	能够在复杂的情况下对全局性的工作做出决策，决策准确
过程控制能力	有效监督与控制下属员工朝着正确的方向工作，确保组织目标及时高效完成的能力	清楚地分配具体的工作项目、任务和职责范围，并能让员工明确其岗位所需要的知识、技能和素养	能根据个人的技能、水平、角色和兴趣委派工作任务，并能够根据工作进展情况及时提供必要的咨询和回馈	能在恰当的时候给予员工辅导，并能够灵活调整下属员工的工作任务和进度，以应付工作重点的转变	从全局上把握工作进展状况，通过多种形式或管理体系来监控工作质量，能够预见并制定工作重点发生转变时候所应该采取的关键策略，并重新配置和协调各种资源以保证完成
人际交往能力	与他人相处、建立互相信任协作关系的能力	能够与他人相处，建立正常的工作关系	通过努力，能够与他人建立信任的关系	与他人协作顺畅，能够与他人建立可信赖的长期关系	易与他人建立可信赖的积极发展的长期关系

续表

项目	定义	基本能力分级			
		D级	C级	B级	A级
沟通能力	通过口头和书面方式表达及交流思想的能力	能够为工作事项进行联系或相互简单交流	能够与他人进行较清晰的思想交流，书面沟通文法规范、能够抓住重点、易于理解	沟通技巧较高，具有较强的说服力和影响力，书面沟通时有较强的感染力	沟通时有较强的个人魅力，影响力极强，书面沟通时有很强的感召力
创新能力	指在工作过程中具有敢于突破以往经验束缚的精神，创造或引进新观念、方式，提高工作绩效的能力	保持开放的心态，能够主动学习和利用新思想和新方法，并在工作中予以应用	（1）持续关注和收集业内最新动态和发展趋势等信息，并主动学习和利用新思想和新方法 （2）不墨守成规，敢于突破以往的知识和经验的框架，能够提出与众不同的新观点、新见解和新方法	（1）积极营造创新氛围，鼓励他人在工作中提出解决问题的新方法和新观点 （2）善于吸收和利用他人的新方法和新观点进行创新	敢于承担风险去根据工作任务的特点制定新政策、采取新措施和尝试新方法
执行能力	贯彻履行上级设定或交办及制度规定的工作任务、工作方法的能力	能按时完成上级主管交办的各项工作任务及制度规定的工作任务	能利用有效的方法和途径，圆满地按时完成工作任务	经常提前完成工作任务，能主动思考并提出有效提高工作效率的建议	能够理解制度内涵，充分利用资源，不断创新提高工作任务的方法并善于实践总结
文化传播能力	充分理解公司文化，并通过会议、文件、口头交流等方式对公司文化进行宣传的能力	对公司倡导的基本文化理念都有比较全面的认知和理解	对公司文化了解透彻，并能在部门范围进行正确传播	对公司文化各种理念理解透彻，能对下属和其他人员正确传播	公司文化的提出者和倡导者，能够对公司文化进行宣传教育和正确传播

六、管理素养

管理素养是一名管理者需要具备的潜质。职业素养是动机、个性、价值观、角色定位和态度等内容的总称。根据我们的经验，我们把管理者需要具备的管理素养也分为两类：**关键管理素养**（如战略思维、大局意识、团队合作、成就导向、客户导向等）、**基本管理素养**（如敬业精神、主动性、责任心等）。

【案例2-5】

某公司管理者管理素养项目规划及定义

表2-11　某公司管理者关键管理素养定义

项目	关键管理素养定义	关键管理素养分级			
		D级	C级	B级	A级
战略思维	深刻理解组织的发展战略，能根据部门的实际情况将公司战略落到实处，并采取相应的措施保障战略的实现	(1) 关心部门或公司整体情况和发展目标，并对此有一定的了解 (2) 熟悉部门工作职责和流程，能够思考自身工作的目标和价值	(1) 关心公司整体经营战略，对公司整体发展情况比较了解 (2) 能够根据公司整体发展定位，不断调整自己的工作思路和方法	(1) 对公司发展目标认识深刻，能够较好地理解公司未来的发展战略 (2) 能从全局的角度思考问题，对工作有较好的宏观把握和整体规划	(1) 能结合行业发展，主持制订公司未来的发展规划 (2) 具有战略眼光，对公司未来业务发展提出具有建设性的建议
大局意识	能够站在集团或公司的角度来考虑整体问题与平衡整体利益的意识	站在部门整体的角度思考问题，并能够做到个人利益服务集体利益，短期利益服从长期利益	能够站在公司的角度来完成公司对部门的使命要求，同时能够兼顾公司的整体利益与长期发展需求	能够站在集团的角度来完成集团对公司的战略使命要求，同时能够兼顾集团的整体利益与长期发展需求	能够全面考虑集团的整体发展需求，同时能够兼顾集团的长期利益与发展需求
团队合作	指以实现团队整体目标为己任，能与团队成员相互支持、共享资源、共担责任、共同完成团队任务的合作精神和协作意识	(1) 承认个体之间存在差异 (2) 能与别人配合做工作 (3) 能一定程度上分享自己的资源和观点	(1) 基本上能做到平等待人，尊重别人的意见和观点 (2) 比较信任工作伙伴，能比较客观地评价和肯定他人的工作 (3) 处理事情时，能顾及或考虑到别人的感受和需求	(1) 关心他人，愿意帮助他人解决困难 (2) 以团队目标为己任，主动支持、配合他人开展工作 (3) 主动与他人分享资源、观点和成果	(1) 主动、努力地与他人建立良好的关系，获得团队成员的尊重 (2) 在合作责任不明确的时候，能主动承担责任 (3) 采取合作方式缓解或化解人际矛盾，以维持合作关系
成就导向	是指个人具有成功完成任务或在工作中追求卓越的愿望，以及把事情做得更好的企图和行为	(1) 在一定程度上有把事情做得更好的主观愿望 (2) 基本上按照约定俗成的标准做事情	(1) 为成功设置了比较明确的目标 (2) 按照自己设定的标准和要求开展各项工作 (3) 采取的行动不易受外界的干扰	(1) 有力争上游的精神，给自己设定具有挑战性的工作目标 (2) 为达到目标而采取系统性、综合性的行动	(1) 目标明确，坚韧性强，不惧挫折、失败，并不断设置更高目标，实现价值 (2) 为追求卓越，愿意暂时或部分牺牲个人的利益

续表

项目	关键管理素养定义	关键管理素养分级			
		D级	C级	B级	A级
客户导向	主动帮助和服务客户，尽力满足客户需求，将努力的焦点放在发掘和满足客户的需求上。这里的客户既包括外部客户也包括内部客户	（1）根据规章制度和工作指令为客户提供必要的服务项目和内容 （2）基本满足客户的需求或愿望	与客户保持沟通，追随客户的需要与咨询，能够迅速解决客户所提出的问题，对客户表现出责任感	（1）充分了解客户业务范围，以此了解客户现实的与潜在的需要，有针对性地提供与之相应的产品与服务 （2）能换位思考，全面考虑，解决他人的问题	（1）主动参与客户决策过程。针对客户的工作提供专业的建议，保证客户取得最佳利益 （2）把客户服务作为一种价值取向来要求自己，并成为一种职业习惯和行为

表2－12　某公司管理者基本管理素养定义

项目	基本管理素养定义	基本管理素养分级			
		D级	C级	B级	A级
敬业精神	敬业爱岗，遵照工作职责与岗位规范、制度等要求完成和改善工作的精神	能够遵照工作职责与岗位规范、制度等要求来做事，并能够对工作中存在的问题进行积极思考	能够积极完成工作，能主动去界定工作中存在的问题、探求因果，思考可以改进的空间	能够主动勤奋地完成工作，对任何问题，主动积极去定义问题、探求问题因果关系，找到真因，并能有效提出改善对策	不浪费时间，不畏劳苦，对交付的工作能抢先或超前完成，并能快速提出改善对策，问题得不到解决，决不甘休
责任心	认识到自己应承担的职责和要求，清楚本职工作在组织中的作用和贡献，忠于本职工作，主动、自觉地追求组织目标的实现	（1）在上级指引下工作，工作有始有终 （2）对本人工作内容和职责有初步、概括的认识 （3）清楚自己工作对实现组织目标的重要性	（1）能主动承担明确的工作，并且认真、仔细 （2）承担相应的工作责任，尽力完成任务、达成目标 （3）乐于接受额外的任务和必要的加班	（1）把工作的事情放在第一位，投入全部的时间和精力 （2）尽心尽责，信守自己的承诺 （3）关注本职工作之外的相关事物，关注公司整体利益	（1）把工作视作个人事业追求，愿意把公司视作施展才华、实现自我的舞台 （2）能够自觉维护公司利益与形象，不计得失
主动性	依靠个人的能动性、紧迫感积极主动地承担工作、完成任务	在工作目标或工作任务清晰的情况下，能够按照既定的规则完成工作	善于思考和创新，能够独辟蹊径，发现更好的工作方式方法以满足工作需要，工作积极主动	工作积极主动，能够按时完成工作任务，同时能够指导下属完成工作，给出具有建设性和创造性的建议	在行动上表现出很强的紧迫感，不依靠上级压力，主动性非常强，一切都以工作为重

第二篇

管理职责篇

根据管理者任职资格我们可以看到，一名优秀的管理者仅仅深刻领悟管理思想、系统掌握管理理论和原则是不够的，还需要在管理实践过程中履行管理职责，只有这样才能保证管理工作落到实处。

本篇我们将从管理者必须担当的各项管理职责进行详细阐述，如战略规划与管理、年度经营计划管理、职能中心型组织管理、流程中心型组织管理、战略中心型组织管理、人力资源管理等，旨在帮助管理者在明确自身定位的同时，系统了解和掌握相关的管理知识和方法论。

第三章

管理“三叶草”：管理职责定位

管理究竟是什么？管理究竟应该管什么？管理应该如何做？这些看似很简单的问题，其实很复杂。在本章中，我们将详细阐述管理“三叶草”，告诉管理者管理应该从三个方面（战略与目标、组织与流程、人力资源）着手，同时我们还将详细介绍企业的战略与目标管理、组织与流程管理、人力资源管理包含的基本内容，帮助管理者清晰认知管理的基本职责。

第一节 管理职责

管理的三项主要职责结合起来用一句话概括，就是**“选择合适的人用正确的方法去做正确的事情”**。

同时，战略管理、组织管理和人力资源管理的 3 个层次恰好对应企业高层管理者、中层管理者及基层管理者，如表 3－1。

管理“三叶草”告诉我们，管理的主要职责包括战略管理、组织管理、人力资源管理 3 个方面，既然这样，我们在本章有必要系统地对管理的基本职责进行阐述，以助管理者系统理解和全面掌握。

另外，对于管理者的职责，德鲁克在《管理：任务、责任、实践》一书中就有详细的描述，德鲁克认为，管理者的主要职责包括：

(1) 设定目标。管理者负责制定目标是什么，管理者决定目标的标准以及达到目标的方法，同时管理者还应向执行者传达他的意思、使目标能够实现。

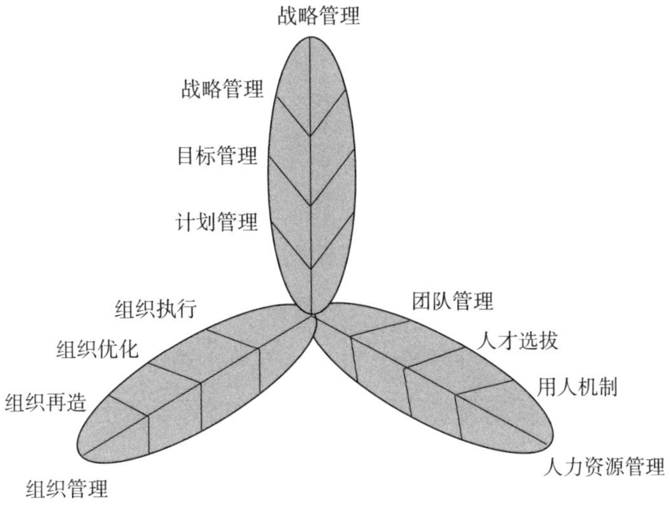

图 3－1　管理"三叶草"

表 3－1　管理"三叶草"与企业管理者的对应

维度	高级管理者	中级管理者	基层管理者
战略管理	战略管理：根据内外部环境，明确组织发展战略，并通过资源合理配置，完成组织战略	目标管理：需要确定团队目标，并能够将目标进行分解，组织团队成员完成	计划管理：按照既定的工作目标，制订工作计划，并带领团队成员按计划完成任务
组织管理	组织再造：需要打破既定的组织运行规则，建立全新的运营流程和制度体系	组织优化：需要不断优化和完善组织既定的运营规则，提升运行效率	组织执行：组织运营程序明确，只需要按既定的流程执行便可完成任务
人力资源管理	人才机制：帮助企业建立"公平、合理"的人才选、用、育、留机制	人才选拔：能够根据团队成员的特长及喜好建立团队内部的选拔机制	团队管理：带领一个团队完成工作，并能够对每个团队成员进行必要的激励

（2）**组织**。管理者应分析业务活动、决策及必需的关系，对工作进行分类。管理者应对管理活动进行分类，再进一步细分具体的工作。同时，管理者也要把组织划分成不同的部门，选拔合适的人选负责各个部门，处理其应做的工作，也就是让合适的人去做合适的工作。

（3）**激励和信息沟通**。管理者将负责各种工作的人组织起来，激励他们为达成组织的目标而努力，同时处理好人员配置、待遇、晋升等工作，与上级、下属及同事经常保持沟通。

（4）**业绩考核**。管理者应建立考核的标准，这些标准对于考核工作人员的业绩是很重要的。每一个人员都有业绩考核的标准，利用这些标准考核每一个员工的工作业绩，并使上级、下属及同事了解考核的结果。

（5）**管理发展**。训练和发展下属是管理者的重要责任，同时管理者也需要不断提升自身的能力和素养。

其实，德鲁克提出的管理职责与管理“三叶草”中所倡导的思想是不谋而合的，德鲁克所讲的设定目标、业绩考核属于战略管理范畴，组织属于组织管理范畴，而激励与信息沟通、管理发展则属于人力资源管理的范畴。

（1）**战略管理**：做正确的事情。战略是方向，战略是航标，一旦战略错了、方向偏了，企业所做的一切都将是徒劳。企业的战略管理从上至下分为 3 个层次：战略管理、目标管理、计划管理。

任何一家企业的存在，都有它独特的使命和愿景定位，同时也有自己独特的发展目标、战略选择、业务规划、商业模式以及年度经营计划管理等，战略管理的职责是任何一家企业生存和发展必须解决的首要职责。

（2）**组织管理**：正确地做事。组织是企业战略落地的基础，组织管理可以分为组织再造、组织优化、组织执行 3 个层次。

组织管理包括组织设计、团队搭建、组织氛围营造、组织分工规划、责权体系规划、业务及管理流程优化与效率提升、业务及管理流程再造、组织沟通与协调、信息管理等，可以说组织管理的职能在很大程度上决定了企业战略目标的实现。

（3）**人力资源管理**：选择并用好合适的人。选择并用好适合企业的人是企业人力资源管理的核心目的与价值，人力资源管理从上至下也可以分为 3 个层次：用人机制、人才选拔、团队管理。

企业人力资源管理主要包括选、育、用、留四个核心环节。选人包括选人标准的定义、人员的甄选与录用，选人不仅仅是指将合适的人“选进来”，还包括将不合适的人“选出去”；育人包括培训、职位轮换、职位晋升、职业生涯规划等，育人的目的在于让员工在企业内部有学习和成长的机会和空间；用人包括绩效管理、沟通等环节，用人的核心目的就是将合适的人在合适的时候放在合适的岗位，使其产生合理的绩效，从而获得合理的回报；企业留人的手段有很多，包括富有竞争力的薪酬福利体系，员工的“金手铐”期权制度、富有挑战的工作、良好的企业文化、清晰的职位发展通道、更好的学习机会、融洽的工作氛围、温馨的工作环境等，将合适的人留下来是企业稳定而健康发展的基石。人力资源管理职责是企业运营的基础，因为离开了人，企业再好的宏伟蓝图也注定只是空中楼阁！

3 setps to be an excellent manager

第二节
战略管理：做正确的事

战略决定了企业的发展方向、经营范围、价值链选择、竞争手段等一系列决策性的问题，战略问题解决了，就可以保证企业在做正确的事情。

一、企业战略规划与管理

一提到企业战略规划，估计很多管理者都会认为其对企业的确非常重要，但又太复杂，讲不清道不明，另外，还会认为战略是老板的事情，是高层管理者才要去思考的问题。

根据多年的工作经验，我们认为，中国企业做战略其实没必要那么复杂，只要弄清楚以下 3 个核心问题就可以了：

（1）满足顾客某种至关重要的需求。（顾客是谁？顾客的至关重要的需求是什么？企业产品可以为顾客提供至关重要需求的点在哪里？）

（2）以优于竞争对手的方式加以执行。（在哪个方面可以领先竞争对手？竞争对手的核心优势在哪里？具体的做法是什么？）

（3）持续保持这种优势。（竞争优势如何保持？竞争优势能够保持多久？有什么办法能使这种优势长久保持？）

如果一家企业的战略能够对以上问题都有明确的答案，我认为企业的战略就是清晰的。

【案例 3－1】

3ZU 是上海一家定位于足装研发、销售的连锁企业，在对该企业进行战略规划的时候，我们就是按照以上 3 个核心问题进行的：

（1）3ZU 的顾客是谁？（加盟商、终端客户）顾客至关重要的需求是什么？（加盟商的需求是利润，终端客户的需求是时尚）

（2）3ZU 可以在哪些方面优于竞争对手？（研发及内部营运速度快、品质有保障、引领时尚）

（3）3ZU 如何才能保持这种优势？（研发始终领先、内部快速运营）

另外，在这里我们还必须树立一个新的正确认识，即战略不仅仅是老板的事情，也不仅仅是高层管理者的事情，战略是需要高层、中层、基层管理者全体参与并共同监督执行的事情。

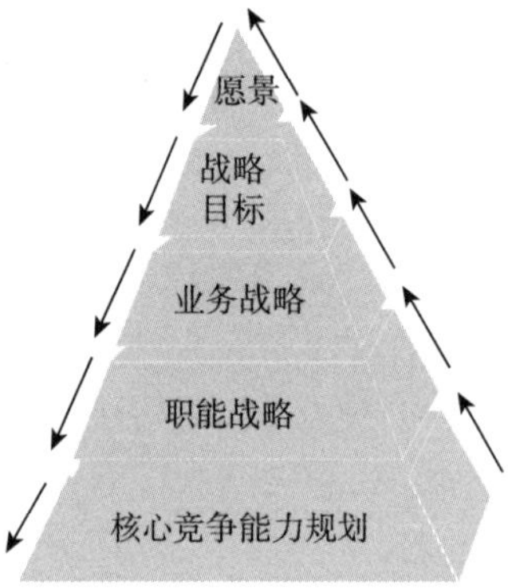

使命：企业存在的意义何在？
愿景：企业未来要成为一个什么样的企业？
战略目标：企业未来要达到一个什么样的发展目标？
业务战略：企业未来要在哪些产业、哪些区域、哪些市场发展，重点发展什么样的产品？
职能战略：需要什么样的财务投资、人力资源、市场营销、供应链等战略支持企业战略的实现？
核心竞争能力规划：需要具备什么样的应对变革与激烈外部竞争的能力？如资源竞争能力、市场竞争能力、无差异竞争能力、差异化竞争能力等。

图 3－2　企业规划战略模型

通过图 3－2 可以看得出来，企业进行战略规划包括使命、愿景、战略目标、业务战略、职能战略和核心竞争能力构成，其中：

（1）使命必须回答清楚企业存在的意义何在，也就是说，使命必须清晰地回答企业为什么要存在。

（2）愿景是企业的发展蓝图，是企业永远为之奋斗、希望达到的图景，愿景一旦确定，就需要企业全体成员将其作为终极目标去追求。但是，愿景在实现的过程中，可以分解成不同的阶段去实现。比如中国共产党战争年代的不同时期愿景是不同的，从早期的“打土豪、分田地”，到抗日战争时期的“打倒日本帝国主义”，再到“解放全中国”，在此过程中，共产党人“实现共产主义”的总体愿景是没有改变的。

（3）战略目标是对企业未来经营情况的一种期望，也是对企业愿景的细化和展开。

（4）业务战略是企业未来业务发展的重点方向，即企业明确重点在哪些产业、哪些区域、哪些产品、哪些市场、哪些客户发展。业务战略包括产业战略、区域战略、产品战略、市场战略、客户战略等。

（5）职能战略是支持企业愿景、战略目标、业务战略实现的职能性活动战略。职能战略一般可分为营销战略、人力资源战略、财务战略、生产战略、研究与开发战略等。职能战略是为战略目标和业务战略服务的，所以必须与战略目标和业务战略相配合。

（6）核心竞争能力。在英国学者普拉哈拉德（C. K. Prahalad）和英国学者哈默尔（G. Hamel）看来，核心竞争力首先应该有助于公司进入不同的市场，它应成为公司扩大经营的能力基础。其次，核心竞争力对创造公司最终产品和服务的顾客价值贡献巨大，它的贡献在于实现顾客最为关注的、核心的、根本的利益，而不仅仅是一些普通的、短期的好处。公司的核心竞争力应该是难以被竞争对手复制和模仿的。所以说，企业核心竞争能力的规划是保证企业战略有别于竞争对手并能够长期拥有和保持的基础，这也是回答如何“以优于竞争对手的方式加以执行”的关键。

企业在进行核心竞争能力的规划时，一方面必须着眼于企业战略目标及业务战略的选择，另一方面必须考虑竞争对手状况及竞争态势。从这个意义上讲，核心竞争能力的规划可以通过对原材料资源的竞争获得（如日本钢铁企业抢先获得澳大利亚大部分铁矿石），也可以通过对人力资源的竞争获得（如好利来通过对店长和蛋糕师傅的培养获得极大的成功）；可以通过市场竞争获得（如华为通过农村包围城市获得市场），也可以通过差异化竞争获得（如苹果通过软件应用功能迅速占领全球智能手机市场）等。

二、商业模式优化与再造

商业模式的概念提出可以追溯到20个世纪50年代，但直到40年后（20世纪90年代）才流行开来。泰莫斯定义商业模式是指一个完整的产品、服务和信息流体系，包括每一个参与者及其起到的作用，以及每一个参与者的潜在利益和相应的收益来源和方式。在分析商业模式过程中，主要关注一类企业在市场中与用户、供应商、其他合作方的关系，尤其是彼此的物流、信息流和资金流。

其实，商业模式并不是什么新玩意，也不是什么高科技，商业模式就是企业在传统经营和既定战略的基础上，为了满足客户企业的需求（价值主张），打破传统的运营模式，创造更先进的盈利模式，同时通过价值链的重新整合，建立企业新的竞争优势。

商业模式的创新基本遵循以下几个步骤①：

（1）精准定位客户群体，并挖掘和定义客户至关重要的、隐性的而且竞争对手还没有发现的需求。

---

① 彭志强．商业模式的力量［M］．北京：机械工业出版社．

（2）寻求企业可以保证产品/服务获得销量倍增的手段和方法。

（3）通过革命性的成本降低提升企业的盈利能力。

（4）将企业的这种盈利模式做到对企业自身可复制，对竞争对手而言“始终在模仿，从来未超越”。

（5）通过系统化的价值链运营持续保持这种竞争优势。

商业模式是企业战略层面的问题，上面列举的商业模式创新基本上与我们之前讲到的企业战略的定义是吻合的，所以说商业模式创新是企业的一种战略选择，商业模式帮助企业建立核心竞争力，随着高新技术突飞猛进、经济全球化进程的加剧、知识经济和信息时代的到来，企业间的竞争将越来越残酷，企业如何应对？看来，商业模式创新是一个比较好的选择。

三、年度经营计划制订与管理

年度经营计划是企业在战略期内某一个特定的经营年度需要实现的目标，以及实现目标需要开展的相关工作总和。

通过年度经营计划的定义我们可以看得出来，年度经营计划是对企业发展战略的细化和量化，是保证企业战略实现的重要环节。如果企业只有战略规划，缺乏年度经营计划，企业的战略极有可能变成废纸一堆；而如果企业只有年度经营计划，而没有战略规划，企业年度经营计划势必缺乏前瞻性和全局性，这就是我们强调企业做战略规划的时候不能缺少年度经营计划的原因。

3 setps to be an excellent manager

第三节 组织管理：正确地做事

组织管理决定企业使命与愿景能否有效达成，可以让企业内部的氛围更加和谐，文化更加健康；组织管理也可以保证企业内部分工更加合理，协同更加高效。组织管理是管理的另外一项重要职责。

一、建立组织使命与愿景

在前面讲企业发展战略的时候我们曾经提到使命与愿景，其实大到一个国家、一个企业，小到一个家庭、一个部门，都是一个组织，企业各级管理者都需要带领一个组织进行工作，这就需要各级管理者为这个组织描绘愿景，建立使命。

在我们身边有很多优秀的组织，他们的使命和愿景非常有凝聚力。大家都熟悉的宗教组织，就是建立了良好的愿景使追随者们如此虔诚；还有大家都知道的军队，是非常有使命感的组织，自从入伍的那天起，所有军人都知道自己的唯一使命就是保家卫国；奥运代表团也是一个极具使命感的组织，所有运动员都知道拿金牌为祖国争光。

其实，在企业内部，不论你是高层管理者、中层管理者还是基层管理者，都需要清晰地描绘组织的愿景和使命。关于这一点，保险、证券等金融行业的销售团队就做得非常好，这些团队会给每一个组织起一个极富激励性的名字，如阳光团队、天狼团队、雪豹团队、亮剑团队、钢七连，等等，然后描绘团队的愿景，这样一来，团队的战斗力一下子就起来了。

二、培养组织氛围与文化

企业讲文化、部门讲氛围，其实本质是一样的，文化和氛围就像一抹润滑剂，可以帮助组织内部缓解工作气氛，建立积极健康的工作环境。

不同的组织可以建立不同的氛围和文化：研发团队需要建立科学、严谨的工作氛围；营销团队需要建立狼性、攻击性的工作氛围；财务团队需要建立严谨、务实的工作氛围；服务团队需要建立热情、耐心的工作氛围；人力资源团队需要建立专业、服务的工作氛围……但无论如何，管理者都必须根据自己团队的使命及特点，在不违背企业整体文化的前提下塑造和建立适合自己组织的文化和氛围，这是非常关键的。

三、健全组织结构与分工

一提起组织，大家都会想到组织内部的分工问题，是的，分工对于组织而言是非常重要的。试想一下，一个管理者都不懂得如何根据自己团队成员每个人的特长及爱好，结合公司赋予的使命和职能进行科学、合理的内部分工，那将是一个什么样的场景！

任何一个组织，都需要建立自己的组织结构，设几个部门、每个部门设几个岗位、每个岗位设几个编制、每个岗位需要什么样的任职要求、由哪位员工来做更合适……所有这些工作，都需要管理者在进行组织结构设计时想清楚。

另外，每个部门该承担什么职能、每个岗位该赋予其什么职责、每项职责的工作标准和要求又是什么……这些工作，也需要管理者在进行组织分工的时候考虑清楚。

四、完善组织流程与效率

在组织内部，除了有清晰的分工之外，还需要建立完善的流程体系，这样组织的效率才有保障。我们经常听到很多管理者在抱怨：企业小的时候，大家非常团结，效率也很高，但随着组织规模的不断膨胀，组织内部分工不断细化，组织的效率就越来越低了，什么原因？道理很简单，组织的流程出了问题！看来，作为管理者，只关注组织的分工是不够的，还需要不断思考组织的协作问题。

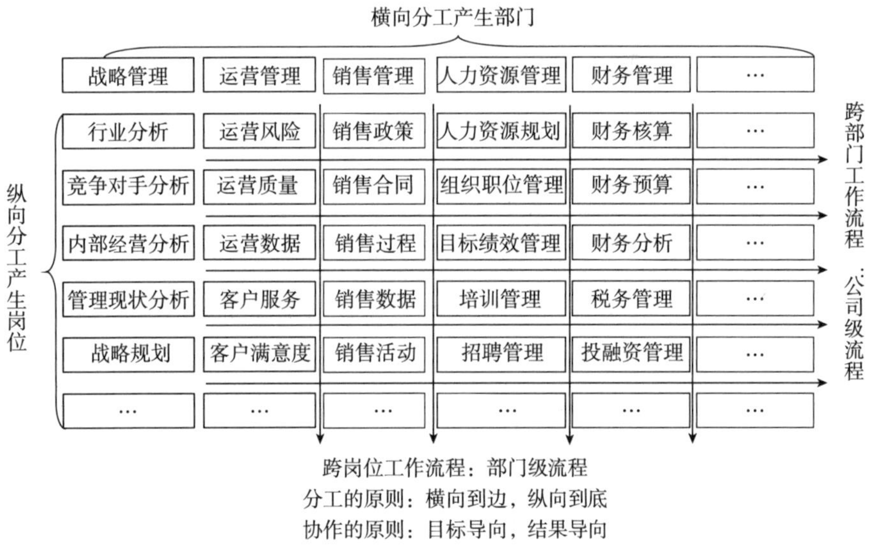

图 3－3　分工与协作的关系

从图 3－3 可以看出，组织内部的协作既有跨部门的，也有跨岗位的，在这里需要特别强调的是：不论哪种形式的协作，都必须牢牢记住协作的两个基本原则，即目标导向、结果导向。因为任何不以目标和结果为导向的协作对于组织而言都是没有意义的。

五、提升组织绩效

中国有句古话：一个人，一条龙；三个人，三条虫。当组织很小的时候，组织绩效很高，随着组织规模的增加，组织绩效越来越低，正所谓：一个和尚挑水喝，两个和尚抬水喝，三个和尚没水喝。一个和尚的时候假设他的绩效为1；两个和尚的时候整体绩效还是1，但人均绩效就变成了1/2；三个和尚的时候整体绩效则变成了0。这也是很多管理者苦恼的问题，人多了，人均绩效不增反降。

看来，提升组织绩效也是各级管理者必须重点思考和解决的职责之一。

第四节 人力资源管理：用好合适的人

企业的任何一项职能，所要做的任何一件事情，归根结底都需要人来实现，企业在用人的时候，不能奢望所有的人都十分出色，只要选择并用好合适的人就可以了。也就是我们通常所说的，将合适的人放在合适的位置，发挥其应有的价值。

作为一名管理者，合理规划下属岗位的人员数量、素质要求、任职条件、人工成本，将合适的人“选进来”，将不合适的人“选出去”，根据员工的个人特长及职业取向为员工提供适当的培训和学习机会，同时将优秀的员工激励到位，让他们富有激情地工作，是其在人力资源管理方面应尽的职责。

一、人力资源规划

在很多管理者看来，人力资源规划是人力资源部的事情；实则不然，每一位管理者都需要根据本业务单位或本部门的业务拓展、经营规划进行人力资源进行规划。

人力资源规划分为以下几个部分：人力资源数量规划、人力资源素质规划、人力资源结构规划、人力资源成本规划等。

二、员工甄选与任用

各级管理者在下属员工的甄选和任用方面必须全程参与，并且要有决策的权力，该让谁进来，该让谁出去，不能只是人力资源部说了算，用人部门的管理者要有最终决策权，只有这样才能保证选择到合适的人。

在员工甄选方面，各级管理者一定要牢记：招聘员工是所有工作得以有效实施的基础；在招聘员工方面用人部门的管理者要发挥首要作用；在员工招聘方面绝对不能授权给其他人或者其他部门去做；还有，招到合适的人比正确地做事更加重要。

三、员工培养与发展

培养员工是各级管理者的职责之一，比如《华为基本法》规定：各部门管理者有责任记录、指导、支持、激励与合理评价下属人员的工作，负有帮助下属人员成长的责任。

在管理者任职资格体系中，我们可以看到培养下属以及帮助下属成长是一名优秀管理者必须具备的能力之一，也是管理者开展管理工作的一项核心职能，因为只有让下属员工快速成长，他们才能担当更大的责任，这与中国传统的“教会徒弟，饿死师傅”的观念是不同的。

四、员工激励与留用

有句话讲得特别好，“进入公司，离开上司”，意思是说一个员工在进入一家公司之前，他首先考虑的是这家公司的发展潜力、文化氛围、个人发展机会等因素，但如果员工离开一家公司，往往不是因为这家公司有什么不好，而是因为他觉得自己的上司有问题。

所以说，如何激励好员工，让员工卖力为企业、为部门工作，并且持续保持这种激情，是各级管理者需要思考的问题。

第四章

战略规划：做正确的事（一）

战略规划是指企业确定其使命与愿景，根据组织外部环境和内部经营状况设定企业的战略目标，为保证目标的正确落实和实现进度的谋划，并依靠企业内部的力量将这种谋划和决策付诸实施，以及在实施过程中进行控制的一个动态管理过程。

战略管理大师迈克尔·波特认为，一项有效的战略规划必须具备五项关键点：独特的价值取向、为客户精心设计的价值链、清晰的取舍、互动性、持久性。

亚伯拉罕·林肯曾经说过：如果知道我们现在在哪里，并多少知道我们是如何到达这里的，就可以看出我们将走向哪里——如果我们正走向不可接受的结果，就应该及时改变我们的方向。

林肯的这句话真正道出了企业战略的重要性以及如何进行企业发展战略规划。根据我多年的咨询实践，企业战略规划只要能够解决以下问题就可以了：

（1）我们将要去哪里？我们要成为什么？（愿景、任务、目标）

（2）我们现在在哪里？（内外部环境分析）

（3）我们要如何去到那里？（战略定位、竞争战略、职能战略）

（4）如何评价我们始终在正确的路上？（战略评价与检讨）

3 setps to be an excellent manager

第一节 企业发展战略规划

尽管战略一词通常与未来相联系，它与过去的关系也并非不重要。过日子要向前看，但理解生活则要向后看。管理者将在未来实施战略，但他们是通过回顾过去而理解这一战略的。——亨利·明茨伯格是的，企业进行战略规划，既要回顾过去，又要立足现实，才能保证对未来看得更加清晰，因为战略规划本身就是对未知的或即将发生的事情进行预测分析，这些事情对于企业而言，有可能是一个千载难逢的发展机遇，也有可能是致命的威胁，企业战略规划的目的就要提前培养一些能力去抓住那些千载难逢的机会，同时去规避那些致命的威胁。

那么企业的战略规划究竟该如何去做呢？

一、愿景描述：确定方向

在任何企业，愿景都是企业的发展蓝图，是企业永远为之奋斗并期望达到的场景。制定愿景就是要解决这样一个最基本的问题：我们要成为什么？我们将向哪里去？

那么企业愿景是从哪里来的呢？确定愿景对企业发展又有哪些好处呢？

> 一个企业不是由它的名字、章程和公司条例来定义，而是由它的任务来定义的。企业只有具备了明确的任务和目的，才可能制定明确和现实的企业目标。
>
> ——彼得·德鲁克

> 企业愿景可以集中企业资源、统一企业意志、振奋企业精神，从而指引、激励企业取得出色的业绩。战略制定者的任务就在于认定和表明企业的愿景。
>
> ——约翰·基恩

德鲁克和基恩为我们回答了以上两个问题，企业愿景不是由它的名字、章程确定，愿景是企业对未来蓝图的描述，是企业全体员工共同追求的事业梦想。

弗雷德·R. 戴维教授认为，企业愿景的确定，可以帮助企业：

（1）保证整个企业经营目的的一致性。

（2）为企业配置资源提供基础或标准。

（3）建立统一的企业风气和环境。

（4）通过集中表达，使员工认识企业的目标和发展方向，防止他们在不明白企业目标和方向的情况下参与企业活动。

（5）有助于目标转化为工作组织结构，以及向企业内各责任单位分配任务。

（6）使企业的经营目标具体化，以便使成本、实践和绩效参数得到评估和控制。

当然，有效的企业愿景往往会从以下几个维度进行阐述：

（1）用户：企业的客户是谁？企业将向谁提供产品和服务？客户的消费特征是什么？

（2）产品和服务：企业可以提供的产品和服务是什么？提供的产品和服务有什么独特性？与竞争对手相比有什么不同？

（3）市场：企业在哪些区域参与竞争？基地市场、培育市场、潜在市场分别在哪里？

（4）技术：企业的技术是否是最新的？如何保证在技术上持续地保持优势？是否已经有新技术替代品？

（5）对生存、增长和盈利的关注：企业是否努力实现业务增长和良好的财务状况？对生存、增长和盈利的具体期望是什么？

（6）价值观：企业的核心价值观、道德理念、基本信条是什么？

（7）自我认知：企业最独特的能力或最主要的竞争优势是什么？如何持续保证这种优势？竞争对手的核心优势是否对企业的优势产生威胁？

（8）社会责任：企业如何看待与社会、社区及环境的关系？

（9）员工：公司如何看待员工？是否认为员工是企业最宝贵的财富？针对员工的成长与发展，企业有什么具体的措施和方案？企业如何留住并激励好核心员工？

【案例4－1】

企业愿景描述分析

联想集团：未来的联想应该是高科技的联想、服务的联想、国际化的联想。（愿景描述关键点：技术、产品和服务、市场）

华为公司：丰富人们的沟通和生活。聚焦客户关注的挑战和压力，提供有竞争力的通信与信息解决方案和服务，持续为客户创造最大价值。（愿景描述关键点：用户、技术、产品与服务）

中国建设银行：始终走在中国经济现代化的最前列，成为世界一流银行。为客户提供更好的服务，为股东创造更大价值，为员工搭建广阔的发展平台，为社会承担全面的企业公民责任。（愿景描述关键点：对生存、增长和盈利的关注，用户，员工，社会责任）

中国石油天然气集团：将以科学发展观为指导，加快实施资源、市场和国际化三大战略，着力加快转变增长方式，着力提高自主创新能力，建立安全环保节能长

效机制，着力建设和谐企业，建设成为具有较强竞争力的能源公司。（愿景描述关键点：产品和服务、市场、社会责任）

二、战略分析：认清环境

企业有了清晰的愿景和目标描述（我们要成为什么？我们将向哪里去？未来会成为什么样子?）之后，必须客观认知现在所面临的环境，认清企业现在所处的位置是非常必要的，这就是本书接下来便要阐述的企业战略分析。

因为，“在任何场合，企业的资源都不足以利用它所面对的所有机会或回避它所受到的所有威胁。因此，战略基本上就是一个资源配置的问题。成功的战略必须将主要的资源用于利用最有决定性的机会”，威廉·科恩如斯说。

企业经营环境的分析主要有两个维度，即外部环境分析、内部环境分析。

外部环境分析：是通过收集和分析企业外部经济、社会、文化、人口、环境、政治、法律、政府、政策、技术和竞争等信息，确定企业所面临的机会和威胁。

内部环境分析：是通过收集和分析企业有关管理、市场营销、财务管理及投（融）资、生产制造、产品研发、品质管控、人力资源、供应链管理、企业文化、核心价值链优化等方面的信息，确定企业最重要的优势和劣势。

外部环境和内部环境分析主要内容及分析方法见表4－1：

表4－1 企业外部环境、内部环境分析内容及方法一览表

	主要分析维度	核心内容	分析方法	分析输出
外部环境分析	经济因素	货币政策、通货膨胀、消费模式、失业趋势、劳动生产力水平、股票市场趋势、进出口、税率、区域经济状况等	波特五力分析、外部因素评价矩阵、竞争态势矩阵（EFE）	企业面临的机会、企业面临的威胁
	社会、文化、人口、环境因素	民族特征、文化传统、价值观念、宗教信仰、教育水平、风俗习惯、就业结构等		
	政治、法律和政府因素	税法、国际贸易规则、反垄断法律、知识产权法律、劳动保护、社会保障等		
	技术因素	科技应用、新技术开发、新工艺开发、新材料开发、研发投入、技术创新能力、基础工业技术等		
	竞争因素	主要竞争者的优势与劣势，主要竞争者的目标及战略，主要竞争者对经济、社会、文化、人口、环境、政治、法律等变化的反应，主要竞争对手的竞争策略，新进入者的状况，本企业的竞争地位，与竞争者的合作等		

续表

	主要分析维度	核心内容	分析方法	分析输出
内部环境分析	企业文化	核心价值理念、道德理念、基本信条、行为文化、标识文化	利益相关者分析、内部因素评价矩阵(IFE)	企业的核心优势、企业的核心劣势
	管理成熟度	管理成熟度模型、管理成熟度评价		
	人力资源管理	人力资源规划、选人、用人、育人、留人		
	市场营销	客户分析、产品或服务销售、定价、分销、市场管理、品牌管理、客户投诉受理、客户满意度管理		
	财务分析	财务会计基本功能、核心财务指标分析、投资、融资、财务管理		
	生产制造	生产过程、生产能力、生产工艺、库存控制、物流管理、质量		
	研究与开发	产品规划、研发项目管理、新产品开发、新产品小试、中试、量产		
	价值链分析	基本活动分析、辅助活动分析		

【案例4－2】

某生物医药公司外部环境评价矩阵

表4－2　某生物医药公司外部环境评价矩阵

外部环境因素	宏观环境子因素	因素权重分配	评分结果	最终得分
政治法律环境（30%）	政府对本地区的政策倾斜	8%	2	0.16
	政府对生物制药行业的扶持	15%	4	0.6
	企业所得税减免到期	7%	1	0.07
宏观经济环境（20%）	利率下降	5%	3	0.15
	国家对高新技术企业的资金扶持	15%	4	0.6
社会文化环境（15%）	园区污水的集中处理	10%	3	0.3
	本地技术工人的供应体系	5%	1	0.05
技术环境（35%）	科技投入加大	20%	2	0.4
	主要竞争对手的技术扩张	15%	1	0.15
合计	—	100%	—	2.48

【案例4－3】

深圳某美发连锁公司外部环境评价矩阵

表4－3　深圳某美发连锁公司外部环境评价矩阵

外部环境因素	权重	评分结果	加权得分
外部机会			
美发行业新技术的运用将推动行业的发展	15%	4	0.6
我国近年城镇人员快速增加，2006年城镇人口为5.77亿，占整个人口的43.9%，城市人口的增加加速了我国城市化进程	5%	3	0.15
美容美发星级评定相关政策的出台，将有利于提升行业服务水平，提升行业进入有利于美容美发企业进一步做大做强	5%	3	0.15
我国美容美发行业近年来保持高速增长，年均增长率高达22.4%，未来几年需求将还保持快速增长	15%	4	0.6
美容美发服务业是一个行业集中度相当低，未来发展的趋势是行业集中度大幅提高，有待于企业的整合	10%	3	0.3
外部威胁			
2004年以来的全国主要中大城市房价快速上涨，对美容美发行业成本有重要影响	10%	1	0.1
国内劳动力价格上升，会降低美容美发企业的利润	5%	2	0.1
美容美发行业的劳动力市场状况不好，使得美容美发行业比较难获得和留住比较优秀的人才	5%	2	0.1
现在已经面临更多强大竞争对手的竞争，如发源地，已经抢占了部分深圳市场	10%	2	0.2
未来可能会面临更多竞争对手的竞争，如进入上海市场会面临永琪占住了比较大的市场	20%	1	0.2
合计	100%		2.5

【案例4－4】

格力、美的在某区域市场竞争态势矩阵

表4－4　格力、美的在某区域市场竞争态势矩阵

因素	重要性排序	格力得分①	美的得分②	差额（①－②）	竞争状态分析			
					SW	WS	WW	SS
渠道开发与管理	20%	3.38	3.75	－0.37			√	

续表

因素	重要性排序	格力得分①	美的得分②	差额（①-②）	竞争状态分析			
					SW	WS	WW	SS
销售政策	15%	4.25	4.0	0.25				√
促销政策、策略及手段	15%	3.25	4.13	-0.88		√		
市场推广	15%	3.88	2.13	1.75	√			
营销力培植	10%	3.0	3.0	0			√	
客户服务（售后）	5%	2.38	3.5	-1.12		√		
客户满意度管理	5%	3.13	3.38	-0.25			√	
业务人员激励	5%	4.38	3.63	0.75	√			
客户服务（储运）	5%	3.75	3.88	-0.13			√	
管理能力输出	5%	2.63	2.13	0.50			√	
说明	衡量差额与评价得分绝对值，如果双方得分都很高（>4），而差额很小（≤0.3），则表示我强敌强，在SS栏位下划“√”；如果双方得分都较低而差额很小（≤0.3），则表示我弱敌弱，在WW栏位下划“√”；如果双方得分差异较大（>0.5），且是我强敌弱，则在SW栏下划“√”，如是我弱敌强，则在WS栏下划“√”							

【案例4-5】

深圳某美发连锁公司内部环境评价矩阵

表4-5　深圳某美发连锁公司内部环境评价矩阵

内部环境因素	权重	评分结果	加权得分
内部优势			
在深圳地区形成了一定的连锁规模，品牌知名度较高	15%	3	0.45
具有良好的美发技术与客户服务意识，客户服务能力较强	15%	3	0.45
服务质量基础较好，质量意识较强，服务品质较高	10%	3	0.30
具有较强的一线美发技术和服务队伍	5%	4	0.20
内部劣势			
欠缺伟大的愿景，战略定位不清晰，难以对经营管理形成较强影响力	10%	1	0.10
连锁店数量较少，销售网络与渠道与强大竞争对手相比还有较大的差距	10%	2	0.20
公司经营还未进入深圳以外的地区，在全国影响力较小	5%	1	0.05
公司对分店的管控能力较弱，分析、决策与监督能力都较弱	10%	1	0.10
公司资金实力一般，融资能力较弱	10%	2	0.20
公司还欠缺专业的职能人才队伍	5%	2	0.10
公司对人的激励能力方面还有所欠缺	5%	1	0.05
合计	100%		2.20

三、战略定位：寻找目标

企业在对外部环境、内部环境进行客观分析之后，还需要将分析的结果用SWOT矩阵进行归集和再分析，为企业进行战略定位提供依据。

企业在进行SWOT矩阵分析的时候，主要包括以下8个步骤：

（1）列出企业的关键外部机会。常见的企业外部机会有：服务独特的客户群体、新的地理区域的扩张、产品组合的扩张、核心技能向产品组合转化、垂直整合的战略形势、分享竞争对手的市场资源、竞争对手的支持、战略联盟与并购带来的超额覆盖、新技术开发道路、品牌形象拓展道路等。

（2）列出企业的关键外部威胁。常见的企业外部威胁有：强势竞争者进入、替代品引起销售下降、市场增长减缓、交换率和贸易政策的不利转换、由新规则引起的成本增加、商业周期的影响、客户和供应商的杠杆作用加强、消费者购买需求下降、人口与环境变化等。

（3）列出企业的关键内部优势。常见的企业内部优势有：清晰的战略定位、有利的金融环境、有利的品牌形象和美誉度、被广泛认可的市场领导地位、专利技术、成本优势、品牌优势、强势广告、产品创新技能、优质客户服务、优秀产品质量、战略联盟与并购。

（4）列出企业的关键内部劣势。常见的企业内部劣势有：没有明确的战略导向、陈旧的设备、超高的资产负债表、超过竞争对手的高额成本、缺少关键技能和资格能力、利润的急剧下滑、内在的运作困境、落后的R&D能力、过分狭窄的产品组合、市场规划能力缺乏。

（5）将内部优势和外部机会一一匹配，列出SO战略，即增长型战略。

（6）将内部劣势和外部机会一一匹配，列出WO战略，即扭转型战略。

（7）将内部优势和外部威胁一一匹配，列出ST战略，即多元化战略。

（8）将内部劣势和外部威胁一一匹配，列出WT战略，即防御型战略。

根据企业的SWOT分析结果，我们就可以确定战略选择的方向，通常情况下，企业会有很多选择，前向一体化、后向一体化、横向一体化、多元化、并购、剥离等等都是选择之一，也可以进行战略组合选择，但究竟是选择单一战略还是组合战略，关键是要评估企业自身的资源状况，因为没有一家企业能够拥有足够的资源来选择和实施对其有益的所有战略。

【案例4－6】

深圳某手机公司年度SWOT分析

表4－6　深圳某手机公司SWOT分析结果

Strength（优势） S1 品牌知名度及美誉度 S2 高层团队稳定，事业心强 S3 营销渠道＋营销团队 S4 财务状况良好	**Weakness（劣势）** W1 成本与行业相比较高 W2 品质体系不完善，产品品质较差 W3 上游供应链整合能力差，对供应商管控力度很弱 W4 产品规划能力较弱，项目成熟度不高，器件标准化程度很低 W5 市场需求预测能力不足，销售模式与消费者需求研究不足 W6 销售渠道营销能力不足 W7 业务增长过快，管理能力滞后
Opportunities（机会） O1 智能手机取代功能手机 O2 产品功能细分带来市场细分 O3 四、六级市场成长带来机会 O4 国内市场容量大，总量不断增加 O5 运营商销量增加 O6 国际市场机会	**Threats（威胁）** T1 主要竞争对手迅速崛起，行业发生翻天覆地的变化 T2 价格战迫在眉睫，导致品牌优势降低 T3 关键器件缺货 T4 产品销售周期缩短 T5 核心员工的流失
备注：为了保密起见，该公司SO战略、WO战略、ST战略、WT战略被略去。	

弗雷德·R. 戴维教授在《战略管理》（第10版）一书中将企业可以选择的战略一共分为四大类：一体化战略、加强型战略、多元化战略、防御型战略，具体见表4－7。

表4－7　可供企业选择的战略类型①

战略类型		战略适合企业
一体化战略	前向一体化战略（属纵向一体化的一种）：获得分销商或零售商的所有权或加强对他们的控制	（1）现有分销商、零售商对出厂价格压得过低，或不可靠，或不能满足企业销售需要 （2）现有经销商（下游行业）有较高利润，通过前向一体化进入下游行业 （3）稳定的生产对企业十分重要（通过前向一体化提高需求预测能力） （4）可利用的高质量经销商有限，阻碍企业产品销售 （5）企业具备销售自己产品所需要的资金和人力资源
	后向一体化战略（属纵向一体化的一种）：获得供方的所有权或增强对供方的控制	（1）对原料价格提得过高，或不可靠，不能满足企业生产需要 （2）现有供应商（上游行业）利润丰厚，通过后向一体化进入上游行业 （3）原材料价格稳定至关重要（通过后向一体化提高原料价格控制能力） （4）企业所处行业正在迅速发展，对上游资料需求将不断加强 （5）供应商数量少而需方竞争者数量多，企业需要尽快地获得所需资源 （6）企业具备自己生产原材料所需要的资金和人力资源

① 〔美〕弗雷德·R. 戴维．战略管理（第10版）［M］．李克宁，译．北京：经济科学出版社，2006.

续表

战略类型		战略适合企业
一体化战略	横向一体化战略：获得与本企业竞争公司的所有权或加强对其的控制	（1）企业所在行业竞争较为激烈 （2）企业所在行业规模经济较为显著 （3）企业的横向一体化符合反垄断法的规定，并能在局部取得一定的垄断地位 （4）企业所在产业增长潜力较大 （5）企业具备横向一体化所需要的资金、人力资源等
加强型战略	市场渗透战略：努力扩大市场营销，提高现有产品或服务的市场份额	（1）企业产品或服务在当前市场还未达到饱和 （2）现有用户对企业的产品或服务还有很大的提升空间 （3）整个行业主要竞争者的市场份额在下降 （4）规模的大幅提升可以带来更大的竞争优势
	市场开发战略：将现有产品或服务打入新的市场	（1）通过努力可以获得新的市场、更加优质的销售渠道 （2）企业现在经营的市场领域已经取得了巨大的成功 （3）存在未开发或未饱和的市场 （4）企业存在生产过剩的能力 （5）企业所从事的领域迅速成为全球化的产业
	产品开发战略：通过改进和研究新的产品或服务增加销售	（1）现有产品或服务处于生命周期的成熟阶段或衰退阶段 （2）企业所处行业处于高速发展的高科技产业 （3）主要竞争对手可以提供更具性价比和竞争力的产品或服务 （4）企业擅长或已经拥有极强的产品研发能力
多元化战略	集中多元化战略：增加新的但与原业务相关的产品或服务	（1）企业参与竞争的产业属于零增长或缓慢增长的产业 （2）增加新的但与原业务相关的产品或服务会促进现有产品或服务的销售 （3）现有产品处于生命周期衰退阶段
	横向多元化战略：向现有用户提供新的、与原业务不相关的产品或服务	（1）通过增加新的产品或服务，企业从现有产品或服务中得到的盈利可显著增加 （2）企业参与竞争的产业属高度竞争或低成长状态 （3）企业可以利用现有的渠道向现有客户销售新的产品
	混合多元化战略（无关多元化）：增加新的与原业务不相关的产品或服务	（1）企业主营业务的销售额和盈利能力在迅速下降 （2）企业拥有拓展新业务的资源 （3）企业现有产品和服务已达到饱和状态 （4）企业有机会拓展与原业务不相关的新市场机会
防御性战略	收缩战略（重组战略、扭转战略）：企业通过减少成本与资产而重组企业，以扭转销售和盈利下降	（1）企业虽然具有一定的竞争力，但在所属产业领域不能持续实现经营目标 （2）企业在特定产业中处于竞争弱势地位 （3）企业需要进行产业重新布局与调整
	剥离战略：出售、分拆、转让企业的任何一部分产品或服务	（1）企业为了维持竞争力需要投入超出承受范围的资源 （2）部分业务经营业绩表现不佳 （3）需要剥离的业务与企业整体战略定位不一致
	清算战略：为了实现有形资产价值而将公司的全部资产分块出售	（1）企业通过收缩、剥离战略但仍不能达到经营预期 （2）公司可以通过清算战略将资产损失降到最低

另外，对于企业战略的分类和选择，迈克尔·波特在 20 世纪 80 年代提出的战略三部曲即《竞争战略》《竞争优势》《国家竞争优势》中提到，各种战略使企业获得竞争优势的 3 个基本点是：成本领先、差异化、专一经营，通常我们也把波特的这一思想称为“一般性战略”。

1. 成本领先战略

成本领先战略也称“低成本战略”，是指企业通过有效途径降低成本，使自身全部成本低于竞争对手的成本，甚至成为同行业中最低的成本，从而获取竞争优势的一种战略。根据企业获取成本优势的方法不同，我们把成本领先战略概括为如下几种主要类型：

（1）简化产品型成本领先战略，使产品简单化，即将产品或服务中添加的花样全部取消。

（2）改进设计型成本领先战略，通过设计及工艺改进，大幅度降低研发、制造成本，从而获得战略成功。

（3）材料节约型成本领先战略，通过引进新材料，节约材料成本，从而获得竞争优势。

（4）人工费用降低型成本领先战略。

（5）生产创新及自动化型成本领先战略，通过生产模式的创新以及自动化、信息化水平的提升，节省成本，获得成功。

2. 差异化战略

差异化战略就是将公司提供的产品或服务差异化，形成一些在全产业范围中具有独特性的东西。差异化战略可以通过以下手段和途径去实现：

（1）追求产品品质的优异化，创造独家所有，确保市场占有率小而投资回报率高；

（2）追求产品专利权的优异化，以专利保护技术创新，以此区隔市场；

（3）追求产品创新力的优异化，技术第一，是最先进的产品；

（4）追求产品周边服务的优异化，创造特性和附属性功能；

（5）追求售前和售后服务的优异化；

（6）追求品牌的优异化，强调产品的品牌诉求。

【案例4－7】

朗科科技通过专利权获得差异化战略的成功

朗科科技是深圳一家高新技术企业，它以闪存盘及其周边应用技术为核心，在全球范围内进行专利布局，通过专利授权以及起诉侵权者，在诉讼和解后与侵权者签订专利授权许可协议，收取专利许可费。

朗科以知识产权战略为企业核心战略，已经在全球范围内申请专利数百项，其中大部分为发明专利。朗科以“技术—专利—利润”的商业模式，彻底颠覆了传统企业“技术—专利—产品—利润”的商业模式，获得了巨大的成功。

那么对于朗科而言，其真正值钱的东西肯定不是厂房、设备等有形资产，专利（无形资产）才是这家企业真正需要关注的。

3. 专一经营战略

专一经营战略也称集中化战略、目标集中战略等。它是指主攻某一特殊的客户群或某一产品线的细分区段或某一地区市场。企业专一化经营战略的确定，需要满足以下某些条件：

（1）拥有特殊的受欢迎的产品；

（2）开发了专有技术；

（3）不渗透的市场结构；

（4）不易模仿的生产、服务以及消费活动链。

四、竞争战略：锁定目标

通过前面提到的战略分析和战略定位，企业已经明确了所处的经营环境（外部环境、内部环境），同时也确定了需要进入的区域、市场、产业和产品，当然，企业可以像格力电器一样选择专一经营战略（空调），也可以像美的一样选择一体化甚至多元化战略（家电、物流、地产）；可以像茅台一样选择“一品为主，多品开发，做好酒文章；一业为主，多种经营，走出酒天地”，也可以像五粮液一样选择“一业为主，多元发展”……企业最终究竟该选择什么样的战略，与其拥有的资源、所处行业、宏观及微观环境、愿景及战略意图等因素都有很大的关联性。

很多企业在进行战略规划的时候，往往会有这样的误区，觉得有了战略选择就完成了战略的规划工作。其实不然。仅有了选择还不够，因为企业战略的实现是在一个复杂、多变的环境中完成的，战略选择后，企业还需要确定主要竞争对手，只有这样才能保证战略的实现。这就是我们通常所说的竞争战略。

竞争战略的制定需要秉承“锁定法则”，具体地说，就是要确定谁是主要竞争对手，找准重点、锁定目标，而不是草木皆兵，把同行所有的企业都当成自己的对手来对待。

【案例4－8】

某地产公司竞争对手分析

表4－8　某地产公司主要竞争对手分析

类型	形象比喻	主要特征	主要竞争对手
全国性房地产企业	侵略者	(1) 企业规模巨大，在全国多个区域同时开发很多项目 (2) 盈利能力较强 (3) 资本实力雄厚，抗风险能力强 (4) 项目质量较高 (5) 在全国多个区域具有一定品牌影响力 (6) 有较强的持续发展能力，能够持续不断地推出很多项目 (7) 野心大，侵略性强，欲做行业整合者	万科、万达、富力、碧桂园、中海、招商、保利、金地、恒大、绿地
区域性房地产企业	地霸	(1) 企业规模较大，在某一区域同时开发较多项目 (2) 盈利能力较强 (3) 资金实力一般或者较强 (4) 项目质量较高 (5) 在全国某一经济区域具有一定品牌影响力 (6) 有一定的持续发展能力，基本能够持续推出项目 (7) 欲加强或巩固本区域市场地位，或准备进入全国市场	栖霞、上海大华
小型房地产企业	游击者	(1) 企业规模较小，多为在同一城市同时开发一个或两个项目 (2) 盈利能力一般，偶尔有项目有较强的盈利能力 (3) 资金实力较差或一般 (4) 项目质量一般（偶尔也有质量好的项目） (5) 无品牌影响力或者偶尔某一项目具有一定品牌影响力 (6) 持续发展能力较差，项目连续性较差 (7) 投机性赚钱，野心不大	深圳恒丰、深圳海岸、深圳百仕达

清晰并成功锁定竞争对手之后，企业就要采取出其不意、攻其不备等手段，确定自己的竞争战略，一般来讲，企业的竞争战略包括基础竞争（如规范化管理竞争）、条件竞争（如资源竞争）、市场竞争、人力资源竞争、标杆竞争（如学习竞争）、差异化竞争（如创新竞争、产品竞争）、无差异竞争（如价格竞争）等。

【案例4－9】

国家电网竞争战略

电网发展战略：建设以特高压电网为骨干网架、各级电网协调发展的现代化国家电网，促进大煤电、大水电、大核电基地集约化开发，实施更大范围内能源资源优化配置（简称“一特三大”）。

科技兴企战略：遵循“自主创新、重点跨越、支撑发展、引领未来”的方针，发挥企业在技术创新中的主体作用，把增强自主创新能力作为强化公司科技支撑的关键和推动电网技术升级的中心环节，建设一流人才队伍，实施大科研，创造大成果，培育大产业（简称“一流三大”）。

人才强企战略：牢固树立科学人才观，尊重劳动、尊重知识、尊重人才、尊重创造，抓住培养、吸引、使用等关键环节，建立科学的选人用人机制，增加教育培训投入，大力开展全员培训，提高队伍整体素质，建设结构合理、素质优良的经营人才、管理人才、技术人才和技能人才队伍。

国际化战略：通过“引进来”、“走出去”等国际化活动，全面提升公司的技术创新能力、经营管理能力和资源配置能力，增强公司的核心竞争力，建设具有国际知名品牌和国际竞争力的国际一流企业，服务国家能源战略，在引进国外能源资源、参与国际电力和能源合作中发挥重要作用。

五、职能战略：分解目标

彼得·德鲁克曾经说过：经营目标可以被比作轮船航行用的罗盘。即使罗盘是准确的，在实际航行中，轮船也可以偏离航线很远；但如果没有罗盘，航船既找不到它的港口，也不可能估算达到港口所需要的时间。

可见目标对于企业战略实施和经营的重要性。没有目标的战略不能称之为战略，没有目标的企业就如脚踩西瓜皮，遛到哪里算哪里。

企业战略实施的过程中，还需要对目标进行分解，比如新产品研发、生产制造、市场营销、财务投资、人力资源等，这就是我们通常所说的职能战略。

弗雷德·R. 戴维教授认为，企业职能战略确定和目标分解的过程中必须关注以下问题：年度经营计划、政策制定、现行组织结构调整、企业改组和流程再造、员工激励计划、管理变革、管理者对战略的适应能力、培训支持新战略的企业文化、调整生产作业过程、发展有效的人力资源功能等管理问题，还需要关注市场营销

（包括市场细分、产品定位、品牌管理、销售管理、价格管理等）、财务管理（包括资金管理、预算管理、会计核算等）、研究与开发、信息系统管理等问题。

关于以上问题，我们的经验是企业在进行战略规划的时候，为了能够让战略规划落地，需要慎重研讨和确定职能战略，但职能战略的实现，则需要年度经营计划来保障。

3 setps to be an excellent manager | **第二节**

企业发展战略管理机制

彼得·德鲁克指出，除非战略评价被认真地和系统地实施，也除非战略制定者决意致力于取得好的经营成果，否则一切精力都会被用于为昨天辩护，没有人会有时间和精力开拓今天，更不用说去创造明天。可见，战略规划是一项系统工程，光有伟大的愿景和清晰的战略目标是不够的，系统了解和掌握企业内外部经营环境也还不够，有了业务战略、职能战略，如果离开了战略执行也是徒劳的，同样，如果没有人关注战略评价，战略的实施也必将大打折扣；企业要想把战略规划好、执行好、评价好，还需要建立两大机制，即战略规划机制、战略评价机制。

一、战略规划机制

一般而言，企业战略规划机制包括以下几个部分：战略管理理念、战略管理组织、战略管理流程等。

1. 战略管理理念

在很多人看来，战略规划有时候是很神秘的事情，有时候又是虚无缥缈的。这与大家对战略规划的理解存在偏差有很大的关系。下面我们通过一系列对战略规划的误区分析，澄清一下战略规划理念。

（1）误区一：战略规划是自上而下的事情。很多人都会认为，战略规划就是企业领导确定了未来的发展方向和目标，下面的员工去执行就可以了。其实不然。战略思维虽然是对企业未来发展的一种全局性思考，但其执行与企业的每位成员都利益攸关。只有当企业全体员工都能充分理解战略、认识战略时，他们才会认真地去执行战略，从而保证其执行的有效性。

企业战略事关企业的每一个成员。这就要求战略实施前要对企业管理层与员工进行战略意识教育。战略思维是自上而下的，俗话说“智者千虑，必有一失”，通过战略意识教育，可以充分吸收基层管理者与员工的群众智慧，形成一种自下而上的信息反馈回路，进而逐步完善战略，保证战略的科学性与可行性，这样才能使企业战略的执行更加有效与顺利。

同时，实施企业战略过程中，可能还要触及或者牺牲一部分人的利益去推进企业整体利益的实现，如果这部分人不能充分理解和认同，并得到及时和合理的补偿，就会成为战略实施的阻碍力量，进而影响企业长期增长绩效的可持续性。在战略实施过程中应当充分考虑相关利益群体的利益均衡问题，因此，企业战略不仅仅是高层管理者的责任，它也事关企业每一位成员的切身经济利益。

（2）误区二：战略规划是领导的事情。很多企业在制定战略规划的时候，过分强调领导的作用，认为领导有远见，领导对行业认知更加充分，领导可以预见未来……过分强调领导或企业家在战略规划中的作用，本身就是一个不正确的认识。

企业家是社会的稀缺资源，真正的企业家具备创新的本质，企业家的市场直觉与个人能力可以通过为企业建立一种新的生产函数而创造经济利润。但是，个人进行战略决策容易使设立的目标过于理想化或对行业的发展趋势预测出现偏差，因此不能完全让企业的战略决策依赖于企业家的市场直觉与个人能力，而忽视企业战略决策机制的建设。

企业战略决策机制建设可以依托企业战略委员会开展工作。该委员会负责企业战略决策事务以及战略风险的监测与控制，可以是一个虚拟性组织，日常性办事机构可以挂靠某个特定的职能管理部门。当企业需要重大战略决策时就由办事机构召集战略委员会专家进行论证，必要时也可以邀请企业外部相关专家参与。集体决策可以使企业的战略决策更加科学化、更有预见性。真正的战略决策过程其实也可以理解为是一个“直觉”加“求证”的过程，企业家个人的市场直觉可以为企业提出发展方向方面的构想，至于战略可不可行以及风险的大小则需要通过战略决策专家的科学论证。因为战略决策不具备科学试验的性质，所以只有在战略执行前通过充分与细致的科学论证来弥补个人决策的缺陷，才能够有效地减少与降低战略风险。

（3）误区三：战略一旦确定，就不能调整。企业战略是根据企业外部环境与内部条件对企业未来发展方向与发展目标所做的谋划与设定。通常情况下，当战略选择确定以后，企业的生产经营活动就应当围绕战略中心而发展，不能轻易改变，不然将失去严肃性与科学性。但是，强调战略的严肃性并不是意味着要固化战略、忽视战略本身的动态属性。企业市场经营面临外部经济环境的不确定性，当市场结构、企业资源条件以及竞争对手的市场反应发生变化时，就相当于企业的发展规划参数发生改变、企业发展战略实施的风险程度提高，这时，战略职能部门就应当对企业原有的发展战略与规划进行重新审视，针对各种环境因素变化及时对规划与战略做出调整。

根据我们的经验，假设企业确定了未来5年的发展战略，战略在实施的过程中，必须坚持“N/5－N”的原则对战略进行修正，比如在实施第2年战略的时候，我们还需要对未来3年（5－2年）的战略进行评估和修正。

在这里需要特别指出的是，企业永远也不可能预见未来10年、5年的市场，一个完善的战略规划也并不在于其对未来预测有多么准确，重要的是，当外部环境发生变化时，企业能及时地对战略加以修正和调整。

（4）误区四：小企业不需要战略。很多人会认为，企业太小，没时间和精力也没钱去制定战略，因为企业要先解决生存问题，先生存后发展；或者认为企业的资源那么少，能力那么弱，资源和能力是明摆着的，战略怎么谈呀？于是战略无用论、战略失效论甚嚣尘上。

其实不然，**小企业正处于发展的关键时期，企业资源和能力相对不足，生存问题迫在眉睫，而正因如此，资源的聚焦使用、能力的有选择培育和对未来发展的良性规划，更显重要，而这些正是战略所要解决的问题，是战略必须解决的问题，也是战略规划必须起到作用的重要方面。**

2. 战略管理组织

在很多成熟的企业，战略规划是有严密的组织体系的，从上至下包括战略管理委员会、企业经营层、企业管理层、企业执行层、企业战略及发展部（有些公司也称之为战略管理部或企管部）等，不同的组织，其分工是不同的。

（1）战略管理委员会。一般由公司董事会成员、独立董事、外聘专家、企业高管组成。其主要职责包括：确定企业使命与愿景；组织制定公司的总体发展战略；提出公司的职能战略指导思想；组织制定公司的经营目标和阶段性经营计划；对公司战略实施过程进行监控和定期评估；根据公司战略需要，负责公司组织结构的设计与重要调整；其他战略领域相关重要事项的管理。

（2）企业经营层。一般由企业总经理、副总经理构成。其主要职责包括：根据企业战略规划，组织制订公司的中长期发展战略及目标；组织各系统高级管理人员根据公司的战略和目标制订各系统的年度工作计划和目标；组织建立健全公司战略规划、战略实施、实施效果评价（绩效管理）体系；组织公司战略目标的分解，定期对目标达成状况进行监督检查。

（3）企业管理层。一般由总监、部门经理构成，其主要职责包括：负责本部门职责范围内的战略信息收集、整理和分析；参与公司战略制定，并负责公司战略在本部门的宣导；根据公司下达的各项战略目标，负责在本部门的分解及达成状况跟踪、检讨；根据本部门战略目标，负责编制行动计划，并保证按计划执行。

（4）企业执行层。一般由主管、专员构成，其主要职责包括：负责本岗位职责范围内的战略信息收集与整理；按照部门确定的目标开展工作，并及时反馈完成状况。

（5）企业战略及发展部。其主要职责包括：收集、分析企业战略信息，并编制分析报告；协助建立健全公司战略目标分解及绩效管理体系，定期对各系统、各部门绩效目标达成状况进行评估，并编制评估报告；组织相关部门定期对公司各管理系统运行状况进行分析，及时发现管理短板，提出改进措施。

3. 战略管理流程

战略规划工作对于企业来讲是一项持续、长期的工作，所以建立战略管理流程也是必不可少的。

二、战略评价机制

在战略实施的过程中，企业还需要建立战略评价体系，以对战略实施的现状进行客观公正的评价，发现问题，及时修正与纠偏。绝大多数管理者都承认，战略评价对企业利害攸关，而及时的评价可以使管理者对已经发生或潜在的问题防患于未然。

战略评价包括 3 项基本活动：评价企业外部环境和内在基础、将实际结果与预期目标对比分析、采取纠正措施以保证行动与计划保持一致。

1. 评价企业的外部环境和内在基础

企业战略在执行的过程中，内外部环境随时都在发生深刻的变化，如宏观经济环境（从 2008 年的美国次贷危机，到欧债危机，再演变成全球金融危机）、新技术变革（如手机行业从功能机向智能机的技术跨越，从诺基亚一统天下的时代到苹果的异军突起）、国际政治环境（从伊拉克战争，到利比亚、叙利亚战争、伊朗和以色列的核争端对国际石油价格的影响）等看似离我们很远的事情无时无刻不在影响企业的发展和战略的实现。

【案例 4－10】

某公司战略规划流程

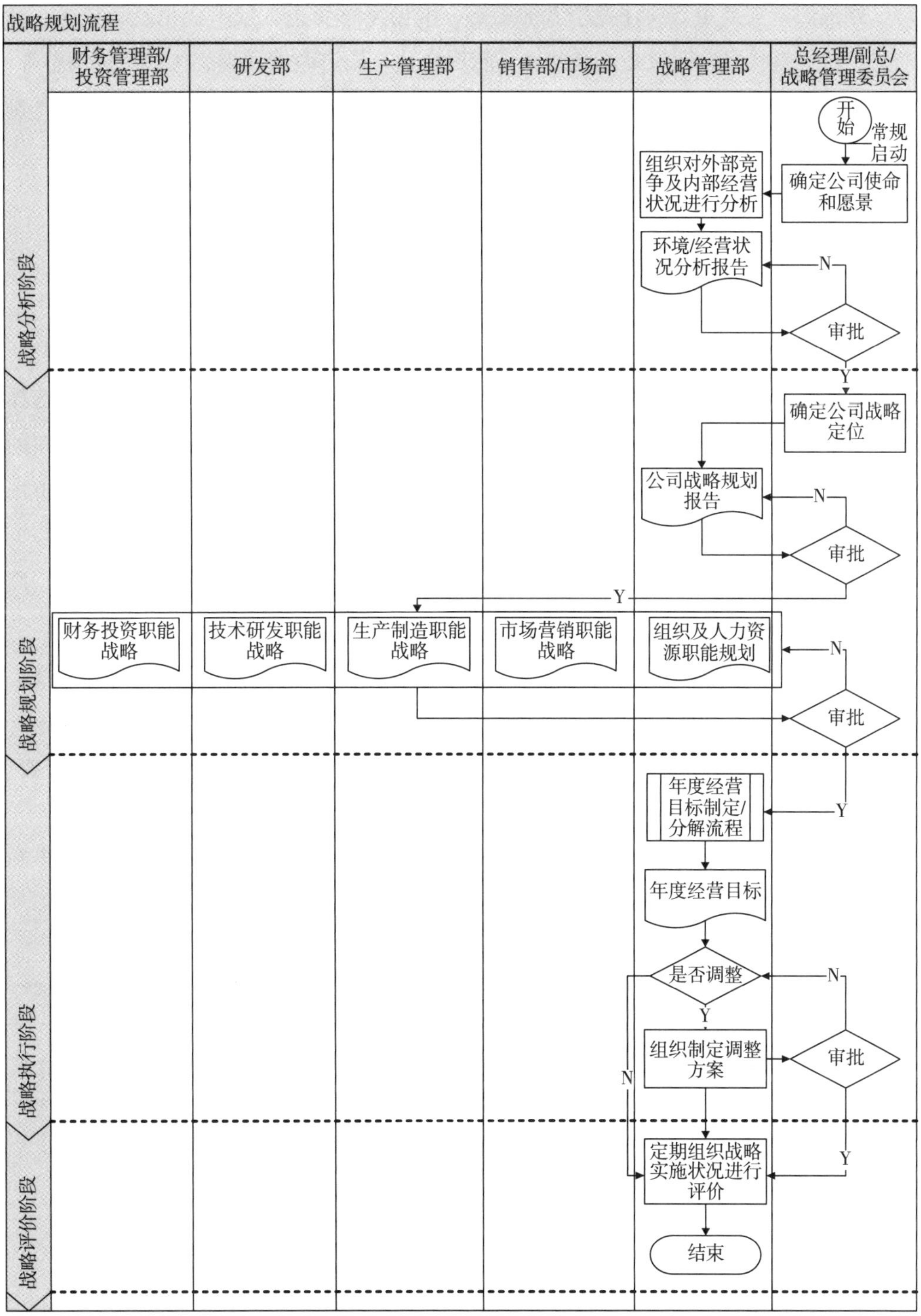

图 4－1　某公司战略规划流程

企业外部环境和内在基础的评价就是要求企业要建立修正外部因素评价矩阵（EFE）和内部因素评价矩阵（IFE）的方法，适时检讨企业战略的基础。其中：

外部因素需要重点关注竞争者的动态、市场需求变化、技术变化及新技术、新工艺、新材料状况、区域乃至全球经济状况变化、政府政策调整、法律法规调整等。

内部因素需要重点关注企业管理成熟度、企业文化、市场营销、财务、生产制造、研究开发、物流及供应链、管理信息系统等。

2. 将实际结果与预期目标对比分析

企业战略实现的过程是一个动态、多变甚至不可控的过程，其经营的内外部环境始终处于一个动态的过程，如何让不可控的因素变得更加可控、将经营的偶然性变小、增加必然性的比重？这就需要企业建立基于定量和定性的目标达成评价体系。

当然，不同企业的评价体系可能不同，也可能存在很大差异，评价标准的选择取决于企业的规模、产业、发展阶段、战略、管理基础等，比如处于高速成长期的企业和处于衰退期的企业选择的评价标准会不同，采取收缩战略的企业与采取市场开发战略的企业评价标准也会不一样，但有些维度和指标还是一致的：

（1）财务类指标：投资收益率、股本收益率、利润率、资产增长率、总资产周转率、主营业务成本等。

（2）非财务类指标：管理成熟度、客户满意度、员工满意度、客户结构、渠道结构、市场份额、销售增长率、新产品上市周期、产品生命周期、平均采购成本、采购供应及时性、生产计划达成率、物流周期、客户订单按期交付率、人均产值、关键岗位适岗率、核心员工流失率等。

另外，企业在进行战略评价时，还需要综合本企业不同时期、主要竞争对手和行业及产业水平进行对比分析，如表4－9所示。

表4－9　企业战略评价表

评价指标	实际状况	不同时期对比				主要竞争对手对比				行业及产业水平对比			
		上月实际	差异分析	去年同期	差异分析	A竞争对手	差异分析	B竞争对手	差异分析	行业平均水平	差异分析	行业标杆水平	差异分析
…													
…													

3. 采取纠正措施以保证行动与计划保持一致

企业采取纠正措施的目的在于让企业的实际运作始终与战略方向保持一致，同时纠正措施还必须能够使企业更好地发挥内部优势，更好地利用外部机会，更好地规避、减少、缓和外部威胁，以及更好地弥补内部的劣势。

另外，纠正措施应该随时进行，当然也应该选择恰当的时机：

（1）企业经营环境发生重大变化（如并购、业务剥离等）时；

（2）制订年度经营计划，并进行“N/5 – N”战略实施检讨时；

（3）年度、季度战略评价和衡量时。

第五章

年度经营计划：做正确的事（二）

年度经营计划既是企业中长期发展战略规划在特定经营年度的构成部分，也是对公司中长期发展战略规划的细化。制订科学合理的年度经营计划，并保证按照年度经营计划实施，是企业发展战略实现的保障和基础。

企业发展战略的实现就像是一场马拉松比赛，漫长而艰苦，如果不能学会战略分解和分步实施，很可能大家会因为目标遥不可及而选择放弃。年度经营计划可以很好地帮助企业进行战略目标的分解，企业在保证每年目标都实现的基础上，整体发展战略也就水到渠成了。

3 setps to be an excellent manager | 第一节

年度经营计划构成要素

根据多年企业咨询辅导经验，我们将企业年度经营计划分为6个主要部分：

（1）企业发展战略分解：包括企业发展战略阶段性目标及工作规划、企业外部环境因素（EFE）修正、企业内部环境因素（IFE）修正。

（2）年度经营环境分析：企业管理成熟度评价、企业经营状况盘点、行业关键成功因素分析、年度SWOT分析。

（3）年度经营策略分析：年度竞争策略确定、年度职能战略确定。

（4）年度经营目标确定：年度战略地图及经营目标确定、年度平衡计分卡及目标分解。

（5）年度经营计划实施平台建设：组织调整规划、流程体系优化规划、渠道激励规划、人力资源体系建设及员工激励规划、产品及研发规划、营销规划、供应链及制造规划、各职能部门年度工作计划。

（6）年度经营计划实施检讨及跟踪：公司/部门/关键岗位级 KPI 达成状况跟踪、各职能领域及部门年度工作计划达成检讨。

关于年度经营计划的制定及实施，读者朋友可以阅读拙著《年度经营计划管理实务》（中国经济出版社，2015 版）。

3 setps to be an excellent manager

第二节 年度经营计划编制

一、企业发展战略回顾

任何企业的发展战略都不可能是一成不变的，定期进行内外部环境分析并对战略规划的路径和实现方式进行调整和修正是非常必要的，因此企业在进行年度经营计划编制的时候，必须从发展战略回顾及 EFE、IFE 修正开始。

【案例 5－1】

温州某服装企业发展战略回顾

温州某服装企业定位于中高档西服、休闲服研发、生产与销售，经过 10 多年的积累和发展，在西服、休闲服市场中取得了一定的成就。受该企业委托，我们辅导其进行 2013 年度经营计划的规划与实施。

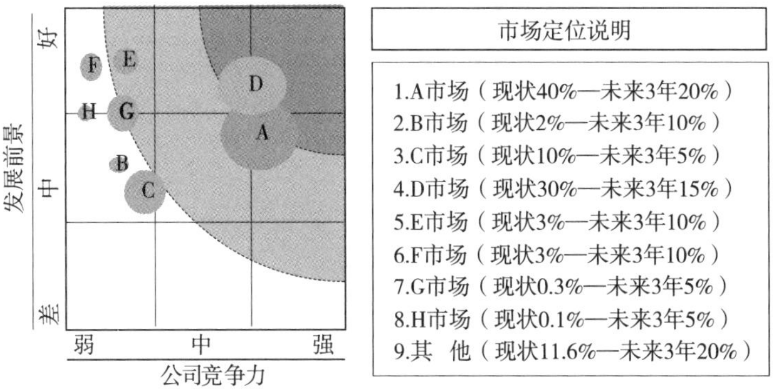

图 5－1　温州某服装企业目标市场定位

从图 5－1、图 5－2 可以看得出来，目前 A 市场、D 市场是该企业的战略基地

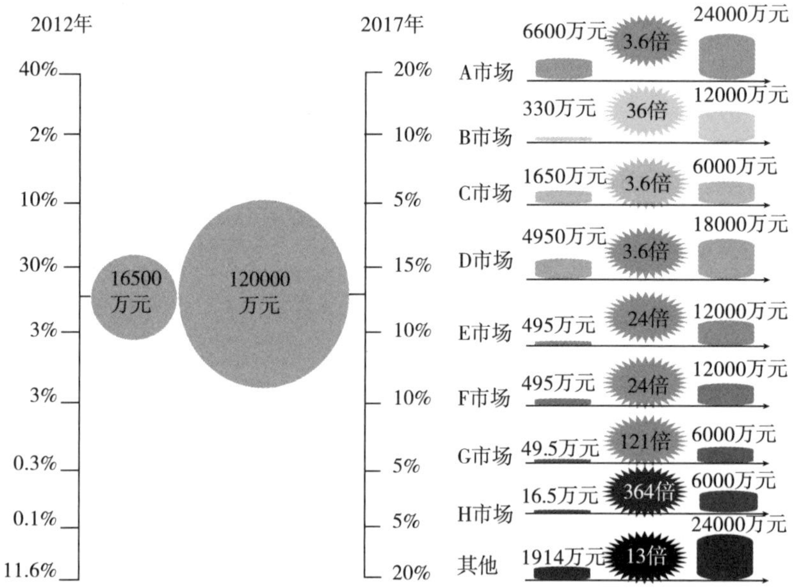

图 5－2 温州某服装企业目标市场发展规划

市场，销售额占到全公司的 70%，而 B 市场、E 市场、F 市场作为该企业未来 5 年需要重点培育的市场，需要在制订 2013 年经营计划的过程中进行重点关注。

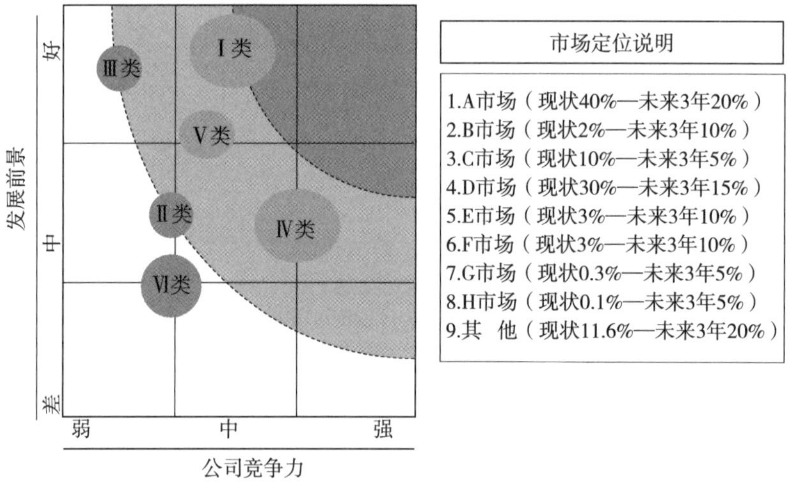

图 5－3 温州某服装企业销售渠道定位

传统百货、自营专卖店、订做三类主要销售渠道在未来 5 年对销售额的贡献比例将逐年下降，而购物中心、特许专卖店的占比将逐年提升，最终形成传统百货、自营专卖店、购物中心并驾齐驱，特许专卖店、订做两翼齐飞的局面。

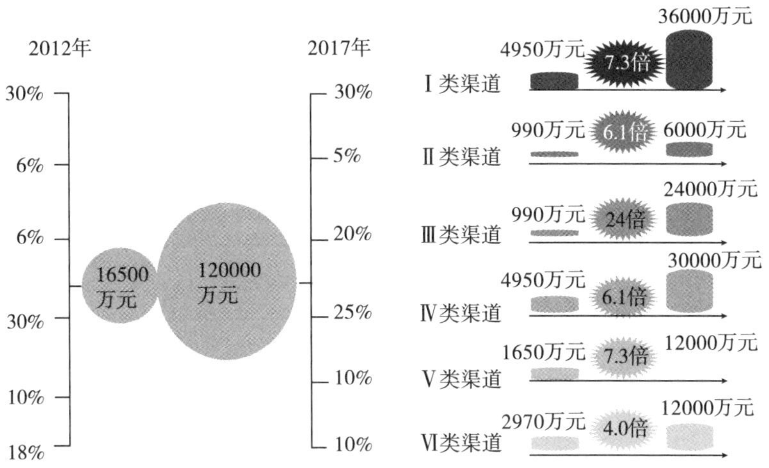

图 5－4 温州某服装企业销售渠道发展规划

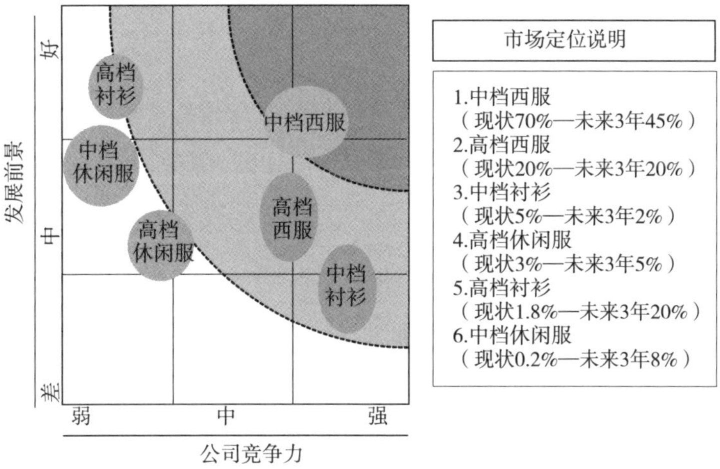

图 5－5 温州某服装企业产品定位

在产品结构方面，未来 5 年目前一家独大（中高档西服）的局面将彻底改变，逐步形成西服与衬衫并举、休闲服强势补充的局面，进一步拓宽产品线。

综合图 5－1—图 5－6 我们可以看到，温州某服装企业的基本战略规划，总体目标从 2012 年的 16500 万元到 2017 年的 120000 万元，增长 727%，年均增长 145%。从市场拓展来看，B 市场、E 市场、F 市场、G 市场、H 市场是未来 5 年的拓展重点；从销售渠道拓展来看，Ⅲ类渠道（购物中心）是未来 5 年的拓展重点；从产品而言，中档休闲服、高档休闲服、高档衬衫则是未来 5 年的研发和拓展重点。

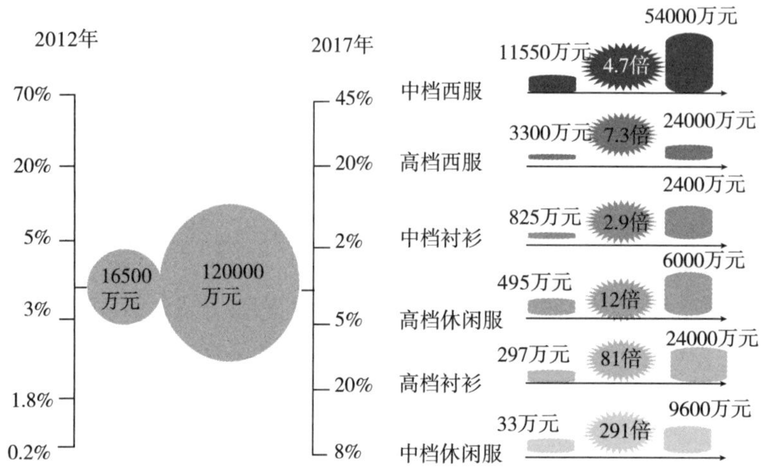

图5－6　温州某服装企业产品发展规划

二、年度经营环境分析

年度经营环境分析是确定年度经营目标及实施计划的重点，主要包括：企业管理成熟度评价、企业经营状况盘点、行业关键成功因素分析、年度SWOT分析等。

1. 企业管理成熟度评价

关于管理管理成熟度的评价，在拙作《管理成熟度评价理论与方法》（中国经济出版社，2012年3月出版）中，有非常详细的阐述。根据我们的经验，企业在进行年度经营计划编制时，通常会对公司的财务状况、资产状况、库存状况、人力资源状况等进行盘点和评价，而忽视对管理成熟度进行盘点和评价。像这样对管理现状和管理基础缺乏充分了解和客观认知，往往会导致企业的年度经营计划很难实施和实现。

管理成熟度，简单而言，就是企业的管理体系在运营过程中达到的成熟的程度，也就是管理体系与企业经营需求之间的匹配程度。

我们经常讲，企业的管理与经营如影随形，经营需要管理的保驾护航，管理需要经营这个土壤，任何撇开管理谈经营或者撇离开经营谈管理的观念都是毫无意义的。

企业管理成熟度可以按照管理职能进行分解，比如人力资源成熟度、项目管理成熟度、生产管理成熟度、供应链管理成熟度、财务管理成熟度、知识管理成熟度等等都是属于企业管理成熟度的分支，也可以将企业看作是一个整体按照组织特征、组织绩效、管理职能进行管理成熟度评价。

企业管理成熟度评价有 3 种模式:

(1) 根据组织特征进行管理成熟度评价。我们知道，企业的管理与个人的成长是一样的道理：一个人的成长需要经历从婴儿、童年、青年、成年到老年的过程，随着年龄的增长和社会阅历的增加，他的系统思维、价值理念、责任感等逐渐成熟和定型；同样，企业的管理也会随着企业规模的成长与管理经验的沉淀而越来越成熟。一个管理成熟的企业，它在系统观念、应对变化、目标意识、服从功能、团队管理、顾客导向、信息共享、基层决策、沟通功能、激励发展、学习功能、创新功能、质量安全管理等方面都是表现非常优异的，管理成熟度的评价，可以按照这些维度进行。

(2) 根据企业价值链模型进行管理成熟度评价。在企业的价值链模型中，我们可以把企业的所有活动分为两大类：支持类活动（采购、研究及开发、人力资源管理、企业基础管理）和产品/服务实现类活动（进料后勤、生产作业、发货后勤、销售、服务），那么企业的管理成熟度也就可以按照这两大类活动进行规划。因为按照企业价值链模型，不同的活动在企业的价值贡献是不同的，但有一点是相同的，那就是所有的活动都需要进行统一管理，那么这些活动的管理效果如何，企业是一定需要评价的，对这些活动的评价就构成了企业管理成熟度评价的基本构成。

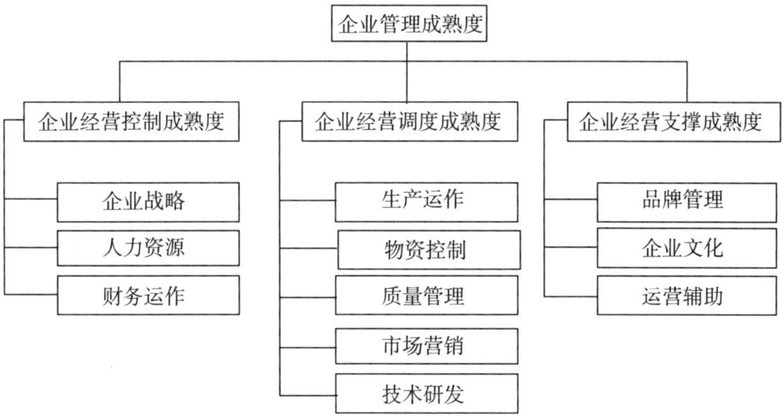

图 5－7 基于价值链的管理成熟度评价模型

(3) 根据卓越绩效管理体系进行管理成熟度评价。卓越绩效模式源自美国波多里奇质量奖评审标准，是一种世界级企业成功的管理模式。卓越绩效管理告诉我们，企业管理成熟度评价可以从领导、战略、以顾客与市场为中心、测量、分析与知识管理、以人为本、过程管理、经营结果等7个方面①进行，具体如下图5－8。

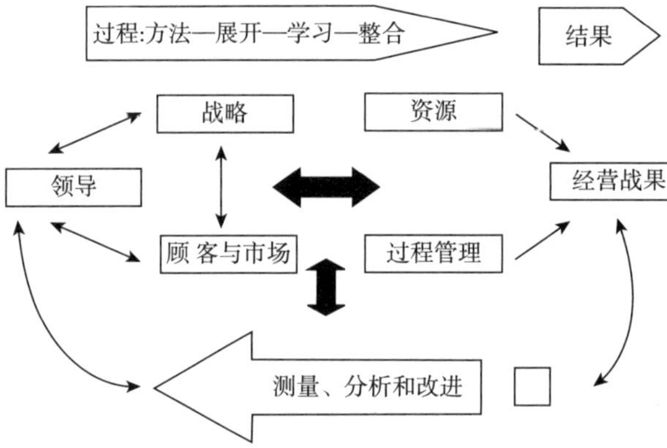

图5－8 基于卓越绩效管理体系的管理成熟度评价模型

【案例5－2】

温州某服装企业管理成熟度评价

表5－1 温州某服装企业管理成熟度评价结果

题号	题目	得分
第一部分：基础管理成熟度（72.60分）		
1.1	公司已经建立了完善的流程体系，而且每个员工都非常明确其领导或参与流程	71.63
1.2	公司基础管理制度体系健全，并且都得到了执行	74.08
1.3	公司会议管理机制成熟，各种会议决策效率高，会议决议执行到位	68.00
1.4	全体部门成员都已经明确知晓本部门和岗位的使命、职责及权限	80.41
1.5	你所在的部门中，经常研讨未来的工作方向与策略，并制订执行计划	76.49
1.6	公司已经建立了成熟的管理绩效改善目标/机制（年/月/周/日计划、报告、周期检讨总结等），各阶层也形成了自主改善习惯	76.25
1.7	公司管理审计及管理监督机制运行状况良好，促进了不断持续改进的机制	70.87
1.8	公司的IT系统稳定，并对提升工作效率和保证信息安全帮助很大	63.16
1.9	公司各种管理知识积累、沉淀、共享机制成熟，信息应用规范，决策有效	66.45
1.10	公司具有高效支持和提高企业员工运作效率的企业文化	78.13
第二部分：战略管理成熟度（77.91分）		
2.1	公司有明确的使命与愿景，清晰的核心价值观，员工理解充分、认同度高	89.15
2.2	公司的战略管理流程模式成型，有效支持公司中长期战略规划、公司年度经营计划、部门年度工作计划等战略制定和展开过程，并能够有效支持公司战略目标的实现	82.42

① 资料来源：《卓越绩效评价准则》GB/T19580－2004。

续表

题号	题目	得分
2.3	公司已经确定了未来3~5年的中长期经营战略，并且有详细、清晰的书面描述	73.12
2.4	中长期经营战略的内容全员能共同理解和坚守，并建立了有效评估中长期经营战略实现程度的检讨和调整模式	71.91
2.5	公司中长期经营战略已经作为确定公司年度经营规划和产销计划的主要准则	76.32
2.6	各部门负责人参与公司年度经营规划的制定和实施过程，并有效分解到各部门年度目标作为绩效承接	80.44
2.7	跨部门专项行动计划和部门KPI行动计划机制成熟有效，并能够有效支持部门年度目标达成，进而支持公司年度经营计划实现	74.89
2.8	公司年度经营计划和部门年度目标达成状况自主式检讨机制成熟，执行状况至少每季检查一次	74.67
第三部分：市场营销管理成熟度（58.86分）		
3.1	营销渠道规划及考核体系健全，并能够达成公司年度营销目标95%以上	62.67
3.2	公司营销政策具有很强的竞争力，并根据市场变化进行及时调整	68.00
3.3	已经建立了完善的市场研究机制，能够为公司的营销和新产品决策提供价值信息	54.67
3.4	公司市场推广、产品推广和促销机制成熟，对销售促进效果明显	53.33
3.5	销售计划编制科学，计划准确率达90%以上	52.00
3.6	从公司接到客户订单到客户接收货物的周期正在持续地缩短	61.43
3.7	销售订单的变更管理流程和应变机制成熟，透过PMC，采购、制造等业务部门按流程运作，能最小限度减少订单变更带来的损失	60.00
第四部分：产品研发管理成熟度（65.43分）		
4.1	公司对方案公司选择、评价、管理、维护机制成熟，合作程度符合公司战略发展	67.14
4.2	公司的产品研发是基于市场导向，产品规划机制成熟，并至少有1年以上的前瞻性	61.33
4.3	产品研发从立项、研发、评审到试生产、上市都已有明确统一的流程，并得到严格执行，流程能力和研发周期处于同行业高水准	66.21
4.4	公司开发管理项目管理成熟度高，项目计划达成率95%以上	65.93
4.5	技术储备和产品研发队伍储备能够保持开发的连续性	66.92
4.6	产品设计更改规范，更改信息能及时传递到相关的部门，有效减少设计变更成本损失	63.70
4.7	产品开发过程品质评审，验证环节完整和连续，并具有足够的权威性	68.89
4.8	已经建立了完善的产品标准化体系，产品标准化程度超过80%	63.70
4.9	公司研发产品的可生产性评估机制成熟，单款机型产能处于同行高水准	65.38
第五部分：制造管理成熟度（68.93分）		
5.1	公司选择、考评、管理、维护外协代工厂的机制成熟，对代工厂影响度高，合作程度满足公司持续经营发展	73.53
5.2	每个阶段产品制造管理理念成熟，产品制造相关人员能清楚理解，制定的产品制造政策能配套实施	68.24

续表

题号	题目	得分
5.3	公司存货（在途库存、原材料、在制、产成品）的周转效率处于同行高水准	67.50
5.4	公司呆坏料处理机制成熟，效率高，呆坏料库存结构均处于同行高水准	64.85
5.5	产品制造的损耗和产品加工直接成本处于同行高水准	68.67
5.6	计划变化、物料、品质、技术、生产等异常的反馈、处理机制成熟，几乎不会影响生产计划的完成，计划准时完成率可以达到95%～100%	65.81
5.7	有成熟的物流监督审计流程和管理制度（如盘点），实物差错率都控制在允许的范围内	72.67
5.8	产品制造交货能力（交货期、数量等）处于同行高水准，并在逐步提升	70.34
第六部分：品质管理成熟度（69.83分）		
6.1	各级管理者均认为品质管理是公司不可或缺的重要部分，并积极推行各种品质活动	80.00
6.2	公司全过程（开发、材料、生产、出货等）品质检验和试验控制体系健全，品质管理体系的设计体现“事先预防原则”	69.78
6.3	各阶段有关品质管理方面的目标处于行业高水准，并基本能够达成目标	69.09
6.4	品质标准方面，公司各部门理解和使用基本统一、完整的品质标准，员工对品质标准争议少，品质部执行标准权威性强	64.89
6.5	公司全员品质成本意识成熟，品质成本结构合理	65.45
6.6	各类品质分析报表齐全、准确，并被有效应用于问题揭示、分析和改善	71.11
6.7	公司定期召开品质分析会议，形成了品质改善活动机制和体系，并且是持续的和有效的	71.36
6.8	客户品质投诉和退货趋势下降明显，并且达到行业领先水平	67.18
第七部分：采购与供应商管理成熟度（67.83分）		
7.1	供应商选择、考评、管理、维护机制成熟，对供应商的影响度高	68.24
7.2	供应商管理政策能够适应公司不同阶段的经营发展需要，与核心供应商已建立长期战略合作关系，这些供应商能承担超过80%的采购供应量	73.13
7.3	核心供应商绝大部分都是各自行业的一流品牌	68.75
7.4	公司绝大部分材料价格性价比属于同行高水准	70.00
7.5	采购资金计划预测准确，对公司资金计划正常秩序没有冲击，同时公司采购应付账期结构处于同行高水准	66.45
7.6	公司供应商供货周期属于行业高水准，并逐步缩短趋势明显	64.24
7.7	交货或材料出现异常，供应商反映和处理效果都能满足公司要求	64.24
7.8	在行业供应周期内，核心供应商到期缺料现象非常少，供应商品质综合考评月度/年度结果水平逐步提升	67.74
第八部分：财务及成本管理成熟度（60.12分）		
8.1	在员工的日常工作中，处处能够体现成本节约意识	70.00
8.2	财务参与公司经营机制成熟，对公司经营和决策提供正确、有效支持	62.67
8.3	成本核算系统能支持产品的成本核算、报价、投资、制造、采购决策，能指导各部门进行成本管理	58.57

续表

题号	题目	得分
8.4	支持各项业务活动的财务计划统一于公司的财务计划，当各项财务计划与公司经营规划中的财务计划发生冲突时，财务部门能够及时协调处理	61.43
8.5	能跟踪成本核算的有关差异，出具有相关报告	55.71
8.6	公司和主要业务单元财务预算管理体系运行成熟，预算可控度高	55.71
8.7	公司资金计划执行到位，资金运作计划能够覆盖产销计划的时间跨度，至少每月回顾一次，并在发生变化时进行修订	58.57
8.8	财务定期开展财务分析，从而发现公司财务管理体系中存在的问题	58.46
8.9	公司融资渠道畅顺	60.00
8.10	建立原始数据的统一口径，即业务流驱动财务流，财务流监控业务流	56.92
8.11	财务部门重复工作、核对工作量减少，从核算职能扩展到管理、监督职能	60.00
8.12	通常采用报表等工具迅速得到财务分析数据，以便于支持决策	61.43
第九部分：人力资源管理成熟度（73.74 分）		
9.1	公司的组织分析、岗位分析、岗位评价制度健全，运行成熟	76.09
9.2	公司干部梯队建设政策清晰、持续，干部内部提拔率高于外部聘用率	67.64
9.3	员工满意和发展成为公司核心价值，员工发展机制成熟，提升公司的人力资本也已经成为人力资源部重要工作	75.11
9.4	立足于新进人员高效率符合岗位要求的管理机制成熟，新进人员几乎没有迷茫的状态	71.36
9.5	公司的培训系统健全，员工每年都有 3 次及以上与本岗位工作相关的培训机会	66.67
9.6	员工对公司的认同度和归属感很高	81.10
9.7	在公司，能力出众、职业素养良好的员工肯定会得到提拔和重用	79.12
9.8	在公司，员工的个人特长和工作能力能够得到充分的发挥	72.09
9.9	公司员工的流动性低于大部分同行，核心员工团队建设卓有成效	74.22

温州某服装企业管理成熟度评价结果分析：

（1）各分支管理成熟度评价结果分别为：基础管理成熟度（72.60 分）、战略管理成熟度（77.91 分）、市场营销管理成熟度（58.86 分）、产品研发管理成熟度（65.43 分）、产品制造管理成熟度（68.93 分）、品质管理成熟度（69.83 分）、采购与供应商管理成熟度（67.83 分）、财务及成本管理成熟度（60.12 分）、人力资源管理成熟度（73.74 分），其中市场营销管理成熟度、财务及成本管理成熟度亟需提升，这说明该企业市场营销、财务及成本管理能力是比较弱的。

（2）综合所有评价维度得分，销售计划准确性、市场推广、市场研究、销售订单变更管理、预算管理、成本分析、财务分析、资金计划、成本核算、融资管理等是企业的管理“短板”。

2. 企业经营状况盘点

对于企业经营状况的盘点，我们也不能狭义地理解为财务状况的盘点，企业经营状况盘点应该坚持以下几个原则：

（1）财务指标与非财务指标相结合。财务类指标（含：投资收益率、股本收益率、利润率、资产增长率、总资产周转率、主营业务成本等）、非财务类指标（含：管理成熟度、客户满意度、员工满意度、客户结构、渠道结构、市场份额、销售增长率、新产品上市周期、产品生命周期、平均采购成本、人均产值、关键岗位适岗率、核心员工流失率等）。

（2）维持性指标与发展性指标相结合。维持性指标（含：年度销售目标达成率、年度利润、人均产值等）、发展性指标（含：A 类客户数量、标杆客户占比、关键岗位空缺率、关键岗位适岗率等）。

（3）定量指标与定性指标相结合。定量指标（含：销售额、回款率、利润率、产品研发周期、采购及时率、生产计划达成率等）、定性指标（含：外部客户满意度、内部客户满意度、员工满意度、员工敬业度、管理成熟度、绩效管理体系推进有效性、会议有效性、员工士气、员工敬业度等）。

3. 行业关键成功因素分析

关键成功因素法（KSF）是由哈佛大学教授 William Zani 提出的。关键成功因素指的是对企业成功起关键作用的因素。关键成功因素分析就是通过分析找出使得企业成功的关键因素，然后再围绕这些关键因素来确定系统的需求，并进行规划。

对于一家企业而言，要想在某一行业取得成功，实现战略意图，就必须识别并打造自己的核心优势，而不同的行业，其关键成功的因素也不尽相同，这就需要企业根据所处行业和自身的战略定位进行分析和判断。

常见的行业关键成功因素有：

（1）产品研发：产品规划能力、产品发展趋势研究、关键技术掌握、技术创新能力、研发速度、产品创新、产品线规划、专利技术、研发队伍……

（2）供应链：原料控制、采购能力、供应商管理、原料加工、原材料供应、新材料应用……

（3）产品制造：制造规模、生产效率、成本控制、人工制造成本、生产经验积累、自动化能力、产品品质、外协能力、产品工艺、订单交付、物流管理、仓储管理……

（4）营销：品牌优势、市场研究、市场推广、销售渠道控制、营销创新、产品价格、技术服务能力、服务品质、大客户销售能力、营销团队……

（5）人力资源：关键岗位、核心员工激励、员工满意度、团队能力、人才机制……

（6）组织能力：快速反应、流程创新、集团管控、经营管理能力……

（7）财务：资金实力、财务管理能力、投资管理、融资能力……

（8）文化及公关：企业文化、公共关系……

在通常情况下，KSF 分析与市场竞争分析综合使用，即在确定行业成功关键因素后，企业必须要与主要竞争对手进行对比分析。

【案例 5－3】

上海某人力资源服务公司 KSF 分析

表 5－2 上海某人力资源服务公司 KSF 分析

因素	上海某人力资源服务公司	中智	差额	竞争状态分析				竞争策略
				SW	WS	WW	SS	
大客户销售能力	1	4	－3		√			领先
大项目运营能力（服务专业、计划与总结、挖掘）	3	4	－1		√			维持
专业服务（流程规范、高效，客户满意）	3	3.5	－0.5		√			维持
运营服务信息系统	2	4	－2		√			跟随
解决方案（产品）研发	3.5	3	0.5	√				领先
重点客户群体研究	2	4	－2		√			跟随
服务网点覆盖	3.5	4	－0.5		√			维持
品牌知名度、美誉度建设	3	4	－1		√			维持
市场推广	3.5	3	0.5	√				领先

4. 年度 SWOT 分析

根据年度企业外部环境因素（EFE）和企业内部环境因素（IFE）修正的结果，在编制年度经营计划的时候，每年还需要进行系统的 SWOT 分析，让全体员工充分理解行业的机会和威胁，认知企业自身的优势和劣势。

【案例5-4】

上海某人力资源服务公司SWOT分析矩阵

表5-3 上海某人力资源服务公司SWOT分析矩阵

	优势	劣势
	S1：行业经验沉淀 S2：上海及华东品牌影响力 S3：内部运作流程及规范 S4：产品线规划合理 S5：全国服务网点	W1：大客户开发能力不足 W2：客户结构不合理 W3：关键岗位人才缺乏 W4：市场策划及运营能力不足
机会	SO增长性战略	WO扭转型战略
O1：企业人力资源外包需求增长（用工政策的逐步规范、企业管理理念改变及规范化提升、员工法律意识增强）	S1O1：充分展示行业经验（市场推广/解决方案包装） S2O1：强化销售能力（团队组建/培训/激励） S3O1：加大大项目开发力度与运营管理 S4O1：提升岗位外包/薪酬外包研究及市场推广、销售 S5O1：重点开发跨地域/全国性客户	W1O1：目标客户定义与开发规划、核心业务团队配置 W2O1：微型/投入产出比极低客户潜力挖掘与淘汰 W3O1：关键人才引进、关键人才梯队培养机制 W4O1：核心市场能力和运营定位规划、强化品牌和产品推广能力
威胁	ST多元化战略	WT防御型战略
T1：产品同质化 T2：竞争对手成长很快	S1T1：满足核心客户个性化需求 S2T1：在华东区域不参与低价竞争，不做微/小型客户，集中资源，突破目标客户 S3T1：提升流程效率、服务质量及客户满意度 S4T1：提升岗位外包/薪酬外包研究及市场推广、销售 S1T2：锁定竞争对手 S2T2：持续提升品牌影响力 S3T2：客户需求识别、快速响应、提升赢单率 S4T2：方案销售能力提升 S5T2：全国性服务品牌塑造	W1T1：大客户需求挖掘、 W2T1：客户结构调整，提升价值客户比重 W4T1：弱势产品线（岗位外包、薪酬外包）提升 W1T2：聚焦大客户潜力挖掘（销售政策配套，统一规划）、筛选和培养大客户能力

三、年度经营策略分析

1. 年度市场策略确定

我们经常讲，狭路相逢勇者胜，在白热化的竞争环境中，单凭匹夫之勇很难帮助企业获得成功。正确的观念应该是：狭路相逢智者胜！

在残酷的市场竞争环境中，不管企业愿意还是不愿意，也不管企业有能力还是没能力，都不可避免地会卷入竞争，那么企业应该如何介入竞争才能做到低投入、高回报呢？或者说企业该如何参与竞争才能保证自己不被挤出局呢？

企业参与竞争的方式有三种：

（1）领先策略：主动挑起战争，不管对手在做什么，先发制人。

（2）跟随策略：不主动挑起战争，采取跟随策略，也就是我们通常所说的“敌动我动，敌不动我也不动”。

（3）维持策略：敌动我不动，以不变应万变，企业根据自己的资源配置及市场地位，维持现状不变。

当然，企业在选择竞争策略的时候，并不是说领先策略就一定好，维持策略就一定不好，这要看企业自身的战略选择、拥有的资源状况、对行业成功捷径的洞察以及竞争对手的竞争策略等多种因素。

关于企业的种种竞争战略选择，有人形象地比喻为游击战、伏击战、阵地战、歼灭战等等，其实都是一样的道理，就看企业选择什么样的方式在市场竞争中获得胜利。

承接表5－3上海某人力资源服务公司KSF分析结果，我们来看看该公司竞争策略选择及竞争措施规划

表5－4　上海某人力资源服务公司市场策略选择及竞争措施规划

关键成功因素	竞争策略	竞争措施
解决方案（产品）研发	领先	（1）产品研发团队组建 （2）产品研发和产品组合定义 （3）售前产品技术支持（需求转化为解决方案）
市场推广	领先	（1）构建多种市场推广渠道，增强各推广渠道的协同效应 （2）目标市场、目标产品市场推广策划
大客户销售能力	领先	（1）组建高素质的大客户销售团队 （2）持续研究竞争对手动态，进行大客户群体分析，锁定大客户目标群体 （3）提供系统的大客户销售培训，提升大客户销售技能 （4）建立大客户专项激励方案 （5）整合公司各类资源，开发大客户整体解决方案（产品） （6）大客户销售过程管理
运营服务信息系统	跟随	（1）公司信息系统规划 （2）项目服务信息系统上线运营
重点客户群体研究	跟随	加强客户群体分析和研究，界定重点客户群

续表

关键成功因素	竞争策略	竞争措施
大项目运营能力（服务专业、计划与总结、挖掘）	维持	（1）组建大客户项目服务团队 （2）建立大客户服务方案、流程和标准，并定期进行更新维护 （3）提供系统的大客户项目服务培训，提升项目服务技能 （4）建立大客户关系管理机制 （5）建立大客户挖掘机制
专业服务（流程规范、高效，客户满意）	维持	（1）服务定位，服务流程/规范提升 （2）建立服务质量监督机制，定期进行客户满意度调查 （3）建立内部信息系统，保证服务可视化、可量化 （4）服务分级差异化管理
服务网点覆盖	维持	（1）建立网点布局规划 （2）加强优质供应商资源的开发和管理
品牌知名度、美誉度建设	维持	（1）品牌推广规划必须集中优势资源 （2）建立客户满意度管理体系

2. 年度职能战略确定

俗话说，兵马未动，粮草先行。在编制年度经营计划的时候，竞争策略让企业清晰了如何参与市场竞争，但要想在市场竞争中获得成功，单靠市场及销售部门孤军作战是不行的，还需要中后台部门（如产品研发部门、供应链及采购部门、产品生产部门、人力资源部门、财务部门等）的全力以赴。我们经常比喻说：市场和销售部门是打仗的，而中后台部门是制造枪炮和运送粮草的，没有前线将士的浴血奋战，战争注定失败，同样，没有中后台部门的全力支援，战争也不可能取得胜利。所以，我们提出，企业在编制年度经营计划的时候，除了要想清楚竞争策略之外，科学合理的职能战略规划也是必不可少的。

通常而言，企业年度经营计划中职能战略的规划有以下几个方面：

（1）人力资源保障。打仗需要全体将士的激情，所以年度经营计划的实现，首要的就是完善人力资源供给、激励机制。

（2）产品保障。巧妇难为无米之炊，打仗如果缺乏强有力的武器装备是不行的。就企业内部而言，就是需要提供有竞争力、有价格优势的产品，而且能够保证及时按量，这些要求需要企业的研发部门、采购部门、生产部门和品质部门重点思考。

（3）资金保障。充足的资金是企业开展任何经营活动的最基本保障，对于财务部门而言，按照年度经营目标，合理规划和高效使用资金是非常重要的。

（4）强有力的指挥和检讨系统。建立和完善企业内部经营计划实施指挥系统，进行目标的分解和过程跟踪及检讨也是年度经营计划能够有效达成的重中之重。

【案例5－6】接【案例5－5】上海某人力资源服务公司市场策略选择及竞争措施规划，我们来看看该公司年度职能战略规划。

表5－5　上海某人力资源服务公司年度职能战略规划

职能战略	职能战略实施措施
市场管理	（1）市场策划和推广能力提升 （2）市场物料设计、制作、发放 （3）建立市场信息的共享渠道 （4）城市竞争研究
销售管理	（1）加强专业销售团队，特别是大客户销售人才的招聘 （2）销售政策（价格、激励） （3）强化市场分析和重点客户群分析职能 （4）构建系统专业的销售技能培训体系
客户服务	（1）优化和完善公司客户服务流程和标准 （2）建立大客户服务部，加强大客户关系管理
运营管理	（1）梳理运营管理工作规划，建立和完善运营服务流程和标准 （2）加强运营服务信息系统的研发进度，尽快上线 （3）建立客户风险管理和应急响应机制 （4）加强客户各类数据的统计、分析与共享
财务管理	（1）搭建全面预算管理体系 （2）增强财务分析职能，加强经营数据的挖掘与分析，为决策提供支持 （3）加强资金管理，提高资金使用效率 （4）加强客户回款管理
人力资源管理	（1）拓展招聘渠道，提高招聘效率和质量（关键岗位） （2）完善公司绩效评估方案 （3）完善员工激励体系 （4）战略中心型组织体系建设

四、年度经营目标确定

通过前面的一系列分析和规划，企业对战略的发展需求、企业年度经营环境、竞争态势、机会和威胁都有了清晰的认知，同时通过市场策略和职能战略的规划，企业对如何进行年度经营也已有了比较清晰的定位。在我们身边，很多企业的年度经营计划到这里也就结束了，但根据我们的理解和实践经验，这时候的年度经营计划才刚刚开始，接下来我们需要将之前的分析及即将采取的举措统一放在战略地图中进行推演，验证措施之间的支撑性和有效性。

1. 年度战略地图及目标确定

由卡普兰和诺顿提出的战略地图（Strategy Map）为企业全面描述战略和年度经

营计划提供了帮助，有利于管理者和员工共同认识发展战略和经营计划。

卡普兰和诺顿指出，企业的经营必须围绕以下 4 个核心问题展开：

（1）要使我们的股东满意，我们须达成什么样的财务目标？

（2）要达成我们的财务目标，我们须满足怎样的客户需求？

（3）要使我们的客户和股东满意，我们须在哪些内部运作及流程上超越他人？

（4）要达成我们的目标，我们的员工须如何学习与成长？

同时，卡普兰和诺顿还为企业展示年度经营计划提供了非常直观的展示方式，即战略地图。

【案例 5－7】承接【案例 5－6】，我们来看看上海某人力资源服务公司 2015 年战略地图。

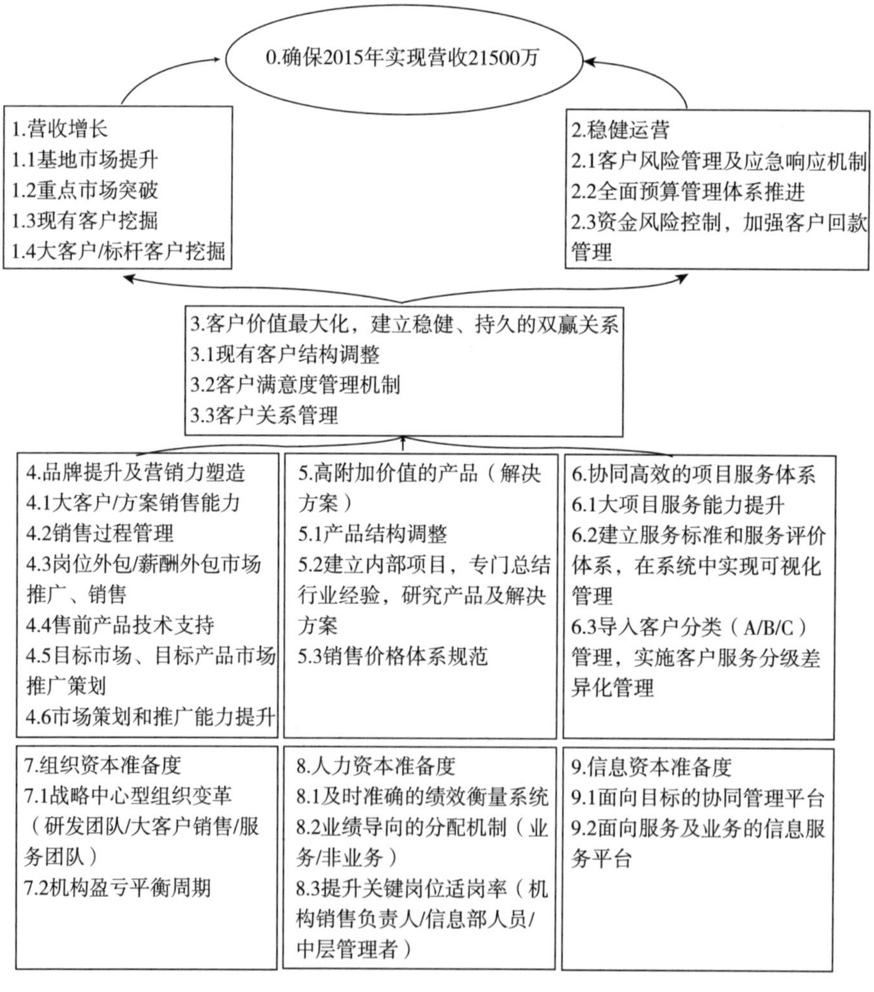

图 5－9　上海某人力资源服务公司 2015 年战略地图

从图 5 –9 可以看得出来，上海这家人力资源服务公司 2015 年度的经营目标为 21500 万元。为了实现年度经营目标，从财务的角度，该公司规划从营收增长、稳健运营着手；从客户的角度提出了“客户价值最大化，建立稳定、持久的双赢关系”；从内部运营的角度，2015 年重点做好 3 件事情，即品牌提升及营销能力塑造、高附加值的产品（解决方案）、协同高效的项目服务体系。而要做好以上这些事情，从组织资本准备度、人力资本准备度、信息资本准备度等 3 个维度，该公司也做了细致的规划。

2. 平衡计分卡及目标分解

战略地图为我们提供了企业年度经营计划实现的路径规划，为了保证年度经营计划实现过程的可控性和可衡量，企业还需要将战略地图中所列的各战略举措转化为可以衡量和跟踪的目标，并且落实和指定目标“主人”。

【案例 5 –8】接图 5 –9，我们来看看上海某人力资源服务公司的 2015 年目标分解

表 5 –6　上海某人力资源服务公司 2015 年平衡计分卡

战略层面	成功因素（第 1 层）	成功因素（第 2 层）	指标	2013 年目标
财务角度	0 确保全年营收 21500万元		现有客户营收	≥15000 万
			新客户新增营收	≥4150 万
	1 营收增长	1. 1 基地市场增长	上海新增营收	≥1500 万
			苏州新增营收	≥550 万
			南京新增营收	≥450 万
			无锡新增营收	≥400 万
		1. 2 重点市场突破	杭州新增营收	≥200 万
			宁波新增营收	≥200 万
			温州新增营收	≥150 万
			北京新增营收	≥150 万
			新开拓市场新增	≥400 万
		1. 3 现有客户挖掘	现有客户新增营收	≥2000 万
		1. 4 大客户/标杆客户挖掘	标杆客户数量（月营收大于 20 万）	≥25 个

续表

战略层面	成功因素（第1层）	成功因素（第2层）	指标	2013年目标
财务角度	2 稳健运营	2.1 客户风险管理及应急响应机制	A/B类客户主动丢单数	0个
		2.2 全面预算管理体系推进	全面预算管理体系正式实施时间	3月31日
		2.3 资金风险控制，加强客户回款管理	逾期资金占用利息	≤3万/月
客户角度	3 客户价值最大化，稳健持久的双赢关系	3.1 现有客户结构调整	A/B类客户营收占比	≥70%
			新增A/B类客户数量	≥80家
			A/B客户数量占比	≥15%
			D类客户数量占比	≤50%
		3.2 客户满意度管理机制	客户满意度	≥80分
		3.3 客户关系管理	A/B/C类客户拜访次数（季度）	≥2次
			A/B类客户拜访质量	≥80分
流程角度	4 品牌提升及营销力塑造	4.1 A/B客户（方案）销售能力	A/B类客户销售赢单率	≥30%
		4.2 销售过程管理	潜在客户拜访质量	≥80分
			客户平均转化率	≥40%
			客户平均转化周期	≤100天
		4.3 岗位外包/薪酬外包市场推广、销售	岗位外包营收	2600万
			薪酬外包营收	1000万
		4.4 售前产品技术支持	方案提交周期	≤2天
		4.5 目标市场、目标产品（方案）市场推广策划	推广方案定稿时间	1月31日
			推广方案执行率	100%
		4.6 市场策划和推广能力提升	城市竞争研究报告	2个城市/月
	5 高附加值的产品（解决方案）	5.1 产品结构调整	员工派遣营收占比	≤70%
			社保营收占比	≤25%
			补充福利营收占比	≥5%
		5.2 建立内部项目，专门总结行业经验，研究产品	目标客户行业研究报告	1个/月
		5.3 销售价格体系规范	价格体系发布时间	1月10日
			按照或高于指导价执行的订单比率	≥90%

续表

战略层面	成功因素（第1层）	成功因素（第2层）	指标	2013年目标
流程角度	6 协同高效的项目服务体系	6.1 大项目服务能力提升	大项目服务流程发布	2月20日
		6.2 建立服务标准和服务评价体系	服务标准（A/B/C类）及评价体系发布	1月10日
		6.3 导入客户分类（A/B/C）管理，实施客户服务分级差异化管理	客户分级及服务标准发布	1月31日
学习角度	7 组织资本准本度	7.1 战略中心型组织变革	战略中心型组织手册发布	1月1日
		7.2 机构盈亏平衡	新设分公司盈亏平衡平均周期	9个月
	8 人力资本准备度	8.1 及时准确的绩效衡量系统	公司级/部门级绩效覆盖率	100%
		8.2 业绩导向的分配机制	年度员工激励体系发布时间	1月10日
		8.3 提升关键岗位适岗率	关键岗位缺岗率率	≥5%
			关键岗位适岗率	≥80%
	9 信息资本准备度	9.1 面向目标的协同管理平台	OA系统正式上线时间	3月10日
		9.2 面向服务及业务的信息服务平台	信息化规划完成时间	1月31日
			服务系统上线时间	4月20日

五、年度经营计划实施规划

年度战略地图和平衡计分卡确定后，企业接下来的工作就是要实施经营计划了，但在年度经营计划实施之前，企业还需要思考并做好如下准备工作：

（1）**流程优化规划**。流程是承接目标实现的第一道保障，因为企业每年的经营重点会有所不同，经营目标实现的路径会存在差异，所以企业必须围绕战略地图识别并系统优化影响当年经营目标实现的关键流程，这是非常重要的。

（2）**组织优化规划**。在战略、流程和组织这企业运营的“三驾马车”中，组织承接目标的分解，同时也推动目标的实现以及流程的落地，年度经营计划和流程确定后，企业组织体系必须进行适时调整和优化。

（3）**员工激励规划**。很多企业在做年度经营计划的时候往往会忽略员工激励的问题，而恰恰就是这个问题会直接影响经营计划的实现，因为企业在确定年度经营计划的时候，必须要回答这样一个问题：公司目标的实现与员工的个人利益有什么关系？道理很简单，年度经营目标是企业的事情，将目标分解到每个部门、每位员工只是万里长征的第一步，目标的实现还需要员工的倾情参与和全力付出。根据我们多年的咨询经验，缺乏对员工激励体系的系统规划，单靠企业经营目标牵引，或者强权政治传递压力，对调动员工的积极性其作用是非常不明显的。

当然，年度经营计划的实施规划除了前面提到的流程优化规划、组织优化规划、员工激励体系规划之外，还包括根据经营需要对销售渠道激励、产品研发规划、营销规划、供应链及生产制造体系的优化进行系统的规划。

3 setps to be an excellent manager | **第三节**

年度经营计划实施监督与评价

在年度经营计划实施的过程中，企业还需要通过绩效管理、定期的目标检讨等手段对各项指标的达成状况进行跟踪和评价，及时发现问题，保证目标的顺利实现。

一、经营目标跟踪与检讨

经营目标在实现的过程中经常会面临经营环境变化，目标承接者执行走样、重视程度不够等情况，出现目标不能按照年初既定的方向和节奏进行的问题，因此企业必须建立经营目标跟踪和检讨机制。根据我们的经验，主要的机制包括：

（1）年度绩效合同。德鲁克曾经说过：企业的目标能否达到，取决于经理人管理的好坏，也取决于如何管理经理人。是的，企业目标的实现，首要的就是让各级管理者清楚自己承担的目标是什么。这就需要企业在年初的时候与各级管理者签订年度绩效合同。

（2）月度、季度绩效评价。根据不同部门的业务特性，不同指标对于企业的重要程度是不同的，企业需要识别和建立绩效评价周期及评价方式，如销售性的指标、产量指标、产品品质指标、成本指标等需要月度评价，而诸如内部客户满意度、流程体系建设、战略中心型组织建设等指标则需要季度评价。

【案例5－9】

深圳某公司目标跟踪和检讨周期规划

表5－7　深圳某公司目标跟踪和检讨周期规划表

层次类别	考核层次	考核周期	考核方式	指标来源	考核结果运用
一级	公司考核	季度考核	公司季度绩效指标(KPI)	年度经营计划	确定季度绩效或年度奖金总额
		年度考核	公司年度绩效指标(KPI)	年度经营计划	
二级	部门考核	季度考核	部门季度绩效指标(KPI)	年度经营计划部门职责	部门绩效奖金或年度绩效奖金分配
		年度考核	部门年度绩效指标(KPI)	年度经营计划部门职责	
	项目考核	根据项目进度	项目绩效指标(KPI)	项目目标项目组职责	项目奖金分配
三级	员工考核	月度考核	月度绩效指标(KPI)	部门目标 岗位职责	月度绩效奖金分配、培训发展
		年度考核	年度绩效指标(KPI)＋能力素质指标	部门职责 岗位职责 素质要求	年度奖金分配、工资调整、职位调整、培训发展

二、开好年度经营“两会”

国家每年都要开“两会”（政协、人大），企业经营也需要开好“两会”（年度经营目标规划会、月度绩效检讨会），关于年度经营目标规划会议的内容及工作成果读者朋友可以参考本章前面的内容，下面我们重点介绍一下月度绩效检讨会议。

（1）会议准备。会议开始前，企业需要根据各高管、各部门绩效合同中确定的绩效指标收集相关绩效数据，并分析绩效数据与绩效合同中的目标进行比较，初步分析原因。

（2）会议召开。月度绩效检讨会议是企业经营过程中非常重要的一个会议，其重要性高于其他的业务会议，所以我们经常讲，月度绩效检讨会议是一项“一把手”工程，会议的召开必须由公司总经理亲自参与和主持。在组织月度绩效会议的过程中注意要避免出现以下倾向：

①将“检讨会”变成“苦大仇深的批斗会”。很多公司在开绩效检讨会的时候往往缺乏对目标达成本身的问题分析，而变成了对目标承接者的批斗会，造成目标

承接者与企业对立。如果出现这种情况，对于企业目标的达成是没有任何好处的。

②将“检讨会”开成“歌功颂德的表功会”。很多公司在开绩效检讨会议的时候，不能正视存在的问题，一味强调功劳，最终“检讨会”变成“你好、我好、大家好”。

③将“检讨会”开成“忆苦思甜会”。很多企业在经营目标检讨的过程中，往往会陷入先“忆苦”后“思甜”的怪圈，忘记了检讨会的本源。

④只关注结果，不注重过程。结果已经是既成的事实，揪住结果不放对于目标检讨也是没有意义的，要想找到结果改善的方法，必须要从目标实现的过程进行客观分析，找到目标未达成的真正原因才是关键所在。

⑤虎头蛇尾。很多公司往往在年度经营计划规划的时候轰轰烈烈，到月度检讨时则开始“蜻蜓点水”“隔靴搔痒”，对发现的问题听之任之，最终使“规划”变成了“摆设”！

（3）会议结果跟踪。绩效检讨会议结束后，要及时督促目标承接人将会议决议的相关措施纳入其工作计划和下一期绩效合同。

第六章

组织管理：正确地做事

德鲁克曾经说过，使命决定愿景，愿景决定结构……在所有组织中，90%左右的问题是共同的，不同的只有10%。只有这10%需要适应这个组织特定的使命、特定的文化和特定语言。换言之，一个成功的企业领导人同样能领导好一家非营利机构，反之亦然。

在我们身边存在很多组织，而且每个人都身处于不同的组织当中，行使不同的职责，扮演不同的角色。家庭是一个组织，学校是一个组织，企业也是一个组织。不同的组织其使命不同，愿景有异，导致其表现形式也存在差异。

在本章中，我们将重点研究组织管理的基本原则、组织发展的趋势以及不同类型的组织建设的基本方法。

3 setps to be an excellent manager

第一节　组织管理及组织发展趋势

组织管理的核心目的在于保证"正确地做事"。如何才能做到这一点呢？我们认为组织管理的主要工作应包括：建立组织使命与愿景、培养组织氛围与文化、健全组织结构与分工、完善组织流程与效率。

一、组织与组织管理

组织是为了达到某些特定目标、经由分工协作及不同层次的权利和责任制度而构成的人的组合。换句话来讲，任何一个组织都必须要有明确的目标，同时具有严密的分工和权力分配。企业是一个组织，学校是一个组织，家庭也是一个组织，所以说我们就生活在一个具有形形色色组织的世界里，组织无处不在。

企业是指以营利为目的的组织。只要是企业，始终以追求利润最大化为目的。

组织结构是组织全员为实现组织目标而进行分工协作，在员工相互关系、职责范围、责任、权力、地位、层级等方面，按照一定的原则所形成的一个框架体系。

组织设计是一个建立或改造企业组织的过程，包括对企业活动框架和组织结构的设计和再设计，是把任务、流程、权力和责任进行有效组合和协调的活动。

一般企业进行组织设计时，需要重点解决以下几个方面的内容：

（1）目前公司组织结构及部门职能分工存在的问题诊断；

（2）明确公司的发展战略，梳理或设计公司的流程体系；

（3）根据战略和流程调整公司一级、二级组织结构；

（4）进行公司管理层级、管理幅度、管理层次的初步划分及设计；

（5）部门使命及职能描述；

（6）组织体系实施方案设计，包括组织结构调整方案、人员调整方案、配套职位体系设计方案、绩效及薪酬配套方案等等。

二、战略、流程和组织的关系

组织结构是为企业流程顺利实现而服务的，流程实现则是为公司发展战略的实现来服务，所以说，组织结构是企业决策层为实现企业目标而建立信息沟通、权力分配、职责分工、人员分工等的正式关系，因此组织设计的起点应该是公司发展战略。

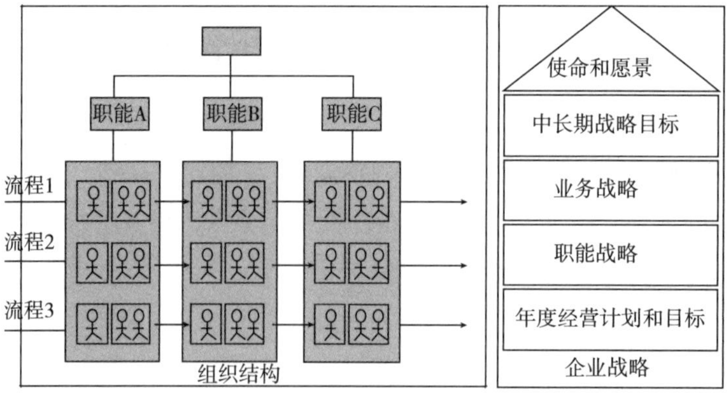

图 6－1　战略、流程和组织的关系

如图 6－1 所示，不同的战略，导致企业的流程有很大差异，同时也决定了企业不同的经营模式，而不同的经营模式又导致企业的组织结构是千差万别的。

通过前面的分析，我们可以得到：战略是企业经营运作的根本和方向，企业的相关流程运作、组织设计都受其影响和调整；组织是战略实施和流程运作的基本平台，搭建起相应的组织机构后，我们才有落脚点进行相关战略和流程优化的贯彻落实；而流程则是战略实施和组织运作的载体和方式，它按照战略运作的要求，在不同的组织平台之间穿插运行，从而实现企业的价值增值过程。

打一个形象的比喻，假如我们将企业看作为一个人体，那么：战略好比人体的大脑，它决定着我们做什么；组织好比各个器官，它们在人体内部起着不同的作用，实现特定功能；流程则是遍布全身的血管和神经，它们通过连接不同的器官，将它们产生的输出物质进行有效循环，维持人体系统的正常运行。

在理解战略、组织和流程的关系时，应注意以下几点说明：

（1）战略对组织和流程的决定作用是动态的，而非静态的。许多企业的战略管理可以说是“规划规划，墙上挂挂”，没有适时根据企业内外部环境和资源状况的变化进行调整，因此常常是今年做了一下战略规划，明后年就束之高阁了。企业的组织和流程调整要么是长久没有变化，与市场变化和竞争需要脱节，要么是变化过于频繁，缺乏一定的指导性、稳定性和目的性。显然，这两种情形与战略管控的要求都是有差距的。

（2）流程管理增加了组织的柔性运作和环境适应能力。传统的职能分工管理其假设前提是通过专业化部门运作，提高部门运作效率。它的外部组织环境相对比较稳定，客户需求比较单一，其管理的要义是在固定框架模式下，进行更好的运作和协调。但是现有的组织运作环境与传统的相比发生了巨大的变化。客户个性化需求色彩越来越突出，市场竞争越来越激烈，产品/服务的独特竞争优势难以持久，传统职能管理所表现的弊端也越来越突出：部门本位主义严重、感受不到市场压力、协调成本过高、部门之间扯皮现象严重、责任不清，等等。环境的变化对组织运作提出了新的管理要求：直面客户、应对市场、传递压力，其组织管理更侧重于客户价值主张的实现。这些要求集中反映在流程上，希望通过流程化管理传递压力、流通价值、系统化解决客户需求、增强对外部变化的反应。因此，流程化管理改变了我们传统的组织运作方式，增加了组织的柔性运作和对环境的适应能力。

（3）组织运作效率在流程管理中得到了提升和解放。组织本身由个体人员所组成，同时个体也是组织价值的创造者。组织运作理论最早由美国管理学家泰罗提出，他希望通过对不同类型的组织乃至组织内部个体人员的职能进行细化分解和固化，让每个部门、每个组织成员知道做什么，通过加强培训、监督和控制，提高组织和成员的运作效率。这种管理方式在早期比较有效，其突出的缺点是扼杀了组织和个体成员的自由个性，束缚了组织和成员的能动性发挥。流程管理则着眼于对某项工作的系统优化和效率提升，侧重对事情的规范和明确。它改善了整体系统的运作效率，更重要的是为组织和成员保留了一定的成长空间，使组织和成员能够在流程运作中找到自身的价值。因此，可以说传统的组织运作在流程管理中得到了提升和解放。

总体来讲，战略是组织和流程运作的根本，它决定了企业的价值目标，直接影响和决定了组织、流程的最终实现目的。

组织作为战略实现和流程实施的平台，在外部环境的冲击和影响下，从以前的职能固化管理转变得越发富有活力和柔性。从组织管理的角度看，它针对的是企业内部的每个成员，它明确了企业内部成员的岗位职责、角色和任务，构成了企业的内部垂直管理线路，通过责任体系将企业最高经营者与普通员工联系在一起。

流程管理则针对的是企业的价值产出过程，是企业内部水平方向的管理线路，所包括的范围从企业发现客户需求，到研发和生产制造，再到销售和服务，并通过客户满意最终实现价值创造。它突出反映了一种动态关系：更注重目标，直接面对客户；更注重整体运作，打破部门壁垒；更注重系统的价值实现和效率提升，而不是依法行事。

组织结构与流程运作构成了企业内部的垂直管理线路和水平管理线路。其中垂直管理线路明确了组织成员的分工，水平管理线路明确了组织成员的协作；既分工又协作的管理方式，就构成了企业经营与管理模式。这种横向与纵向的结合，有助于企业充分利用相关资源，实现企业战略目标。

三、组织管理发展趋势

随着管理技术的不断提升，新的管理工具、管理手段、管理信息系统不断被引入，社会分工越来越细，员工素质越来越高，现在组织出现了几种明显的发展趋势，归结一下，主要有**扁平化、专业化、分权化和柔性化** 4 种。

（1）扁平化。大家都知道，企业的管理层级的增加会增加管理人员的急剧膨胀，同时又会导致企业运营效率越来越低，企业决策的传递速度越来越慢，所以现在越来越多的企业开始思考并重视组织的扁平化管理。

根据《哈弗商业评论》的介绍，高层管理职位的管理幅度以4~8为宜，基层管理职位的管理幅度以8~15为宜。当然，这也不能一概而论，还是需要结合企业的实际进行设计。

【案例6-1】

广州番禺某鞋业公司是一家台资企业，专门为NIKE做代工，公司员工总数超过25000人，在对该公司组织进行优化的时候，我们发现，该公司生产系统为执行长—特助（副总）—部长—课长（生产厂长）—线长—组长—作业员，管理层级一共有7级，线长以上管理人员600多人。为了实现扁平化管理，我们将该公司生产系统的管理层级从原来的7级压缩为6级，管理人员相应缩减为500人，减少100多人。

（2）专业化。随着市场经济的不断深化，企业面临的竞争也越来越激烈，不能再像以前那样，按照“大而全”“小而全”的思路去经营，而必须不断识别自己最核心的盈利点，将那些不赚钱或少赚钱的业务模块剥离，只有这样，企业才能在市场经济中立足。

正因为这样，很多专业的公司应运而生了，人力资源管理咨询公司、财务咨询公司、人力资源外包机构、税务筹划公司、法律外包机构甚至产品代加工机构、专业的销售公司等等，这些都是社会分工的结果，它们可以帮助企业解决很多对企业自身而言非专业的事情。

（3）分权化。分权化也是现代组织发展的趋势之一，因为在这个信息爆炸的时代，单靠一个或几个人的能力是很难做出快速有效决策的，这就需要企业进行权力的下移，从而降低企业决策风险。分权管理已经成为一个必然趋势，因为：

①高度集权的结果是高度独裁，这就导致了经营决策是依赖于个人而不是团队；

②拥有权力的高层并不能全面掌握决策的所有知识和技能，适当授权可以解放最高管理者；

③获得授权的组织成员能对职权范围内的问题做出准确而迅速的反应，从而大大提高组织决策效率。

【案例6-2】

深圳美发企业制定了“三步走”的战略，即深圳发展期、珠三角发展期、全国扩张期。为了满足不同发展阶段的企业管控需求，根据该企业战略规划与组织发展需要，我们为其规划了完善的分权体系：

表 6-1 深圳某美发企业不同发展阶段管控模式规划

扩张阶段	深圳发展期	珠三角发展期	全国扩张期
企业管理重点	追求企业管理规范化、连锁经营模式优化与固化、品牌及市场能力建设启动	集团组织体系逐步构建、异地经营与连锁经营模式复制、着手运作上市、品牌运作	集团组织体系成熟运作、品牌运作、连锁经营、运作上市、相关多元化发展
总部核心职能	战略规划与实施、投资管理、经营目标与财务预算管理、财务/收益/资产管理、人员招聘与培训、文化/流程/制度建设、分店运营调配与管理、公司重大事项协调、监控	战略规划与实施、投资管理、经营目标与财务预算管理、财务/收益/资产管理、中高层员工的管理、公司重大事项协调、监控	战略规划与实施、投资管理、经营目标与财务预算管理、财务监控与审计、中高层员工管理、公司重大事项协调、监控
分支机构核心职能	客服开发、客户服务、成本控制、日常运营管理	文化/流程/制度建设、部分人员的招聘与培训、分店运营调配与管理、客服开发、客户服务、成本控制、日常运营管理	区域扩张战略实施、区域品牌及宣传、财务核算/资产管理、文化/流程/制度建设、部分人员的招聘与培训、分店运营调配与管理、客服开发、客户服务、成本控制、日常运营管理
管控模式	操作管控	战略管控	战略管控+财务管控

基于表 6-1 的管控模式定位，我们将该公司的分权体系规划如下，见图 6-2：

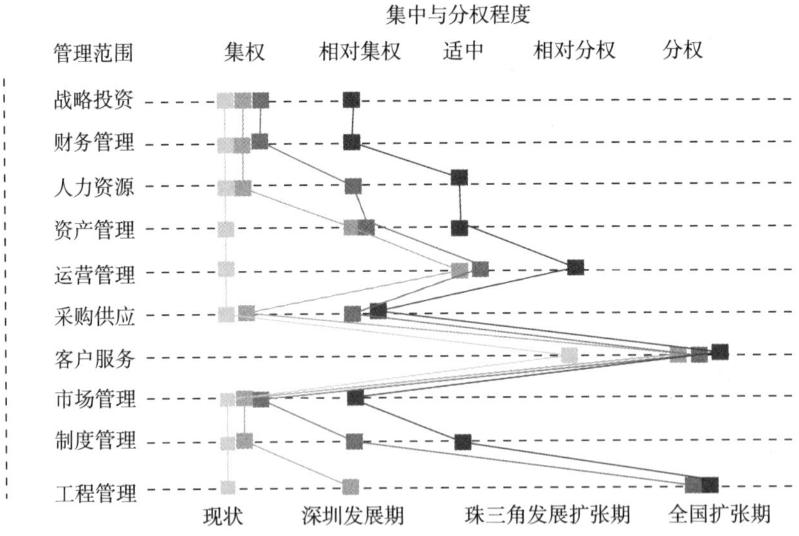

图 6-2 深圳某美发企业不同发展阶段分析体系规划

通过图 6－2 可以看得出来，该企业在不同发展阶段的集权模式是不同的，深圳发展期的时候相对集权，全国扩张期的时候相对分权；同时，在客户服务、工程管理方面采取高度分权的模式，而在战略投资、财务管理相对集权。

（4）柔性化。同时，我们也看到一个现实，那就是现在很多企业，正逐步淡化以前以部门为单位的职能化管理，而逐渐加强以流程实现为导向的跨部门团队管理。传统的职能管理强调的是部门目标的实现，久而久之就形成了以“我”为中心的思想，这种思想势必会导致部门之间缺乏沟通和交流，因为每个部门眼睛都只盯着自己的事情，不去理会别的部门运作状况，正所谓“各扫自家门前雪，哪管他人瓦上霜”。但是企业又不得不面临另外一个问题，外界变化很快，而公司内部因为部门之间的不合作导致响应变化的速度很慢。要解决这个问题，还得需要部门之间加强协作和配合。那么如何解决这个问题呢?

①打破“粮仓式”的职能管理思想，通过流程体系打破部门之间的沟通壁垒，改变原来以部门职能为中心的模式，推进以流程实现为中心。

②在企业内部建立必要的“参谋式”职位，而非“直线式”职位，淡化领导关系。

③根据流程需要，建立必要的跨部门工作小组，如 QC 小组、ES100 小组、CS100 小组、R&D 工作小组、JIT 工作小组、5S 小组、6δ 小组、TPM 小组、LEAN 小组、PMP 小组等。

④建立必要的委员会，比如安全管理委员会、环保委员会、质量委员会、环境改善委员会、技术创新委员会、绩效管理委员会等。

四、组织发展不同阶段

组织既然是保证流程实现和战略落地的基础，那么不同企业的战略和流程是不同的，其组织的体现形式也是千差万别的，就像我们通常所说的直线式组织、职能式组织、矩阵式组织、事业部式组织、集团式组织都是由组织规模和企业战略、流程决定的。

随着管理技术的不断提升，企业组织形式也在经历着巨大的变化，根据多年咨询和实践经验，我们把常见的组织分为三类，即职能中心型组织、流程中心型组织、战略中心型组织。

表 6-2 不同类型组织比较

组织类型	职能中心型组织	流程中心型组织	战略中心型组织
关注重点	以职能为导向，强调分工	以流程为导向，强调协作	以战略为导向，强调目标
组织特征	直线式、职能式	扁平化、网络型	混合型
适应环境	稳定、变化慢	不稳定、变化快	不稳定、变化快
管理方式	行政命令	相互协调	强调协同
权力结构	集权	分权	分权，员工自主管理
职位设计	个人化职位	以团队为基础	个人与团队相结合
管理制度	严密	有较大的灵活性	灵活性极强
工作目标	领导、职位要求	客户需求	目标导向
员工素质	一般要求	较高要求	极高要求
文化特征	单一文化	多元文化	混合文化

第二节 职能中心型组织建设

职能中心型组织强调各项职能的有效履行，它强调组织内部的分工，要求组织分工必须做到“横向到边，纵向到底”，同时为了保证职能的履行，职能中心型组织又会设置诸多监督职位。现在绝大多数企业的组织基本上都是以职能为核心的。

一、职能中心型组织特征

职能中心型组织在经过多年的实践，体现出了其优点的同时，其缺点也是非常明显的：

（1）职能中心型组织的优点：

①分工明确，各司其职，每项工作都能找到其负责人；

②具有明确的控制体系，上级对下属能够进行监督和控制；

③决策比较集中，决策速度很快，能够快速响应市场的变化；

④严密的管理制度，容易使员工的工作习惯达成一致；

⑤对员工的素质要求比较低。

（2）职能中心型组织的缺点：

①中心错位，员工只关注“领导”，而不是关注“顾客”；

②对外多点接触：无人关注横向流程的衔接与控制，导致客户不满意；

③协调机制不健全：部门主义严重，互相扯皮推诿；

④组织机构官僚化：管理机构多、层次重叠，许多工作是为了协调内部关系，管理成本上升；

⑤缺少灵活性：制度僵死，无法适应环境变化；

⑥信息传递层次多，造成信息失真；

⑦权力过于集中：掌握信息的不能决策；

⑧单一文化，制度导致的“官本位”现象，中间层利益冲突造形成内耗，职业发展空间狭小，缺乏学习与创新机制。

二、职能中心型组织建设

虽然职能中心型组织存在诸多问题和缺点，但对这种最常见的组织形态，在如何规范和高效运行方面很多企业做得还并不理想，根据我们的经验，职能中心型组织建设必须遵循9大原则，解决10大核心问题。

1. 职能中心型组织建设9大原则

（1）战略实现原则。战略实现原则是指企业在进行组织设计的时候，要以满足未来公司战略目标的实现为“瞄准”，以实现年度经营目标为“靶心”，既要着眼于现在，又要放眼于未来，因为不同的战略对企业组织的要求是不同的。

（2）责权对等原则。责权对等原则是指在进行组织设计的时候，尽可能做到部门、岗位所行使的职责与其所拥有的权力相匹配，只有这样，部门、岗位在开展工作的时候才能得心应手。通常我们把企业的权力分为四种，即财务权限、人事权限、信息权限和资源调配权限，在进行组织设计时，一般需要同时设计权限分配表，让部门、岗位在清楚自己的职责范围的同时，也清楚自己的权力有哪些。

（3）与员工素质匹配原则。与员工素质匹配原则是指组织结构的设计必须结合现有员工的综合素质，不能脱离现实而去设计。关于这点，一般企业在进行组织设计的同时，还会根据公司的战略要求设计公司能力素质模型，同时建立不同职位族、不同岗位的胜任力模型和任职资格，然后通过对任职者的分析和测评发现员工自身素质与组织需要的差异，并通过不断的培训工作，使员工的综合素质能够达到组织的需要。

（4）组织扁平化原则。组织扁平化原则是指在组织设计时尽可能加大管理幅度，同时减少管理层次。如果企业管理层次过多，一方面会造成管理职位增加、管理成本增加，另一方面组织信息传递很慢，容易造成信息失真，同时使组织的计划和控制程序复杂化。

（5）分工与协作原则。分工与协作原则是指组织内部既要进行细致的分工，同时也需要密切的协作。职能中心型组织过多地追求分工，最终导致组织内部的协作越来越困难。关于这点，流程中心型组织便可很好地加以解决。

职能中心型组织：过分注重分工，长期以来，形成了“山大王”、“座山雕”、“部门至上”的思想，部门之间的沟通与协作主要依靠公司的文件规定、公司级会议、公司行政命令，部门之间总是发生扯皮推诿现象，组织运作效率低下。

流程中心型组织：既注重分工，又注重协作，分工是手段，而协作才是目的。流程中心型组织的部门之间的协作主要依靠跨部门的流程来实现，这时候部门不再以个体为单位，而是以流程相关的两个或多个部门为共同体，而且部门注重的不再是部门个体绩效，而是整个流程的绩效。

（6）权力下移原则。权力下移原则是指根据部门、岗位需要，按照责权对等的原则适当将公司的相关权力下移。用华为任正非的一句话概括，那就是“让听得到炮声的人去决策”。

（7）不设或少设副职原则。不设或少设副职原则是指尽量在二级部门少设或不设管理副职，以免资源浪费、多头指挥、组织臃肿、决策效率低下、责任难以界定。

（8）分工专业化原则。分工专业化原则是指按照专业化分工的思想设置部门和岗位。根据价值链模型，企业经营活动可以分成基本活动和支持活动两大类。企业在进行内部分工的时候，一定要按照基本活动、支持活动的专业进行分工，只有这样，才能使组织效率大幅度提升。

（9）平衡原则。平衡原则是指部门之间、岗位之间的职能、权力设计基本对等，而且部门之间不能出现职能过大或职能过小的部门，也不能出现权力过大或权力过小的部门，要不然就很难解决部门之间的有效协调问题。

2. 职能中心型组织建设需要解决的10大问题

（1）公司治理结构设计。公司治理结构是组织运营的基础和核心，建立必要的治理结构既可以保证组织的合规经营，又可以保证组织风险可控。公司治理结构中，一般包括战略委员会、审计委员会、薪酬与绩效委员会、专业委员会等。

（2）管控模式选择。企业对分子公司或二级单位的管控体系设计是进行组织设计时需要重点考虑的问题之一，一般来讲企业对分子公司或二级单位的管控模式有三种——财务管控型、战略管控型、事务管控型。

表 6-3　不同管控模式对比分析

管控模式	总部职能
财务管控型	财务/资产、集团规划、监控/投资管理、收购、兼并
战略管控型	战略控制、财务/资产、集团规划/SBU 战略、监控/投资管理、收购、兼并、人才培养、审计、集团营销、现金管理
事务管控型	财务/资产、集团规划/SBU 战略、监控/投资管理、收购、兼并、公关、人才培养、法律、审计、集团营销、R&D、采购/物流、销售网络、人事管理

（3）集权与分权：企业在进行组织设计的时候一定要识别哪些权力需要集中起来、哪些权力需要放下去，按照流程管理的思想，就是如何设置流程的审批节点，如果审批节点设计不合理，换句话讲就是权力分配不合理，就会造成权责不对等，有些部门权力很大、有些部门权力非常小等不平衡现象。

（4）组织模式选择：职能型组织模式包括直线式、职能式、集团式、混合式、区域式等等，不同的组织模式有其自身的优势，同时也有很多先天性不足，其适用范围也不尽相同，所以企业在进行组织模式选择的时候，要根据发展阶段、企业规模、发展战略、管控模式等因素综合考虑，选择适合企业自身的组织模式。

（5）管理层次和管理幅度设计。企业在进行组织设计的时候，最好列一张表，详细规划不同层级、不同职族管理人员的管理幅度，并设计适合企业的管理层次。根据我们的经验，本土企业管理层次的设计可以为 3 级（中小型企业）、4 级（中等规模企业）、5 级（集团公司或较大规模企业），最好不要超过 6 级；管理幅度的设计高层管理者控制在 4 ~6 人，中层管理者控制在 6 ~10 人，而基层管理者可控制在 15 ~20 人之间为佳。

（6）组织结构设计。组织结构既包括公司一级结构，又包括部门结构（即二级结构），公司的组织结构最好在一张图上全部表示出来，而二级结构则最好以部门为单位，独立描述。

（7）管理层级划分与管理层级关系图。在进行组织设计的时候，还需要设计管理层级，上面已经提到，管理层级一般要控制在 3 ~5 层之间，同时为了让员工明确自己的位置及横向比较，还需要设计一张完整的层级关系图，以解决不同岗位之间的管理职位层级比较。

（8）职位族划分。职位族的划分是进行职位管理的基础工作之一，企业可以根据自己的实际情况，将公司的诸多职位进行分类，比如：管理类、生产类、技术类、营销类、专业事务类、辅助类等等。同时，还需要对每类职位族进行明确的定义。

职位族的划分将为下一步实施员工激励、员工素质考核、职位胜任力模型管理和员工职业发展提供最基础的支持，所以说职位族划分在组织设计过程中同样非常重要。

（9）部门使命及三级职能描述。部门使命和职能定位是组织设计过程中需要重点思考和解决的问题，而且部门职能的划分跟公司流程设计和企业经营模式密切相关，不同的流程、不同的企业经营模式，企业部门职能定位会有很大差异。

（10）部门归口流程识别与设计。战略是企业经营运作的根本和方向，企业的相关组织设计、流程运作都受其影响和调整。组织是战略实施和流程运作的基本平台，搭建其相应的组织机构后，我们才能有落脚点进行相关战略和流程优化的贯彻落实。流程则是战略实施和组织运作具体载体和方式，它按照战略运作的要求，在不同的组织平台之间进行穿插运行，从而实现企业的价值增值过程。

企业在进行组织设计的同时，不但要界定清楚各部门的职能界限，更重要的是要通过跨部门流程的设计将这些相互隔离的职能串起来。只有这样，才能使部门之间的运作便捷而迅速，弥补职能中心型组织的不足和短板。

3 setps to be an excellent manager

第三节 流程中心型组织建设

流程中心型组织是相对于职能中心型组织而言，它强调以流程为导向，以提升组织效率和顾客满意为宗旨。

流程中心型组织的兴起和快速发展并不是偶然的，促使它产生的驱动力来自三个方面：

（1）组织外部的环境发生了变化，全球经济一体化，技术更新快，顾客需求多样化，这些外部的变化都推动着组织的改变。

（2）传统的职能中心型组织的缺点导致组织内驱力不足，机构臃肿，部门之间互相推诿，存在“部门墙”，组织效率低下，不能满足激烈的市场竞争需要。

（3）管理理论的发展，如流程再造、价值链、核心竞争力等理论为流程中心型组织的诞生和发展提供了丰厚的理论基础。

一、流程中心型组织特征

为了让读者朋友们能够清晰认识流程中心型组织的特征，在这里我认为有必要对其优缺点进行阐述，以便大家在流程中心型组织建设的过程中，取其长，避其短。

（1）流程中心型组织的优点：

①具有明确的工作程序，员工明确上下游工作关系；

②明确的授权机制，使基层员工能够参与公司决策，公司决策的成功率很高；

③打破了以部门为中心的工作壁垒，工作效率很高；

④坚持以顾客为中心，使员工在工作的过程中“眼睛向外”，以满足顾客需求为工作准则；

⑤实现了组织的扁平化管理，减少管理层次，压缩管理成本。

（2）流程中心型组织的缺点：

①决策分散，决策速度慢；

②基于团队而非基于个人，对员工的素质要求较高；

③多元化的文化氛围，使公司内部的管理较难统一。

二、流程中心型组织建设

既然流程中心型组织强调以流程为导向，企业在建设流程中心型组织的过程中可以按照以下思路进行：

1. 核心价值链选择与分析

不同的企业，战略不同，价值链选择也会存在差异。企业可以选择产—供—销“通吃”，也可以选择其中的一两项做精、做强。

通常来讲，企业的核心价值主要围绕采购（供应商开发、采购价格、采购交期与服务、物流、仓储等）、生产（生产计划、制程、交付等）、销售（销售定价、销售策略、订单处理、市场推广、促销、客户服务、客户关系、咨询服务、批发经营、终端零售等）进行。由于企业的核心目的在于追求经济效益最大化，所以在核心价值链选择的时候需要根据自己的核心能力抓住最有价值的关键点。

如图6－3，微笑曲线中间是制造；左边是研发，属于全球性的竞争；右边是营销，主要是当地性的竞争。当前制造产生的利润低，全球制造也已供过于求，但是研发与营销的附加价值高，因此产业未来应朝微笑曲线的两端发展，也就是在左边加强研发创造智慧财产权，在右边加强客户导向的营销与服务。

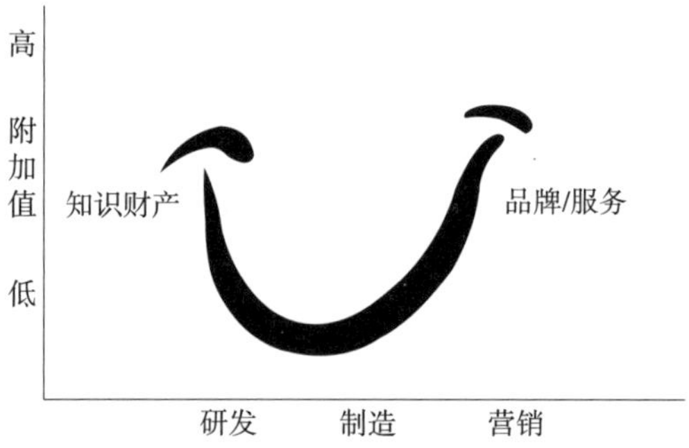

图6-3　宏基"微笑曲线"

随着企业竞争格局加剧和世界产业分工发展，企业要想在经营上获得巨大的成功，微笑曲线的两头应该是首选，我们也看到了很多成功的案例：耐克（研发设计、品牌）、沃尔玛（终端零售）、苹果（研发设计、品牌）……这些企业都是通过占领产业链的制高点获得巨大成就的。

当然，我们也看到，并不是所有的企业都只能通过研发、品牌和销售获得成功，富士康就是一个例外：富士康的核心在于制造，它通过在全国范围内大规模建厂，分包苹果的 iPhone 和 iPad 制造业务同样获得了成功。

2. 识别并建立核心流程

企业核心价值链分析清楚后，职能中心型组织强调分工，将每个业务系统的核心业务进行分解，而流程中心型组织则强调协作，需要建立不同核心业务之间的逻辑关系，并用流程将它们串起来。这就是职能中心型组织与流程中心型组织最本质的区别。

从企业运作的核心来看，职能分解是基础，流程协作才是核心，因为企业战略的实现必须依靠流程的高效运作，下面我们再分别从战略对流程的三个决定性作用看看战略是如何影响和控制流程的：

（1）战略决定了流程的相应客户。流程是企业从输入原料、资金、信息、人力资源到输出能满足客户需求的产品和服务的过程，流程的首要目的是提供满足客户需求的服务和产品，因此进行流程管理首先要了解客户的需求和标准是什么，而明确客户需求的第一步是了解我们流程的客户是谁。

许多企业进行流程管理，对自身的客户是谁大都有些认识，但是否真的十分清楚呢？要了解自身的客户是谁，需要进行企业战略分析和研究。通过对企业内外部环境的研究分析，在明确自身资源的基础上，了解企业未来到底能为哪些客户提供产品和服务，提供哪些方面的产品和服务，要达到什么样的目标和要求，这些无疑是十分重要的。也就是说，通过战略分析，明确企业发展目标，进而明确企业的流程运作目标——客户需求，才能了解流程管理的重点和方向。

另外，不同的客户，其需求是不同的，即便是同一客户在不同时期的需求也会有差异，企业在建立流程体系的过程中，如何充分理解并最大化满足客户需求就显得非常重要。

（2）**战略决定了流程的价值增值方式。**美国哈佛教授迈克尔·波特教授曾经讲过，作为一般企业的基本战略主要有三种：低成本战略、差异化战略和专业化战略，这三种基本战略决定了企业对其有限资源的不同配置方式，亦决定了企业的相关价值增值模式。由上述三种基本战略我们还可以再衍生，形成具有企业自身特点的竞争战略和职能战略，而这些战略正是通过企业的流程运作得到贯彻的。

因此可以讲，战略决定了企业的价值增值方式，而流程则是企业价值创造的动态表现形式。

（3）**战略决定了流程期望输出的效果。**在企业的不同时期，根据战略管控要求的不同，流程管理会各有侧重。有时候强调控制，有时候强调快速反应，有时候强调成本压缩，不一而足。即使是同一个业务流程，在不同的战略决定下，也会有不同的期望效果。在这种情况下，流程首要的不是提升本身的运作质量，而是确保对相关业务侧重点的满足。

通过上面的分析，我们可以清楚地看到，一旦企业的战略确定，其流程必将随着战略进行调整。毛主席曾经说过：政治路线确定后，干部是关键因素。我把这句话改了一下：企业战略确定后，流程是关键因素。因为流程高效与否，直接决定企业战略能否实现。①

3. 核心流程优化与再造

企业的战略在不同发展时期会有所调整，企业的年度经营计划也会要求每年的流程关注重点有所不同，所以说，企业的流程需要与时俱进，进行必要的调整和优化。企业在对流程进行调整的时候，一般会有两种办法：其一是在现有流程的基础上进行必要的优化，我们称之为流程优化；其二是对现有的流程进行全面的改造，

① 关于流程的建立的基本原则和技巧，如果读者感兴趣，可以参考拙著《企业流程优化与再造实例解读》（中国经济出版社 2008 年版）、《流程优化与再造：实践·实务·实例》（中国经济出版社 2011 年版）、《流程优化与再造》（中国经济出版社 2013 年版）或者《互联网时代业务流程再造》（中国经济出版社 2015 年版）。

我们称之为流程再造。

（1）流程优化与短板原理。管理学中有个木桶原理：一个木桶由许多块木板组成，如果组成木桶的这些木板长短不一，那么这个木桶的最大容量不是取决于最长的木板，而取决于最短的那块木板。

一个企业好比一个大木桶，除非这个企业人浮于事，否则每一个员工都是组成这个大木桶不可缺少的一块木板。这个企业的最大竞争力不仅取决于某几个人的超群和突出，更取决于它的整体状况，取决于它是否存在某些突出的薄弱环节。

企业进行流程优化的过程就是要不断识别、分析公司短板何在，并通过流程优化的手段（包括组织结构的再设计、资源重新配置、压缩流程非增值环节、信息化等）将短板逐渐加长，从而使企业这只木桶能够装下更多的水。

（2）流程再造与指头理论。与木桶原理相反，企业往往很难让每块板都一样长，而现实情况则是企业有的板会长，有的板会短一些。在很多情况下，稍长的板决定了其特色与优势，在一个小范围内成为制高点。

就跟我们的手一样，有些指头会长，有些指头会短一些，对于企业来说，如果凭借长的“指头”，发挥自己的优势，就能跳出大集团的游戏规则，跳出红海，创造蓝海，独树一帜，建立自己的王国。

这就是企业进行流程再造的核心意义所在，在目前的市场条件下，特色就是旗帜，凸显才能发展。与木桶原理求稳固的保守思想不同，指头理论是一种提倡特色凸显的创新战略，要求企业能够打破思维定式，找准自己的特殊优势，开辟一个崭新的天地。

（3）迈克尔·哈默在他的《再造不是自动化，而是重新开始》一文中为流程再造总结了八条原则：

①要围绕结果进行组织，而不是围绕任务进行组织。企业应当围绕某个目标或结果而不是单个的任务来设计流程中的工作。

②要让利用流程结果的人执行流程。基于计算机的数据和专门技能越来越普及，部门、事业部和个人可以自行完成更多的工作。那些用来协调流程执行者和流程使用者的机制可以取消。

③要将信息处理工作归入产生该信息的实际工作流程。

④要将分散各处的资源视为集中的资源。企业可以利用数据库、电信网络和标准化处理系统，在获得规模和合作的益处的同时，保持灵活性和优良的服务。

⑤要将平行的活动连接起来，而不是合并它们的结果。将平行职能连接起来，

并在活动进行中而不是在完成之后，对其进行协调。

⑥要将开展工作的地方设定为决策点，并在流程中形成控制。让开展工作的人员决策，把控制系统嵌入流程之中。

⑦要从源头上一次获取信息。当信息传递难以实现时，人们只得重复收集信息。如今，当我们收集到一份信息时，可以把它储存到在线数据库里，供所有需要它的人查阅。

⑧领导层要支持。流程再造要获得成功必须具备一个条件：领导层富有远见。除非领导层支持该工作，并能经受住企业内的冷嘲热讽，否则人们不会认真对待流程再造。为了赢得安于现状的人的支持，领导层必须表现出投入和坚持——可能再带一点狂热。

4. 建立流程团队

流程建立起来之后，为了保证流程能够落地并产生作用，流程中心型组织建设还需要企业做好两件事情：流程团队建立、流程管理思想建设。因为流程中心型组织与原来的职能中心型组织已经发生了翻天覆地的变化，图 6 –4 为我们清晰地展示了职能中心型组织向流程中心型组织演变的轨迹。

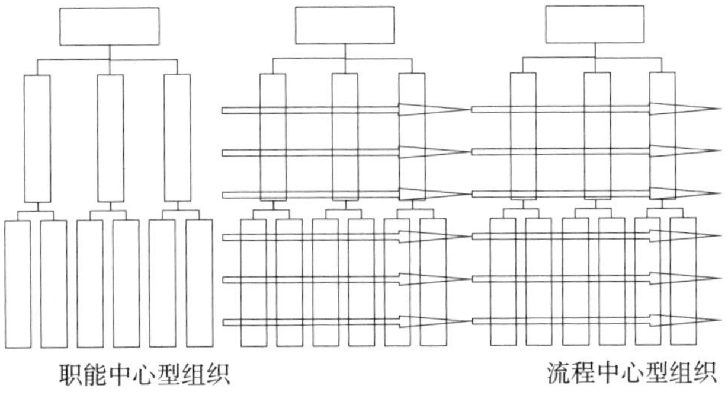

图 6 –4　组织演变分析

我们可以看到，在流程中心型组织当中，企业运营的核心不再是职能部门，而是横跨多个部门的业务流程，因为在企业内部创造价值的不再是职能部门，而是业务流程。

其实，这种流程中心型组织在国内的华为、中兴、万科等企业中，通过近几年的实践，已经又向前发展了一步，具体见图 6 –5。

图 6 –5 示意的这种组织结构已经完全脱离了大家熟悉的那种金字塔式的组织模式。在这种组织模式中，淡化了职能部门的作用，它完全强调以业务流程为导向，

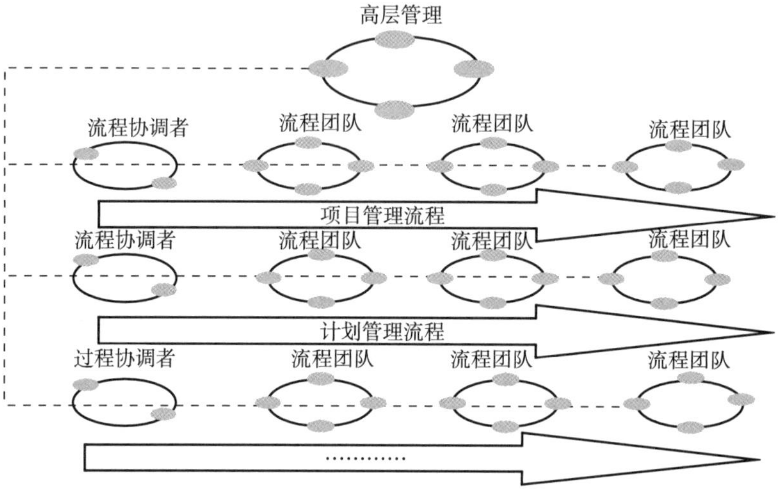

图6－5 流程中心型组织（示意）

每个业务流程都会有一个“流程协调者”的角色，由他来总体把握每个业务流程的进度，并对结果负责，而在流程实现的过程中会有很多小的“流程团队”为业务流程的某个环节负责，而这些小“流程团队”的负责人可能是职能部门的负责人，也可能是某职能部门内部的一个专职岗位，由他统筹协调相关人员和资源，保证流程效率最大化。

前面讲了这么多，其实在企业内部建立流程团队一共有以下两种形式：

（1）长期流程团队：是指按照既定的业务流程，从流程总协调人到流程各环节的“流程团队”共同组成的流程团队，这个流程团队相对比较稳定。

（2）临时流程团队：是指为了某项特定的工作和某个特定的流程，需要临时为某个流程运行而建立的团队，这个团队会随着该项特定工作的结束而解散，如很多以项目制运作为核心的企业，每个项目启动会成专门成立项目小组，这个小组按照项目管理流程进行工作，当该项目结束后，项目小组也就随机解散。

除了流程团队的建设，企业在推进流程中心型组织建设的过程中，还有一个问题也是非常关键的，那就是训练一支有流程管理思想的员工队伍，因为强调流程管理就必须打破以条块分割的职能管理思想，同时要求所有员工要从以前的“以领导为核心”向“以流程为核心”转变。如果在这个过程中不能从员工的认识、思想以及工作方法和技巧上加以改变和调整，恐怕流程中心型组织的建设将困难重重。

5. 建立流程绩效评价体系

职能中心型组织强调职能的有效履行，所以在绩效评价的时候就会设置一些关于职能管理的KPI。流程中心型组织建设也是一样的道理，要想使流程中心型组织能够发挥其作用，建立基于流程的绩效评价体系也是必不可少的。

流程中心型组织的考评体系必须以流程的结果来衡量流程团队各成员的工作业绩，鼓励以顾客为中心，倡导协作文化。

【案例6-3】

在职能中心型组织当中，为了满足订单交付会有很多部门参与其中，如MC部门负责提出物料计划、采购部门负责下单与采购、SQE部门负责来料检验和供应商管控、PC部门负责安排生产计划、制造部门负责安排产线、生产品质部门负责在线检验、仓储部门负责入库、物流部门负责发货，一般情况下，为了评价各部门的工作表现，我们会根据不同部门的职责担当建立一系列KPI：

MC部门：物料需求计划准确率、物料需求计划下达及时率；

采购部门：采购到货及时率、物料齐套率；

SQE部门：来料不良率；

PC部门：生产计划准确率、生产计划下达及时率；

制造部门：作业计划达成率；

生产品质部门：OQC检验合格率；

仓储部门：入库及时率、仓储数据准确率；

物流部门：物流配送及时性。

从上面一系列KPI可以看得出来，每个部门都需要将本职范围内的事情做好，这个看似合理的做法其实隐藏了一个巨大的隐患，那就是没有一个部门会对“客户订单的准时交付”负责，这正是职能中心型组织最大的弊端。而流程中心型组织恰好弥补了这一弊端：它首先要求所有这些部门都对一个总的指标（客户订单的准时交付）负责，各个部门在这个总目标指导之下开展工作。这样一来，所有部门的聚焦点就完全统一了，这就是流程中心型组织的魅力所在。

3 setps to be an excellent manager | 第四节

战略中心型组织建设

战略中心型组织最早是由美国著名管理学家罗伯特·S. 卡普兰和戴维·P. 诺顿提出的，他们在《战略中心型组织》一书中对此进行了详细的阐释。战略中心型组织最大的特点就是它可以系统地描述、衡量和管理战略。

我们不妨先回顾一下：职能中心型组织强调职能的履行，以“领导为核心”，领导的指令和意愿就是工作的方向，久而久之，职能中心型组织就形成了各种各样的“山头文化”、“部门墙”，导致组织效率低下，部门之间的协作性也越来越差。流程中心型组织打破了职能中心型组织的弊端，保证单个流程效率提升，让在同一个流程体系内的员工工作指向性更加明确（指向流程绩效），但流程中心型组织同样存在问题，那就是：如何解决流程之间的协同？如何保证企业整体运营效率的最大化？这就需要企业建立战略中心型组织，因为对于任何一家企业而言，都必须以实现特定的战略目标为前提，战略目标的分解首先要考核流程之间的协同，然后再考虑部门职能的正常履行。

一、战略中心型组织特征

战略中心型组织区别于职能中心型组织，也不同于流程中心型组织，它融合了二者的优点，使组织的目标更加明确、流程更加高效、组织职能履行更加有效。

（1）强调一切行动向战略看齐。有一个道理我想大家都很好理解，一家企业存在的唯一理由是顾客还“需要”它，如果顾客不再“需要”，这家企业也就走到了尽头。那么如何才能保证顾客持续不断地需要企业？要靠企业战略。因为战略就是要满足客户某种至关重要的需求，以优于竞争对手的方式加以执行，并且持续不断地保持这种优势。从这个意义上讲，企业内部的任何行动（包括流程、组织、员工）都必须以满足顾客需求和战略实现为准绳。

（2）让战略不再高不可攀。通常来讲，一提到战略，绝大多数人都会认为那是企业老板的事情、高层的事情，似乎跟自己没什么关系。正因为这样，员工在实际的工作中往往会因为不清楚自己的目标而迷失方向，失去工作的动力，同时企业高层也会苦恼于战略不能落地、始终悬在空中。战略中心型组织强调将企业的战略清晰地加以描述，通过战略地图进行分解，并且将战略转化为可操作的行动计划，让每位员工的工作与企业的战略之间产生关联。

（3）**强调战略、流程、职能高效协同。**前面我们在分析职能中心型组织和流程中心型组织优缺点的时候，可以看到，这两种组织形式都存在致命的弱点，而战略中心型组织则强调战略、流程、职能的高效协同，在弥补职能中心型组织和流程中心型组织缺点的同时，强调以战略为核心，流程和职能围绕战略，高效协同。

二、战略中心型组织建设

卡普兰和诺顿认为，战略中心型组织建设必须遵守以下5项基本原则：

（1）**高层领导推动变革。**战略中心型组织的建设是一项“一把手工程”，很难想象没有高层参与和支持的战略变革可以取得最后的成功。而且，如果没有高层的参与，组织也很难实现横向和纵向的协同，平衡计分卡很难给组织带去明显的价值，也不能建立真正的战略中心型组织。

（2）**把战略转化为可操作的行动。**卡普兰和诺顿在他们的第三部著作《战略地图：化无形资产为有形成果》中提出：和高层团队一起明晰战略、确定战略目标，并把战略转化为一张简单易懂的战略地图，可以明确组织或业务单元和职能部门的各个战略目标间的因果关系；然后利用平衡计分卡对关键目标进行具体的解释，并为各个目标设定衡量指标及指标值，确定行动方案和责任人；这样一来，企业的战略便可转化为一系列可操作的行动方案。

（3）**使组织围绕战略协同化。**企业高层就组织的战略地图和平衡计分卡达成一致后，接下来要把战略分解到组织的各个层级，实现纵向和横向的有效协同。纵向的协同通过职能管理来实现，而横向的协同则通过流程来实现，这时候企业就需要综合职能中心型组织和流程中心型组织的优点，以战略目标实现和行动方案落地为核心进行内部的高效协同。

（4）**让战略成为每人的日常工作。**战略管理归根结底是对人的管理，如果没有得到所有员工的支持，难以想象会有成功的战略管理，因此对于企业管理来说，首先应当建立科学合理的管理体系，构建强有力的执行机制，然后需要逐步优化人员的管理。如果结果最后没有体现在个人价值的实现上，战略执行就是不可持续的，因此，还需要考虑将执行结果和个人的职业发展、员工能力提升以及和激励机制挂钩，形成完整的、可持续的战略管理系统。这样，员工在通过努力达到个人目标的同时，也帮助组织达到了公司的目标，战略因此成为每个人的日常工作。

卡普兰和诺顿开发了一系列工具来帮助组织将个人绩效和组织绩效联系起来。这些工具能够对组织目标进行逻辑化分解，有效确定组织的战略定位。通过这些工具，每位员工对战略目标的贡献都变得十分直观和清晰。组织可以结合员工对战略目标的贡献度进行有针对性的培训和发展，并与招聘、薪酬和晋升相挂钩。如此一来，平衡计分卡也推动了组织的战略性人才管理流程。当然，在此之前，首先要确保组织的战略得到了有效分解和协同，这样才能达到战略中心型组织的状态和取得突破性绩效。

（5）使战略成为持续性流程。战略中心型组织的最高境界就是要将企业的战略管理变成一个持续的流程，战略明晰、战略地图的绘制、平衡计分卡、目标分解及行动计划确定、阶段性检讨和回顾、问题的分析及改进都要成为企业经营的一个完整的流程体系，保证企业的运营始终都是围绕战略展开的。

第七章

人力资源管理：用好合适的人

孟子主张人性本善，荀子则主张人性本恶；麦格雷戈的 X 理论主张人性本恶，认为管理者必须采取独裁式的管理风格，而他的 Y 理论则认为人性本善，认为管理者要采取民主式的管理风格。

齐国著名政治家管仲曰："夫霸王之所始也，以人为本。本治则国固，本乱则国危。"无独有偶，诺基亚主张"科技以人为本"。

儒家主张"仁政"、"己所不欲勿施于人"、"以义制利"；道家主张"少私寡欲"、"道法自然"、"依法治国"；墨家主张"兼爱"、"尚贤"、"尚同"。

佛教主张"慈悲为怀"、"普渡众生"；基督教主张"兼爱济世"。

苏格拉底主张对人才的培养，除了美德、知识，还有体力；柏拉图主张对人才的培养，分为智慧、勇敢和欲望三种；亚里士多德对人性和理性都持怀疑态度，主张法治。

德鲁克认为管理者必须有效，因为管理者对于企业来讲至关重要；泰罗认为为了提高劳动生产率，必须为工作挑选"一流的工人"；法约尔主张个人利益服从整体利益、个人报酬、秩序、公正和保持人员的稳定；韦伯强调，组织内部必须有明确的分工、自上而下的等级系统、重视人员的任用和职业经理人管理，同时企业用人必须坚持以"能"为本；马斯洛、赫茨伯格等对企业如何进行人力资源管理也提供了重要的理论依据。

如此之多关于人性的假设以及对人力资源管理的见解和理论基础，为广大管理者实施人力资源管理提供了丰富的"养分"。作为一名管理者，究竟该如何把握人性、如何对下属实施管理、如何调动下属的积极性？需要不断修炼和积累。

3 setps to be an excellent manager

第一节 人力资源管理发展阶段

在系统了解和掌握人力资源管理理论之前，我们有必要了解人力资源管理的发展历程。根据很多人力资源专家的理论，人力资源管理在发展过程中一共经历了四个阶段，即人事管理阶段、人力资源管理阶段、战略性人力资源管理阶段、人力资本管理阶段。

一、人事管理

人事管理阶段的核心工作是进行人事档案的日常管理，员工在企业的存在不被看作资源，而是简单地与事情、工具、设备等同起来，在人事管理阶段，企业把“人”看作是“工具”，和设备一样，企业只需要建立人事档案，进行基本的教育、考核和工资核算而已。

二、人力资源管理

在这个阶段，企业中开始出现人力资源部，负责企业的人事政策制定，根据上级要求进行人员招聘及管理，并参与企业战略规划的实施。但企业在战略目标的形成过程中，往往把对人力资源问题的考虑排除在外。

粗放型的人力资源管理体系中，企业虽然朦胧地意识到人力也是一种资源，但并不认为是重要的战略性资源，而人力资源部门的工作也往往处于一种被动状态。

三、战略性人力资源管理

这个阶段，企业战略目标的实现越来越依赖于其快速应变能力和团队合作精神，人成为竞争力的关键，人力资源部门以前是企业战略的被动接受者，现在已成为企业战略的制定者和推行者。企业开始制定人力资源战略，并实施战略性人力资源管理，一方面为实现其目标而制定具体的人力资源行动，另一方面将人力资源管理与企业战略目标联系起来，以改进员工绩效与组织绩效。

战略性人力资源管理要求人力资源部门将关注的重点转移到企业文化建设、员工职业生涯规划、薪酬体系与激励制度、员工培训与人力资源开发、关键岗位和核心员工管理、知识管理、人力资源管理技术、员工满意度等方面的工作上。

发达国家已经在数十年的实践中积累了丰富的人力资源管理经验，并从中获得了丰厚的回报。像朗讯提倡的管教一体、GE 提出的培养全球职业经理人队伍、HP 的向日葵计划、英特尔的“一带一”人才培养计划等等，都是战略性人力资源管理的典范。而人力资源管理的概念在中国的发展，是从外资企业的大量涌入开始的，至今才不到 20 年时间，应该说，中国企业的人力资源管理还有很长的路要走。

四、人力资本管理

人力资本是企业为了实现现在以及未来的收益，通过有意识的投资活动获得的，凝结于员工身上的知识、技术、经验、能力、工作努力程度、协作力、健康及其他因素的总和。[①]

人力资本管理是目前管理界公认的人力资源管理发展的最高境界，从传统的人事管理、人力资源管理、战略性人力资源管理，到人力资本管理，人力资源管理理论发展非常迅速，这也从另外一个层面反映出人力资源在企业当中扮演的作用越来越重要。

人力资本理论认为，人力资本与企业其他物质资本存在本质的区别与优势，具体见表 7－1：

表 7－1　人力资本经营与企业物质资本经营的比较

		人力资本经营	物质资本经营
相同点		都具有资本的一般性质，包括：以资本为中心的导向机制；要求资本保值增值；注重资本投入产出效率；以价值形态为主的管理；开放式经营等	
不同点	经营对象	“活”的资本	“死”的资本
	经营资本	战略性资本	战术性资本
	经营性质	利润高，风险大	利润与风险相对较低
	经营过程	复杂，缓慢，收益不易核算	简单，迅速，收益容易核算
	经营原则	科学原则和伦理原则相统一	强调科学管理
	经营目标	实现企业人力资本的保值增值	实现企业物质资本的保值增值

① 高艳．企业人力资本经营研究［M］．北京：中国经济出版社，2011．第 54 页．

3 setps to be an excellent manager | 第二节

人力资源管理发展方向

随着人力资源管理在企业中扮演的角色越来越重要，对人力资源的未来发展也有了很多种提法，总结一下，主要有两种：基于能力素质体系的人力资源管理和基于战略的人力资源管理。

一、基于能力的人力资源管理

基于能力素质体系的人力资源管理认为，人是企业第一资源，企业人力资源管理的核心在于不断提升员工的个人能力，以便适应更高的技能要求，实现公司战略目标。在这种思想下，企业人力资源管理的重点在于：能力素质体系、招聘与甄选、培训与教育、员工职业规划、基于能力的员工激励、基于能力的员工职位发展等。

著名人力资源管理专家戴维·D. 杜波依斯、威廉·J. 罗思韦尔、德博拉·乔·金·斯特恩和琳达·K. 肯普将基于能力的人力资源管理体系分为8部分①：基于胜任力的人力资源规划、基于胜任力的员工招募和选拔、基于胜任力的员工培训、基于胜任力的绩效管理、基于胜任力的员工报酬、基于胜任力的员工开发。

中国人民大学彭剑锋教授则将基于能力的人力资源管理体系②分为基于战略的任职资格系统、基于能力的人力资源战略规划、职业化素质评价系统、职业化行为能力评价系统、以KPI指标为导向的绩效改进系统、基于能力的职能工资系统、人力资源培训与开发系统等7大构成部分。

基于能力的人力资源体系强调以人为导向而不是以职务为导向，这种理念使能力素质模型成为人力资源管理职能的基础。基于能力的人力资源管理体系的理论基础是冰山素质模型，冰山素质模型认为，要想使员工产生好的工作业绩，其底层的基础包括知识、技能和职业素养，而这些底层的基础则是基于能力的人力资源管理

① 〔美〕戴维·D. 杜波依斯，威廉·J. 罗思韦尔，德博拉·乔·金·斯特恩，琳达·K. 肯普. 基于胜任力的人力资源管理［M］. 于广涛，等. 译. 北京：中国人民大学出版社，2006：33－155.

② 彭剑锋，饶征. 基于能力的人力资源管理［M］. 北京：中国人民大学出版社，2003：50－249.

体系的重点。

1. 任职资格系统

既然基于能力的人力资源管理体系认为，提升和发展员工能力是人力资源工作的核心，那么不同类型的企业、不同的职位对员工能力的要求就是不同的，这就首先要求人力资源工作者为不同职位族和不同职位建立任职资格系统。就像在本书前面提到的管理者应该有管理者的任职要求一样，营销人员应该有营销人员的任职要求，同样，采购人员、财务人员、研发人员都应该有自己不同的任职标准。

不同类型的人员关键任职条件如下：

表 7－2　不同类型人员关键任职条件

员工类型	关键任职条件（按照重要性程度排序）
管理人员	影响力（IMP）、成就导向（ACH）、团队与合作精神（TW）、分析式思考（AT）、主动积极（INT）、培养他人（DEV）、自信心（SCF）、人际理解（IU）、直接/果断性（DIR）、信息收集（INFO）、团队领导力（TL）、概念式思考（CT）、专业技术知识（EXP）
技术与专业人员	成就导向（ACH）、影响力（IMP）、概念式思考（CT）与分析式思考（AT）、主动积极（INT）、自信心（SCF）、人际理解（IU）、关注程序与品质（CO）、信息收集（INFO）、团队合作（TW）、专业知识（EXP）、客户服务导向（CSO）
市场营销类人员	影响力（IMP）、成就导向（ACH）、主动积极（INT）、人际理解能力（IU）、客户服务导向（CSO）、自信心（SCF）、关系建立（RB）、分析式思考（AT）、概念式思考（CT）、信息收集（INFO）、组织认知（OA）、技术性专业知识（EXP）

表 7－3　管理人员关键任职条件定义

员工类型	关键任职条件定义
影响力（IMP）	最好的管理者会运用合理的冲击与影响力来改善公司的经营，而不是想尽办法为个人牟利，冲击与影响力的一般表现方式有： （1）关注个人的影响力，努力建立个人信用，或让他人对自己保留特定的印象 （2）考虑到自己的某些语言或行动会对他人产生何种影响，有时杰出的经理人也会十分关心公司的声誉，但他们更多的都比较在意个人的信誉或想留给他人的印象
成就导向（ACH）	成就导向指为自己及所管理的组织设立目标，提高工作效率和绩效的动机与愿望。由于管理者的工作常常涉及他人的绩效，因此其成就导向必须被大家所认同，包括团队和下属，还包括对权力的需求，具体表现为： （1）经常评估自己、团队或下属的工作结果，思考评估方式，并与下属讨论这些评估方式是否适当 （2）寻找更好、更快和更有效率的方法来做事 （3）设定明确的、具有挑战性的目标 （4）激发下属潜能

续表

员工类型	关键任职条件定义
团队与合作精神（TW）	团队与合作精神或参与式的管理是管理者重要的胜任特征，主要表现为： （1）寻求他人的意见，鼓励下属参与会影响到他们的事务中 （2）肯定团队，认可团队的努力，及时鼓励并合理授权 （3）努力提高团队士气，崇尚合作
分析式思考（AT）	对于杰出的管理者来说，注重逻辑思维是一项很重要的特征，常见的指标包括： （1）发现情况或信息的暗示或结果 （2）用系统的方式分析情况，以确定原因或结果 （3）以务实的态度预测障碍，规划解决方案 （4）事前思考行动过程的步骤，分析完成任务或目标的条件
主动积极（INT）	主动积极常常表现在管理者会超出工作的基本要求把握机遇或为未来可能出现的问题或机会做好准备。在处理当前情况时表现为： （1）在机会出现时立即抓住 （2）迅速、有效地处理危机 （3）超越某人正式的权威界限 （4）在达到目标的过程中表现出坚持不懈的毅力
培养他人（DEV）	培养他人是管理者必须具备的关键特征之一，主要表现在： （1）给下属提供建设性的反馈意见 （2）当下属遇到困难时给予安慰和鼓励 （3）通过各种指示建议或其他指导方式培养下属 （4）指定特别的课程和培训
自信心（SCF）	在杰出管理者身上自信心出现的频率很高，主要表现为： （1）对自己的能力和判断力普遍有信心 （2）喜欢具有挑战性的任务 （3）勇于直接质疑或挑战上级主管的行动 （4）面对问题或失败勇于承担责任，并采取各种方法改善绩效
人际理解（IU）	人际理解的表现方式为： （1）了解他人的态度、兴趣、需求和观点 （2）能够解释他人的非语言行为，了解他人的情绪和感觉 （3）知道什么可以激励他人 （4）了解他人的长处和短处 （5）了解他人行为的原因
直接/果断性（DIR）	杰出管理者使用这项能力的频率可能比培养他人要低，但在某些情况下却非常重要，最常见的表现为： （1）设定极限，在必要的时候说“不” （2）设定工作标准，并严格执行 （3）有时会清楚、直接地质疑他人的工作绩效
信息收集（INFO）	信息搜集也是管理者的一项重要特征，在一般情况下信息都是用来诊断问题或找出未来的潜在问题，信息搜集的主要方法是： （1）系统地搜集资料 （2）从各种来源搜集资料 （3）亲自观察或接触实际情况

续表

员工类型	关键任职条件定义
团队领导力（TL）	主要表现在： （1）管理者为其所在团队设立绩效目标 （2）在更宽泛的组织层面上维护所在团队的利益 （3）为团队争取所需要的资源
概念式思考（CT）	主要表现为： （1）发现他人没有发现的某种联系或模式 （2）注意到他人没有注意到的各种矛盾或差异 （3）迅速把握问题的关键并采取行动
专业技术知识（EXP）	掌握所需的专业知识和技能是从事管理工作的基本要求，是管理者运用各种能力的基础。但是管理者不能过分依赖所具备的专业知识和技能，也就是说，如果管理者过多地将自己的角色与工作定位在具体的业务工作，而较少关注培养下属的话，管理的绩效将无从谈起

【案例7－1】

深圳某企业建立的任职标准

表7－4　深圳某企业设计人员关键任职标准

创新能力	
级别	行为特征
一级	因循守旧：对信息持封闭心态，不愿意接受新思想和新方法，工作中经常坚持以以往的经验和知识为准，工作循规蹈矩，不允许在工作中有任何创新想法
二级	借鉴其他领域的方法：在工作中能够参照、引进行业领域以外的观点与方式，并在予以应用
三级	敢于突破经验的束缚：能够主动收集了解业内最新动态和发展方向等信息，敢于突破以往获得的知识和经验的框架，能够提出与众不同的新观点、新见解和新方法
四级	培养创新性：积极营造创新氛围，鼓励他人在工作中提出解决问题的新方法和新观点，善于吸收和利用他人的新方法和新观点进行创新
五级	大胆寻求突破：敢于承担风险去根据工作任务的特点制定新政策、采取新措施和尝试新方法
责任心	
一级	被动接受任务：对自己的工作职责范围不清楚，经常性地无法按时完成职责范围内的工作任务
二级	接受任务：对职责范围内的工作任务，不推托，不讨价还价，能及时响应工作安排
三级	落实完成：能够对职责范围内的工作进展情况，及时进行核查，并对工作中发现的问题采取必要的行动，以保证工作按要求标准完成
四级	尽职尽责：在工作中，面临需要同时处理的职责内和职责外的任务时，能够主动采取应对措施，确保不因职责外的任务而影响职责内工作任务的按时完成，并能够不以职责外的工作负担作为解释未完成职责内任务的理由

续表

责任心	
级别	行为特征
五级	敢于承担，主动负责：能够主动公开地承担本职工作中的责任问题，并及时主动地采取补救、预防措施，防止类似的问题再次发生
团队合作	
一级	不愿意合作：在集体活动中个人意识强，不喜欢与他人合作或与他人合作困难，一切从个人利益出发，不愿意听从他人意见，一意孤行，喜欢独享集体成果
二级	信息共享：能够通过信息的共享来为团队决策提供支持，并能够及时与团队成员交流团队内发生的事情，使团队成员及时了解团队取得的成绩与不足
三级	信任团队：对团队其他成员的能力和贡献抱着积极的态度，能够用积极口吻评价团队成员，评价他人提出的意见和经验的价值。愿意在做决定或计划前征求团队成员意见和建议
四级	鼓励与授权：当他人做出贡献或实现目标时能给予公开的表彰和鼓励，并在工作中通过一定的授权使他人感觉到自己的重要性，从而发挥更大的作用
五级	解决冲突：能够以实际行动倡导良好的团队氛围，鼓舞士气，及时解决或缓解团队中出现的矛盾和冲突，维护及提升团队荣誉

表 7-5　深圳某企业市场营销职位族关键任职标准

客户导向	
一级	只专注于自身能力：渴望让客户看到的事实，是以自身或公司的能力而非客户的需要为重点
二级	提供最低程度的必要服务：对客户的问题给予立即但“未经准备”的回应，不努力探究客户的根本需求或问题，了解客户所提问题的来龙去脉
三级	承担个人责任：追随客户的需要与咨询，有责任迅速解决客户所提出的问题，对客户表现出有责任感
四级	解决潜在需求：充分了解客户业务范围，以此了解客户现实的与潜在的需要，有针对性地提供与之相应的产品与服务
五级	做客户的同伴：主动参与客户的决策过程。针对客户的工作提供专业的建议，保证客户取得最佳利益
成就导向	
一级	满足于现状：个人的发展目标不明确，无个人抱负，极易满足，在工作上漫不经心，抱着只符合基本的工作要求的想法
二级	想要把工作做好：想要努力工作以符合工作标准的要求，尝试着把工作做好与做对，偶尔对浪费与低效显现沮丧（例如抱怨时间浪费和想要做得更好），但实际上没有实质性的进步
三级	工作结果符合他人为其设定的标准：工作上能够符合上级或公司为其设定的标准要求（例如预算的管理，符合销售的业绩，品质的要求）
四级	自己设立衡量优异的标准：自己设定用来衡量工作产出的标准，而不是一套来自上级管理要求的工作标准，并且这套工作标准通常会高于上级管理要求，主要体现在费用、绩效、时间效率管理等方面

续表

成就导向	
五级	自己设定挑战性的工作目标：能够自己设定并达成具有挑战性的工作目标
关系建立	
一级	避免联络：遁世的，避免社交互动
二级	与他人工作相关的接触：维持正式的工作关系（主要限于工作相关事项上，在气氛、风格或架构上不必然是正式的）
三级	与他人偶尔非正式接触：偶尔在工作中与客户开展非正式的关系，如闲聊小孩、运动新闻等等
四级	偶尔的社交接触：偶尔在工作之外的俱乐部、餐厅等地，持续跟客户保持友善的关系
五级	与他人建立融洽关系：经常在工作中或工作之外与客户及客户亲近之人进行经常性的社交接触，刻意努力建立融洽关系
自我控制	
一级	失去控制：当遇到压力或者阻力时，个人情绪会干扰工作效率，会表现出挫折感或其他负面情绪；在承受压力的情况下与属下、同事或客户交涉时有不适当的举措；在压力下“崩溃”
二级	控制情绪：当产生挫折或压力等情绪后，仍然可以控制自己的情绪，但是没有采取进一步的具有建设性的行动来缓解挫折与压力
三级	反应冷静：当产生挫折或压力等情绪后，可以控制自己的情绪，并能保持冷静地继续进行讨论或者采取其他方法处理自己的情绪
四级	有效管理压力：能够使用压力管理技巧来控制自己面对压力与挫折时的情绪，避免崩溃，有效排解压力
五级	以具有建设性的方法响应：在压力非常大的情况下，能够控制自己强烈的情绪或压力，并采取行动针对产生压力或阻力的问题来源正面处理问题

2. 基于能力的人力资源规划系统

传统的人力资源规划强调人员数量的盘点、供给分析与配置规划，而基于能力的人力资源管理体系则认为，企业进行人力资源规划除了关注数量之外，还需要对其质量进行盘点，进而提出人力资源素质提升和员工发展系统规划。

【案例 7－2】

HP 是深圳一家在美国上市的企业，公司以研发和生产锂离子电池为主业，经过近 10 年的快速发展，在市场占有率、技术经验积累、产品品质管理、员工队伍建设等方面都取得了长足发展，但随着自身规模的不断扩大以及市场竞争的加剧，公司面临降低成本、提高运营效率、稳定员工队伍、完善员工激励机制等诸多挑战。

为了解决这些问题，我们帮助 HP 进行了管理体系的再造。针对人员稳定性差、员工能力提升缓慢、员工发展通路过窄等问题，建立和完善了基于能力的人力资源规划，具体内容如下：

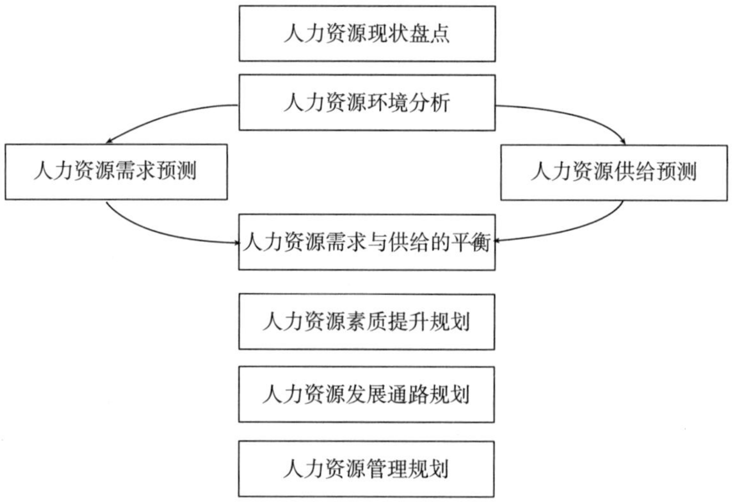

图 7－1 深圳 HP 人力资源规划模型

如图 7－1 所示，深圳 HP 的人力资源规划包括 6 部分构成，分别是：

（1）人力资源现状盘点：包括人力资源总量盘点、人力资源流动性盘点、人力资源结构盘点（职位族结构、学历结构、年龄结构）、人力资源效率盘点、人力资源质量盘点（适岗率、任职资格）、人力资源政策盘点。

（2）人力资源环境分析：包括宏观环境、国家劳动及用工政策、企业发展战略、组织调整、设备自动化水平、订单结构优化、人力资源政策、管理提升等。

（3）人力资源供给与需求的平衡分析：包括产量预测、人力资源效率预测、人力资源流动性预测、人力资源总量预测、不同职位族员工总量预测、人力资源需求分析、人力资源总量需求与供给平衡、不同职位族员工需求与供给平衡。

（4）人力资源素质提升规划：包括基于任职资格体系的员工培训课程体系规划、多途径员工素质提升体系规划（轮岗制、导师制、脱产学习、接班人计划、挂职锻炼、职业生涯规划等）。

（5）人力资源发展通路规划：包括横向发展规划、纵向发展规划。

（6）人力资源管理规划：人力资源管理体系规划、人力资源管理体系提升规划、人力资源政策规划。

3. 基于能力的员工甄选与招聘系统

在员工甄选和招聘环节，基于能力的人力资源管理体系非常重视员工能力的评价，正如《聘谁：用A级招聘法找到最合适的人》一书所言：

（1）招聘到正确的人比正确地做事更重要。

（2）制定高标准，找到A级选手。除非你不想做好，否则永远不要让B级、C级选手充斥团队。

（3）能否聘对人决定你事业的成败。请来C级选手，就会永失竞争力；请来B级选手，你做得也许还行，但永远别想突破；请来A级选手，不论追求什么，都会获得成功。

（4）什么是A级选手？他有至少90%的希望实现排名在前10%的选手能够实现的成果。

可见人才对于企业经营的影响是何其之大！正因为如此，企业在选人的时候就必须建立岗位任职标准，并通过科学合理的评价体系客观评价员工，保证适岗率。

【案例7－3】

浙江某公司销售部经理招聘计分卡

表7－6　浙江某公司基于能力的销售部经理招聘计分卡

岗位使命	组建一支高素质的销售团队，巩固老客户，不断开发新客户，满足公司“一镇多店”及年度销售目标的实现

关键工作成果及评价记录

工作成果描述	评价及结论
（1）截至2013年5月，组建一支高素质的销售团队	
（2）带领团队快速融入，完成年度销售目标（12月底）	
（3）截至第三年末，将收入从5000万美金提升到1亿美金（年增长50%）	
（4）截至第二年末，把税前利润率从9%提升到15%	
（5）截至第二年末，将销售预测准确率从目前的60%提升到90%	

关键能力及评价结果

关键能力	定义	1分	2分	3分	4分	5分	6分	7分	8分	9分	10分
高效	以最小的投入获取最大的收获										

续表

诚实/忠诚	保守秘密，不投机取巧，坦诚沟通，可信										
擅长组织规划	能够迅速制订计划，拟订日程，分配预算										
积极主动	不需要交代就能够去做，并给公司贡献新想法										
兑现承诺	坚守任何口头和书面的承诺										
善于分析	对各种资料能够进行深度分析，并得出建设性结论										
坚韧	有韧性，有始有终										
培养他人	对现有岗位人员进行培训和培养，以提高业绩，同时为将来做好准备										
总体评价											

4. 基于能力的员工培训和培养系统

基于能力的人力资源管理体系认为，不断培养和提升员工个人能力是组织目标实现的基础，所以企业人力资源部必须建立和健全员工培训和培养系统。

员工的培养通常按照图 7－2 所示进行。

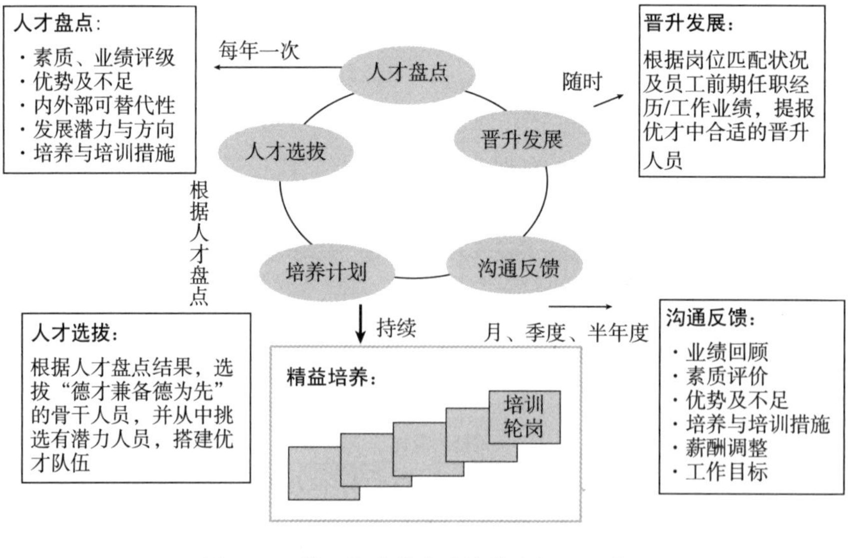

图 7－2　基于能力的人才培养路径（示意）

（1）人才盘点。企业人力资源部每年进行一次内部人才现状盘点，选拔有潜力的员工纳入企业人才库，同时评估人才库中员工的培养效果及成长情况，不符合要求者淘汰，并且对人才库中达到担任更高职位标准的员工进行任用。

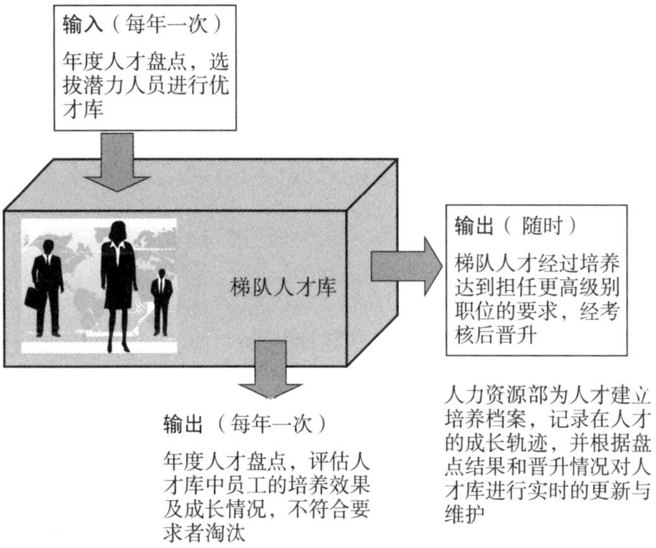

图 7－3　人才库动态管理

（2）人才选拔。在进行人才选拔的过程中，一定要兼顾绩效和综合素质，既要考虑员工的能力是否达到任职标准，又要考虑员工的绩效表现是否优异，企业可以根据自身特点和人力资源管理水平，建立人才选拔矩阵：

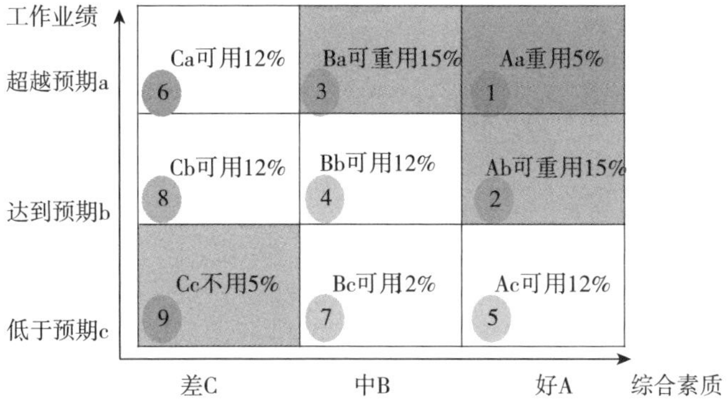

图 7－4　企业人才选拔矩阵

（3）培养计划。主要包括指定导师、建立培养档案、进行个性测评、提供各种形式的培训、实施内部兼职、轮岗、参与新项目等多种培养形式。

（4）沟通反馈，评估培养效果。以年为周期，由人力资源部组织、员工直接上级参加，进行每年一次的人才发展沟通及培养效果评估。

（5）晋升发展。对优秀的人才，按照人才发展通路、结合员工职业发展取向进行晋升。

5. 基于能力的绩效考核系统

传统的绩效指标体系是以目标和工作任务为导向，诸如基于战略的 KPI、基于职能的 KPI、基于流程的 KPI、基于工作计划的 KPI 等等，而基于能力的人力资源管理体系则强调对员工个人能力的评价，由此而诞生了基于能力素质的 KCI，它强调对员工个人而非对工作本身的评价。

6. 基于能力的薪酬福利系统

在传统的薪酬体系设计中，非常重视同岗同酬，认为这是坚持薪酬公平性原则的最直接体现。但这种方式恰恰会造成更大的不公平和员工的不满意，原因很简单，即便是在同一个岗位，人的能力大小、资历深浅也是有差异的。

二、基于战略的人力资源管理

基于战略的人力资源管理认为，企业经营的目的是实现利润的最大化，企业需要不断地将自己的经营目标、管理要求进行分解，让每位员工都承担相应的指标。在这种思想下，企业人力资源管理的重点在于目标绩效管理、绩效薪酬、基于绩效的员工职位发展等。

1. 基于战略的人力资源队伍和人力资源管理机制

战略性人力资源配置的核心任务就是要基于公司的战略目标来配置所需的人力资源，根据定员标准来对人力资源进行动态调整，引进满足战略要求的人力资源，对现有人员进行职位调整和职位优化，建立有效的人员退出机制以输出不断满足公司需要的人员，通过人力资源配置实现人力资源的合理流动。

战略性人力资源开发的核心任务是对公司现有人力资源进行系统的开发和培养，从数量和质量上保证满足公司战略的需要。根据公司战略需要组织相应培训，并通过制订领导者继任计划和员工职业发展规划来保证员工和公司保持同步成长。

战略性人力资源评价的核心任务是对公司员工的素质能力和绩效表现进行客观评价，一方面保证公司的战略目标与员工个人绩效得到有效结合，另一方面为公司对员工激励和职业发展提供可靠的决策依据。

战略性人力资源激励的核心任务是依据公司战略需要和员工的绩效表现对员工

进行激励，通过制定科学的薪酬福利和长期激励措施来激发员工充分发挥潜能、在为公司创造价值的基础上实现自己的价值。

2. 基于战略的人力资源规划

战略性人力资源管理规划，吸取了现代企业战略管理研究和战略管理实践的重要成果，遵循战略管理的理论框架，高度关注战略层面的内容。一方面把传统意义上聚焦于人员供给和需求的人力资源规划融入其中，另一方面更加强调人力资源规划和企业的发展战略相一致。在对内外部环境理性分析的基础上，明确企业人力资源管理所面临的挑战以及现有人力资源管理体系的不足，清晰勾画出未来人力资源管理的愿景目标以及与企业未来发展相匹配的人力资源管理机制，并制定出能把目标转化为行动的可行措施以及对措施执行情况的评价和监控体系，从而形成一个完整的人力资源战略系统。

3. 基于战略的企业文化建设

一个组织的文化类型强有力地影响着组织战略与人力资源战略，人力资源的行为与实践将会随着组织文化的变化而改变。组织文化的一部分是通过诸如选拔、培训、补偿和留住员工等人力资源管理实践来管理的。文化是保证企业可持续发展的持久的必备力量。企业要想取得持久的成功，必须培育、发展并整合四个核心文化，即顾客服务文化、创新驱动文化、运营卓越文化、精神驱动文化。其中：顾客服务文化的根本目的是创造顾客服务方案，了解顾客想要做什么，预测顾客需求，为顾客创造价值。创新文化的根本目的是创造企业的未来。竞争优势来自释放技术能力创造新产品、新市场。营运卓越文化的根本目的是创造一个营运过程，使得成本最小化和生产率、效率最大化。竞争优势通过产品和服务的生产及递送的程序来获得。这一文化的基础是持续地改进系统、程序以及产品和服务质量。精神驱动文化的根本目的是创造一个激励员工的环境。竞争优势通过释放员工的无限能量、创造力和热情来实现。精神驱动文化常常包括一个高规格的公司目标，通过它使员工做得更好。

4. 基于战略的人力资源管理基础建设

有效建立战略性人力资源管理职能并得到预期效果的前提是组织要为人力资源管理提供一个必要的平台，这个平台包括人力资源专业队伍、人力资源组织环境、人力资源专业化建设和人力资源基础建设四个方面，为构建战略性人力资源管理体系提供相应的组织保证和专业能力。

人力资源专业队伍是构建战略性人力资源管理体系的重要保障。战略性人力资源管理对人力资源专业队伍有着较高的要求，对人力资源部门进行合理的定位，明确界定人力资源部门的职责和职权，对人力资源专业人员的能力和素质有着严格的要求，同时对直线经理参与和配合人力资源管理也做出明确的要求，从各个方面保证人力资源专业队伍能成为构建战略性人力资源管理的人力基础。

合理的组织环境是构建战略性人力资源管理体系的重要外部条件。要求从公司战略出发，设计出一套适合公司战略需要的组织结构，细化每个职位的设置，并根据公司外部环境进行优化，为公司构建战略性人力资源体系提供相应的组织环境。

人力资源专业化建设是构建战略性人力资源管理体系的专业保障。战略性人力资源管理有着明显的专业特征，通过专业化建设为有效实施人力资源管理职能奠定专业基础，人力资源的专业化建设内容包括：组织系统的岗位分析以明确每个岗位的工作职责、工作职权、工作条件和任职资格；根据公司业务和职位特征设定相应的定员标准；组织系统的岗位评价，作为制定薪酬序列的重要依据；根据公司战略需要和岗位类别开发出相应的素质和能力模型。

人力资源基础建设是战略性人力资源管理体系正常运行的基本保障。战略性人力资源管理是一个庞大的系统，要保证这个系统正常运行还需要建立一个与之相适应的基础管理体系，包括通过建立人力资源管理信息系统为各项人力资源管理活动提供客观的信息，开展日常的事务性工作以保证人力资源管理体系的有效运行。

【案例7－4】

沃尔玛的人力资源战略

（一）留住人才

沃尔玛致力于为每一位员工提供良好和谐的工作氛围、完善的薪酬福利计划、广阔的事业发展空间，并且在这方面已经形成了一整套独特的政策和制度。

（1）合伙人政策。在沃尔玛的术语中，公司员工不称为员工，而称为合伙人。

这一概念具体化的政策体现为三个互相补充的计划——利润分享计划、雇员购股计划和损耗奖励计划。

1971 年，沃尔玛实施了一项由全体员工参与的利润分享计划：每个在沃尔玛工作两年以上并且每年工作 1000 小时的员工都有资格分享公司当年利润。截至 20 世纪 90 年代，利润分享计划总额已有约 18 亿美元。此项计划使员工的工作热情空前高涨。

之后，山姆又推出了雇员购股计划，让员工通过工资扣除的方式，以低于市值15%的价格购买股票。这样，员工利益就与公司利益休戚相关，实现了真正意义上的合伙。

沃尔玛公司还推行了许多奖金计划，最为成功的就是损耗奖励计划。如果某家商店能够将损耗维持在公司的既定目标之内，该店每个员工均可获得奖金，最多可达200美元。这一计划很好地体现了合伙原则，也大大降低了公司的损耗率，节约了经营开支。

在沃尔玛，管理人员和员工之间也是良好的合伙关系。公司经理人员的纽扣刻着“我们关心我们的员工”字样，管理者必须亲切对待员工，必须尊重和赞赏他们，对他们关心，认真倾听他们的意见，真诚地帮助他们成长和发展。

总之，合伙关系在沃尔玛公司内部处处体现出来，它使沃尔玛凝聚为一个整体。

（2）门户开放政策。沃尔玛公司重视信息的沟通，提出并贯彻门户开放政策，即员工任何时间、地点只要有想法或者意见，都可以口头或者书面形式与管理人员乃至总裁进行沟通，并且不必担心受到报复。

任何管理层人员如借门户开放政策实施打击报复，将会受到严厉的纪律处分甚至被解雇。这种政策的实施充分保证了员工的参与权，为沃尔玛人力资源管理的信息沟通打下了坚实的基础。

沃尔玛以各种形式进行员工之间的沟通，大到年度股东大会，小至简单的电话会谈，公司每年花在电脑和卫星通信上的费用达数亿美元。沃尔玛还是同行业中最早实现与员工共享信息的企业。

授予员工参与权、与员工共同掌握公司的许多指标是整个公司不断升格的经营原则。分享信息和责任也是合伙关系的核心。

员工只有充分了解业务进展情况，才会产生责任感和参与感。员工意识到自己在公司里的重要性，才会努力取得更好的成绩。

（3）公仆领导。在公司内，领导和员工是倒金字塔的组织关系，领导处于最低层，员工是中间的基石，顾客永远是第一位的。员工为顾客服务，领导则是为员工服务，是员工的公仆。对于所有走上领导岗位的员工，沃尔玛首先提出这样的要求：如果你想事业成功，就必须让你的同事感觉到你是在为他们工作，而不是他们在为你工作。

公仆不是坐在办公桌后发号施令，而是实行走动式管理，管理层人员要走出来直接与员工交流、沟通，并及时处理有关问题。

在沃尔玛，任何一个普通员工佩戴的工牌注明 OUR PEOPLE MAKE DIFFERENCE（我们的同事创造非凡）。除了名字之外，工牌上没有标明职务，包括最高总裁。公司内部没有上下级之分，互相可以直呼姓名，这有助于营造一个温暖友好的氛围，给员工提供一个愉快的工作环境。

另外，还有离职面试制度可以确保每一位员工离职前有机会与公司管理层交流和沟通，从而能够了解到每一位同事离职的真实原因，有利于公司制定相应的人力资源战略。挽留政策的实行不仅使员工流失率降低到最低程度，而且令员工即使离职，仍会成为沃尔玛的一位顾客。

（二）发展人才

沃尔玛的经营者在不断的探索中领悟到人才对企业成功的重要性。加强对员工的教育和培训是提高人才素质的重要渠道。因此，沃尔玛把加强对现有员工的培养和安置看作首要任务。

（1）建立终身培训机制。沃尔玛重视对员工的培训和教育，建立了一套行之有效的培训机制，并投入大量的资金予以保证。

各国际公司必须在每年的 9 月份与总公司的国际部共同制订并审核年度培训计划。

培训项目分为任职培训、升职培训、转职培训、全球最佳实践交流培训和各种专题培训。

在每一个培训项目中又包括 30 天、60 天、90 天的回顾培训，以巩固培训成果。

培训又分为不同的层次，有在岗技术培训，如怎样使用机器设备、如何调配材料；有专业知识培训，如外国语言培训、电脑培训；有企业文化培训，全面灌输沃尔玛的经营理念。更重要的是沃尔玛根据不同员工的潜能对管理人员进行领导艺术和管理技能培训，这些人将成为沃尔玛的中坚力量。

沃尔玛非常注重提高分店经理的业务能力，并且在做法上别具一格。

沃尔玛的最高管理层不是直接指导他们怎样做生意，而是让分店经理们从市场、从其他分店学习这门功课。例如，沃尔玛的先进情报信息系统，为分店经理提供了有关顾客行为的详细资料。此外，沃尔玛还投资购置专机，定期载送各分店经理飞往公司总部，参加有关市场趋势及商品采购的研讨会。后来，又装置了卫星通信系统，总部经常召开电话会议，分店经理无须跨出店门便能彼此交换市场信息。

（2）重视好学与责任感。沃尔玛创始人山姆先生推崇小镇美国人的努力工作和待人友好，因此在用人中注重的是能力和团队协作精神，学历、文凭在他看来并不十分重要。在一般零售公司，没有 10 年以上工作经验的人根本不会被考虑提升为经理；而在沃尔玛，经过 6 个月的训练后，如果表现良好，具有管理员工、擅长商品销售的能力，公司就会给他一试身手的机会，先做助理经理或去协助开设新店，如果干得不错，就会有机会单独管理一个分店。

（3）内部提升制。过去，沃尔玛推行的是招募、保留、发展的用人哲学，现在则改为保留、发展、招募的模式。沃尔玛人力资源部资深副总裁科尔门·彼得森说：这种改变不仅是语意的改变，它表明了对保留与发展公司已经具有的人才的侧重强调，而不再是公司以前的不断招聘的用人特点。

公司期望最大限度地发挥员工的潜能并创造机会使其工作内容日益丰富和扩大，尽可能鼓励和实践从内部提升管理人员。对于每一位员工的表现，人力资源部门会定期进行书面评估，并与员工进行面谈，存入个人档案。

沃尔玛对员工的评估分为试用期评估、周年评估、升职评估等。评估内容包括这位同事的工作态度、积极性、主动性、工作效率、专业知识、有何长处以及需要改进之处等。这些将作为员工日后获得晋职提升的重要依据。及时发现人才并积极创造环境以最大限度发挥人才潜力，是沃尔玛的人才观，正因如此才会有今天成功的沃尔玛。

（三）吸纳人才

除了从公司内部选拔现有优秀人才之外，沃尔玛开始从外部适时引进高级人才，补充新鲜血液，以丰富公司的人力储备。

在招聘员工时，对于每一位应聘人员，无论种族、年龄、性别、地域、宗教信仰等，沃尔玛都为他们提供相等的就业机会。

从 1998 年开始，沃尔玛开始实施见习管理人员计划，即高等院校举行 CAREER TALK（职业发展讲座），吸引了一大批优秀的应届毕业生；经过相当长一段时间的培训后，沃尔玛将他们充实到各个岗位。此举极大地缓解了公司业务高速扩展期人才的不足。

第三篇

管理素质提升篇

记得有位企业家经常讲这么一句话：除非自己想改变，否则任何外界的因素都很难改变你。是的，通过前面的讲解，我们对如何成为一名优秀的管理者从管理循环、管理者角色认知、管理者任职资格、管理职责、管理者必须掌握的管理知识和原则等方面进行了详细的阐述，现在只需要大家从自己做起、从现在做起，你就将成为一名优秀的管理者！

在本篇中，我们将系统介绍管理者必备的5项管理意识、管理者自我修炼“十段论”、管理者必会的50个管理工具和管理者必读的50本经典专著，同时我们还将结合“管理循环”，系统地为大家介绍基本的管理思想、管理理论和管理原则。

第八章

管理者自我修炼：从外走到里

德鲁克说：有效管理者的自我发展，是组织发展的关键所在。

一名优秀的管理者首先是一个懂得如何管理自己的人，一个连自己都管不好的人永远也不会成为一名优秀的管理者；其次一名优秀的管理者必须是一个勤于实践、善于总结和学习的人，因为任何管理理论、原则和方法，离开了结合企业实际恰到好处的应用，都不会对企业管理有任何好处；再次，一名优秀的管理者还必须懂得如何建立团队，如何带领团队，如何营造团队氛围，如何激励团队。

3 setps to be an excellent manager | 第一节

管理者必备的管理意识

有人讲，管理者是天生的。虽然我不能完全认同这个观点，但我的确认为一名优秀的管理者必须具备一些基本的管理意识。

一、团队建立

管理是通过权力控制他人行为完成某项事情，而管理者作为行使管理职责的首要责任人，必须懂得如何建立团队。

为了让大家能够清晰认知团队建立对于一个组织的重要性，在这里我想用几个具体的小故事来加以说明：

故事1：蚂蚁搬奶酪。一只蚂蚁看到了一块奶酪，奶酪很大，这只蚂蚁用尽了浑身的力气，可是奶酪还是纹丝不动。蚂蚁想到了救兵，所以它飞快地爬回了窝，招呼了一大群蚂蚁过来，在大家的共同努力下，奶酪被顺利搬回了蚁穴。

故事2：大雁南迁的故事。秋天到了，正是大雁南迁之时，通常情况下，为了节省体力，它们会将队形排成“人”字形飞行。你知道吗，这样飞行时大雁群体飞行速度是单体平均飞行速度的1.71倍！

故事3：蚂蚁军团的故事。在非洲的草原上如果看到羚羊在逃命，那一定是狮子来了；如果见到狮子在躲避，那一定是象群发怒了；如果看到成百上千的羚羊、狮子和大象集体逃命的壮观景象，那会是什么原因呢？蚂蚁军团到了！

看了以上3个小故事，不知道大家会受到什么启发，我想告诉大家的是，这就是团队的力量！

一提到团队，大家往往会将其与一般的工作群体等同起来，那么到底什么是团队？团队建立的原则是什么？如何建立一个高绩效的团队呢？

团队是指由少数有互补技能，愿意为了共同的目的、业绩目标和方法而相互承担责任的人员群体。任何团队的发展都必须经过创立期、风暴期、规范期、运作期、解散期（如图8－1所示）。作为一名管理者，在建立团队的时候首先需要明确团队的目标，以及实现团队目标必需的技能，同时，管理者还有一个非常重要的责任，那就是要尽可能压缩团队创立期和风暴期的时间。并通过自己的努力使团队规范期和运作期尽可能保持更长的时间，因为一般来讲，团队在创立期和风暴期对组织的整体贡献会很小，甚至没有任何贡献，而真正为组织创造价值则是在团队规范期和运作期完成的。

同时，管理者在建立团队的时候，也有一些基本的原则可以遵循：

（1）清晰的团队目标。清晰的目标是任何团队构建和运作的前提，目标可以帮助团队成员确定各项事情的轻重缓急，确定并把握核心的工作任务和关键成功要素，也可以帮助团队成员明确行为准则，同时还可以为团队成员指引方向和提供工作动力。

（2）恰当的领导。选择并用好团队领导是团队成败的关键，一般来讲，作为一名团队领导必须具备以下特质：善于沟通、视野广阔、有合作精神、专心、有想象力、有先见之明、自信、正直、公平、公正、有勇气、敢担当、坚守承诺。

（3）互补的技能。团队成员技能互补是团队存在的基础，因为团队成员之间必须要有清晰的分工，就如一支足球队，必须有人担当前锋，有人担当中锋，有人担当后卫，有人担当守门员，缺一不可。同理，在一个企业组织当中，有些人负责运

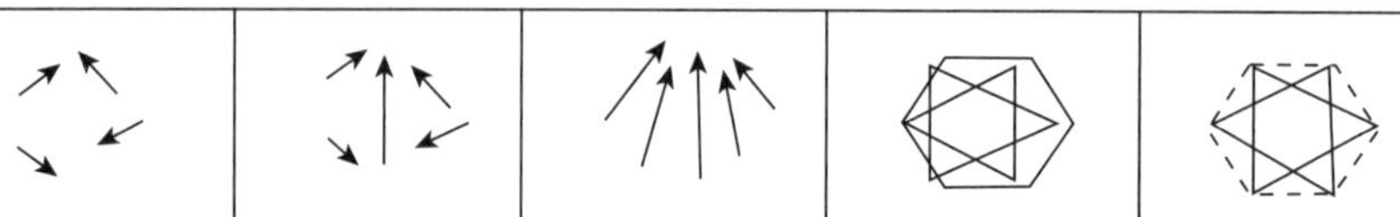

创立期	风暴期	规范期	运作期	解散期
现状： 1.目标不清楚 2.成员之间不熟悉 3.个人角色定位不清 4.团队结构不稳定 5.人际关系不稳定 **特点：** 团队/个人彼此了解有限	**现状：** 1.认同团队 2.有安全感 3.勇于表达意见 4.敢于挑战权威 5.要求给予资源支持 **特点：** 1.团队/个人具有基本合作技巧 2.团队能达成简易任务	**现状：** 1.角色定位明确 2.团队规范和价值观形成团队特色文化 **特点：** 团队/个人加强互助合作技巧，形成默契，达到自动自发	**现状：** 1.彼此协调 2.完成工作目标 3.透过互动、默契共同努力 **特点：** 团队/个人各方面皆有良好的互动技巧	**现状：** 1.成员将注意力集中在工作的收尾 2.不再追求高绩效目标 **特点：** 1.为业绩感到喜悦 2.有强烈的失落感

图 8－1　团队建设过程示意

筹帷幄（战略与决策），有些人负责遇水架桥（研发与制造），有些人负责决胜千里（市场与营销），还有些人负责垫后（客户服务）等。

（4）相互信任。高效的团队，成员之间一定是相互“搭台”而非相互“拆台”的。高绩效的团队要求团队成员必须用语言和行动来支持其他成员，在表现自己才能的同时，也要践行和坚守团队的核心价值主张。

（5）一致的承诺。团队的高效运作一定要取得全体成员的一致承诺，团队承诺必须坚持明确、力所能及、遵循共识和潜力挖掘的原则。

（6）开放的沟通。团队领导必须为团队创造一个便于沟通的环境，鼓励成员之间坦诚相待，因为团队在运作的过程中势必会涉及目标确认、资源协调、计划修正等一系列问题，而这些问题需要不断的沟通方能得以解决。

（7）分享成果。清晰定义团队工作成果，并根据个体的贡献进行客观公正的评估和激励，同时，建立以团队整体为基础的绩效评价体系也是必不可少的。

（8）有效的组织结构。团队的目标不同、工作模式有异，注定了它们的组织结构是千差万别的，团队在选择组织结构的时候，必须考虑是否有利于不同技能成员的角色定位，有利于团队和个人学习，有利于明确个人和团队责任，有利于培养团队成员的责任感，有利于团队目标的顺利实现。

二、树立团队使命与愿景

本书前面谈到了企业愿景的问题，其实一个团队也是一样的道理，建立使命与愿景也是必不可少的。使命帮助团队领导告诉员工我们存在的唯一理由，而愿景则告诉员工团队努力的方向和未来的蓝图。

【案例8－1】

某公司各部门使命

人力资源部使命：根据公司愿景及人力资源战略，打造高绩效的人才队伍，营造学习型的文化氛围，保障公司可持续发展。

财务管理部使命：建立健全财务管理体系，为公司经营决策提供科学的财务支持并推动实施，确保企业资产价值最大化。

销售管理部使命：通过有效的销售、物流及账务管理，保证订单快速实现，为销售提供一个良好的后勤保障平台。

市场部使命：通过系统的营销培训、精细化的市场管理和有效的市场推广，提升公司市场管理能力。

销售部使命：通过建立和推行有效的销售运营体系，不断开发和巩固客户，获得最大的市场份额。

研发部使命：根据公司经营战略和品牌定位、市场发展趋势，整合内外部资源，科学规划公司产品线及产品，合理组织内外部资源，保证产品按时上市。

计划部使命：根据销售预测和市场需求变化，合理规划公司生产及物料需求，整合内外部资源，满足销售需求。

采购部使命：根据公司供应链管理战略，打造优于竞争对手的供应商管理体系，持续满足公司生产及战略发展需要。

品质部使命：根据公司产品定位，在产品形成各个阶段，运用科学的检验、试验和品质管理方法，推进品质体系的完善和产品品质的提升，提升顾客产品满意度。

客户服务部使命：构建高效的服务运作平台，为客户提供满意的维修、增值服务，提升客户忠诚度和品牌美誉度，助力销售。

三、确定团队目标

德鲁克曾经说过：每一个组织都必须有三个主要方面的绩效：直接成果、价值的实现和未来的人才开发。企业的直接成果是销售额和利润，如医院的直接成果是治好病人；价值的实现指的是社会效益，如企业应为社会提供最好的商品和服务；未来的人才开发可以保证企业后继有人。一个组织如果仅能维持今天的成就，而忽视明天，那它必将丧失其适应能力，不能在变动的明天生存。

同理，团队的目标也必须围绕以上三个绩效衡量来确立，即直接成果目标、价值实现目标和人才开发目标，这与卡普兰主张的平衡计分卡的核心思想不谋而合，直接成果目标是基于平衡计分卡中财务的维度，价值实现目标是围绕平衡计分卡中顾客和流程的维度，人才开发目标则是基于平衡计分卡中学习与成长的维度。

【案例8－2】

某公司主要部门工作目标

表8－1　某公司主要部门工作目标

目标类型	销售部	采购部	生产部	财务部	人力资源部
财务类目标	销售额	采购成本减低率	呆滞料金额（生产原因）	利润	人工成本
	销售利润	呆滞料金额（采购原因）	物料损耗率	财务预算控制	人均产值
客户类目标	客户满意度	采购货款支付及时率	订单准时交付率	内部客户满意度	内部客户满意度
	订单准时交付率	采购计划达成率	—	—	—
流程类目标	客户拜访质量	供应商评价合格率	生产计划达成率	财务分析有效性	招聘计划达成率
	新渠道开发成功率	采购检验合格率	OQC检验合格率	财务核算合法	培训实施满意度
	赢单率	物料齐套率	生产直通率	—	员工满意度
学习与成长类目标	关键岗位适岗率	关键岗位适岗率	关键岗位适岗率	关键岗位适岗率	核心员工流失率
	关键岗位空缺率	关键岗位空缺率	关键岗位空缺率	关键岗位空缺率	关键岗位空缺率
	关键岗位适岗率	关键岗位适岗率	关键岗位适岗率	关键岗位适岗率	关键岗位适岗率

四、营造团队氛围

企业讲文化，团队讲氛围。一个企业必须要有自己独特的文化定位，而不同的团队也需要根据自身的工作特点定义自己的团队氛围。常见的团队氛围有：学习型、凝聚型、奉献型、竞争型、创新型、智慧型等。

表 8-2　不同团队氛围比较

团队氛围类型	团队氛围特征	适合团队
学习型	(1) 善于学习、终身学习 (2) 不断汲取新知识，掌握新技能 (3) 互动研讨，共同提升与进步的学习型组织	研发团队
凝聚型	(1) 团队具有强大的吸引力、向心力和亲合力 (2) 团队员工具有统一的核心理念和企业价值观 (3) 团队协作精神强、员工相互关爱、有难同当	所有团队
奉献型	(1) 爱岗敬业 (2) 具有强烈的企业责任心和使命感 (3) 勇于担当重任，凡事以全局为重，以企业的利益、荣誉为出发点，不计较个人得失	服务团队、后勤支持团队
竞争型	无论团队还是个人都有强烈的危机感和忧患意识，积极进取、勇于开拓、富有激情	营销团队、技术团队
创新型	(1) 创造性地继承和发扬企业传统 (2) 勇于打破陈规、敢于承担风险 (3) 应对新形势，不断更新新观念、新管理、新技术、新产品	研发团队、管理团队
智慧型	(1) 善于集合智慧、组织资源 (2) 尊重知识、重视人才 (3) 具有长远的战略目标、科学的战术策略	高层决策团队、研发团队、管理团队

五、以身作则，敢于担当

俗话说，上梁不正下梁歪。作为管理者如果不能以身作则、敢于担当，估计下属也会照葫芦画瓢。记得中央电视台曾经播放过这样一则公益广告：一位中年妇女辛勤地工作了一天，在睡觉前，端了一盆热水替年迈的母亲洗脚，这位慈祥的老母亲由于常年的劳累，腿部患了严重的关节炎，中年妇女对年迈的母亲说："妈，用热水洗洗脚，对您的腿有好处。"恰好这感人的一幕被这位中年妇女不到五岁的儿子看到了，看到此情景，小家伙儿若有所悟，转身跑向洗手间，也端了满满一盆水，对他母亲说："妈妈，洗脚！"

这就是以身作则的力量，小朋友尚且如此，何况作为成年人！如果下属看到领导每天迟来早走，说一套做一套，工作能拖就拖、能赖就赖，估计自己工作起来也好不到哪里去！

3 setps to be an excellent manager | **第二节**

管理者自我修炼“十段论”

任何人的成功都不可能一蹴而就，一名优秀管理者的成长也是如此。从一名“菜鸟”成长为管理的“行家里手”，必须经过不断的管理实践，只有在管理实践中总结才能逐渐成熟。我们把管理者的成长归纳为自我修炼“十段论”。

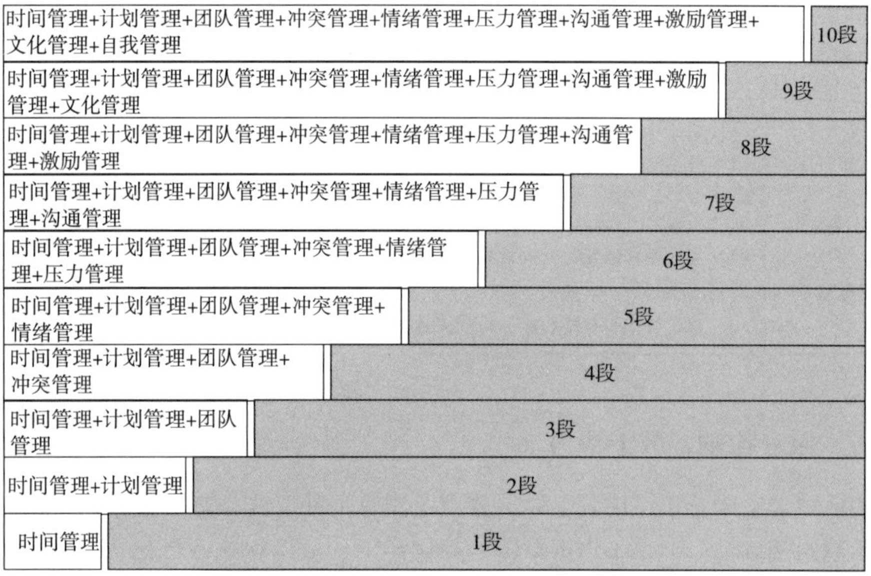

图 8－2　管理者自我修炼“十段论”

一、时间管理

对于一名管理者而言，时间管理是其成长的第一步。自己做业务的时候，时间可以完全自己安排，而成为一名管理者后，时间就不那么自由了，很可能会被临时的会议占用，也有可能被下属的工作汇报打断，还有可能被很多突发的事件抢占，总而言之，很多管理者的时间其实是很难把控的，而且越是高层的管理者越是如此。

【案例8-3】

孙董是我们在深圳服务的一家纺织企业的董事长兼总裁，在与孙董沟通的过程中，孙董告诉我们，他通常会在凌晨2—4点之间在OA上审批文件，因为只有在这个时候，他才觉得时间是自己的。这就是中国很多企业高管在时间管理方面的真实写照。

在时间管理方面，管理者必须坚持10项基本原则，同时学会运用时间管理矩阵。

时间管理的10项原则包括：明确目标、率先规划、设定优先级、在一段时间里专注做一件事情、达成关键成果、利用零碎时间、压缩时间、简化工作、充分授权、学会说“不”。

时间管理矩阵根据工作的重要性和紧急程度将其分为紧急-重要、紧急-不重要、不紧急-重要、不紧急-不重要四类，其中紧急-重要的事情优先做，紧急-不重要的事情授权做，不紧急-重要的事情稍后做，不紧急-不重要的事情安排下属做。

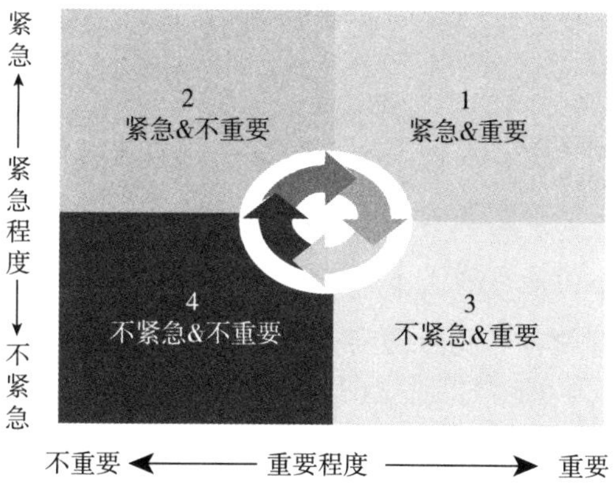

图8-3　时间管理矩阵

二、计划管理

凡事预则立，不预则废。国家需要制定“十三五规划”，企业也需要制定5年发展规划、3年发展规划、年度经营计划，部门开展工作同样需要编制年度、季度、月度工作计划。孔茨把计划置于5大管理职能之首。计划管理的重要性不言而喻。

管理者在编制计划时，一定要学会并运用SMART原则：

S（Specific）：具体。就是要用具体的语言清楚地说明要达成的行为标准。明确的目标几乎是所有成功团队的一致特点。很多团队不成功的重要原因就是目标定得模棱两可，或没有将目标有效传达给相关成员。

M（Measurable）：可衡量。就是指目标应该是明确的，而不是模糊的。应该有一组明确的数据，作为衡量是否达成目标的依据。

A（Attainable）：可以达到。计划是要可以让执行人实现、达到的，如果上司利用一些行政手段，利用权力性的影响力，一厢情愿地把自己制订的计划强压给下属，下属典型的反应会是一种心理和行为上的抗拒："我可以接受，但是否完成这个计划，有没有最终的把握，这个可不好说。"一旦有一天这个计划真完成不了的时候，下属有一百个理由可以推卸责任："你看我早就说了，这个计划肯定完成不了，但你坚持要压给我。"

R（Relevant）：相关性。是指实现此计划与其他计划的关联情况。如果实现了这个计划，但与其他的计划完全不相关，或者相关度很低，那这个计划即使被完成了，意义也不是很大。

T（Time - based）：有时间限制。是指计划的实现是有明确时间要求的。

三、团队管理

兵熊熊一个，将熊熊一窝；强将手下无弱兵；虎父无犬子……这都是在说管理者在团队管理中的作用，一个懦弱木讷的管理者是带不出来优秀团队的，就像没有敢打敢拼的李云龙也就不可能有战无不胜的独立团。

在团队管理方面，管理者可能会遇到不同类型的员工，只有因材施教、对症下药，才能让整个团队保持高昂的士气，充满激情和战斗力。管理者千万不能阿猫阿狗一个样，采用统一的方法去管理不同类型的员工。

表 8－3　不同类型下属及管理办法

员工类型	管理办法
功高盖主的员工	（1）只要看到他们在工作中做得好的地方，就一定不要吝啬你对他们的夸奖 （2）让他们享有功劳，甚至可以将功劳让给他们 （3）用更高的标准去激励他们
有个性的员工	（1）尊重员工的个性 （2）懂得去引导他们，让他们认同团队目标、做事风格和文化 （3）表示对他们的信任，做到恰当授权 （4）适才适岗

续表

员工类型	管理办法
脾气暴躁的员工	（1）表扬他们在工作中做得好的部分，建议他们将工作中不太满意的部分做得更好 （2）在他们发脾气的时候暂时回避，甚至采用故意低声的方式缓和局面 （3）理解他们的想法或情结，用委婉的语言提出试探性的问题，找到真正的原因 （4）鼓励他们自己来做决定
平庸的员工	（1）重视他们的意见 （2）加强感情上的交流 （3）为他们制订个人发展计划 （4）定期帮助他们总结
追求完美的员工	（1）兑现你的诺言，因为他们敏感而且容易受到伤害 （2）遵循规章制度办事情，不要突发奇想或者是有任何的越轨行为 （3）更细致，更精确，更理智 （4）从正反两个方面分析工作计划的优劣 （5）工作中充分表现出他们的务实精神
有后台的员工	（1）不要回避他的身份，从一开始就直接提出要求，给他压力和鼓励 （2）在表扬的时候，要注意分寸；在批评的时候，一定要做到公正 （3）用团队的凝聚力吸引他们，让他也融入团队，成为团队的一员 （4）出现难以解决的问题时，争取从他的靠山那里寻求突破
爱找茬的员工	（1）事先与他们商量，让他们有参与感，沟通时尽量用“咱们”或者“我们” （2）开诚布公地请他们发表反对意见，给他们一个倾诉的机会 （3）如果这种态度影响到其他员工，就要直接指出来，给他压力，但是不要做人身攻击，以免两败俱伤
光说不干的员工	（1）找适当的时间跟其沟通 （2）可安排难度较大的工作 （3）请他做团队的培训讲师
“小人”	（1）杀鸡给猴看 （2）分而治之 （3）以其人之道还治其人之身 （4）化敌为友

四、冲突管理

管理者在实施管理的过程中，不可避免地会遇到各种各样的冲突，人际处理会产生冲突、资源分配会产生冲突、权力分配会产生冲突、信息不畅会产生冲突、时间分配会产生冲突、管理决策会产生冲突、价值观不同也会产生冲突……总之，管理者每时每刻都身陷不同的冲突之中，所以说，学会处理冲突是管理者必备的技能之一。因为没有人会喜欢冲突，但有人的地方就有冲突。

更值得说明的是，冲突不全是坏事，它能暴露组织中存在的问题，促进问题的公开讨论，增强企业活力，刺激良性竞争。从某种意义上讲，冲突是企业创新的重要源泉。孔子曰：君子和而不同，小人同而不和；孟子云：无敌国者，国恒亡也。冲突只是发展、变化或创新带来的副产物。

表 8 –4　企业管理者常见的冲突分类

分类标准	冲突类型
冲突对组织的作用	建设性冲突、破坏性冲突
冲突呈现的基本形式	认知冲突、情感冲突、目标冲突、程序冲突
冲突表现的激烈程度	战斗性冲突、辩论式冲突、竞争型冲突
冲突的层次	员工内心冲突，员工间的冲突，群体间的冲突，个人、群体与组织间的冲突

既然冲突的产生不可避免，那么找到合理的冲突解决办法才是各级管理真正需要重点思考的问题，下面给大家简单介绍托马斯冲突解决模型（如图 8 –4）：

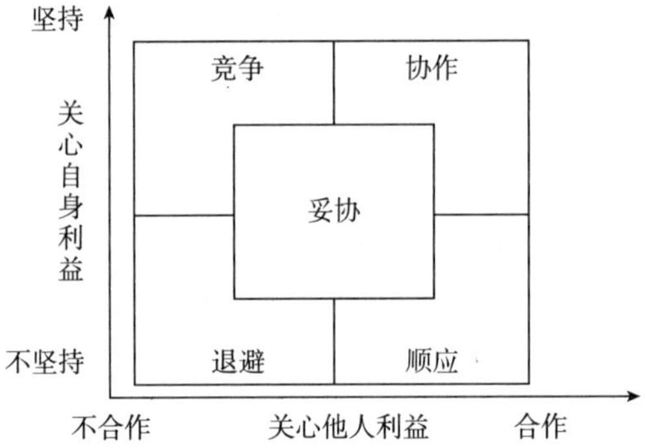

图 8 –4　托马斯冲突解决模型

托马斯将冲突的处理办法从“关心他人利益”和“关心自身利益”两个维度分为 5 种，不同的冲突处理策略适合不同的冲突情景：

表 8 –5　托马斯冲突解决策略及适用冲突情景

冲突解决策略	适用冲突情景
竞争	（1）当情况紧急，需要做出快速、决定性的行动时 （2）在需要采取非同寻常行动的问题上 （3）在公司利益攸关的问题上，并且你知道是正确的 （4）对手拥有非竞争性优势时
协作	（1）为共同的利益谋求一致的方案时 （2）需要集思广益、依赖他人时 （3）处于感情关系的考虑时 （4）需要向对方学习时

续表

冲突解决策略	适用冲突情景
妥协	（1）双方力量旗鼓相当时 （2）暂时化解冲突防止问题复杂化 （3）时间紧迫，采取权宜之计
退避	（1）有更重要的问题需要解决时 （2）别人能够更有效地解决问题时 （3）当问题不相干或总是出现时 （4）当冲突的解决弊大于利时
顺应	（1）发现自己错了时 （2）为建立社会声誉、减少损失时 （3）所要解决的问题对别人更重要时 （4）当和谐和稳定特别重要时

当然，冲突的处理方法还会有很多种，譬如：做大馅饼法、滚木法、交易法、减轻代价法、目标升级法、搭桥法、谈判法、调解法、权威法等。

如此多的方法，管理者需要根据不同的冲突类型和冲突的激励程度选择使用，但在使用的过程中，必须坚持冲突管理的 3 大核心职能：

（1）防止大规模破坏性冲突的发生；

（2）使已经发生冲突的潜在损失最小化；

（3）充分利用现有冲突可能带来的好处。

五、情绪管理

情绪是人对客观事物与自身需要的关系反映，是人对客观事物是否符合自身的需要产生的态度体验。月有阴晴圆缺，人有悲欢离合，人的情绪会随着所处的环境发生变化，作为一名管理者，学会控制自己的情绪至关重要，因为没有任何一个下属会愿意跟一个“无常”在一起工作和共事。

美国著名心理学家艾利斯认为，人的情绪不是由事件本身引起，而是由经历事件的人对事件的看法和评价引起的。看来要保持好情绪，并不在于事物本身，而在于看待事物的维度，正如一句广告词中所讲：“人生就像一场旅行，不必在乎目的地，要在乎的是沿途的风景，以及看风景的心情。”

人的情绪可以分为两种：一种是高涨的情绪状态，如感激、慷慨、友善、有创造力、富洞察力、充满激情、富有同情心、耐心、善解人意、有幽默感、感到满足感、具灵活性、充满兴趣、有好奇心等；另外一种是低落的情绪，如急躁、挫败感、厌倦、不满意、防御心理、冲突、责备、自以为是、有压力、筋疲力尽、愤怒、消沉、报复、有敌意、过多的私欲等。

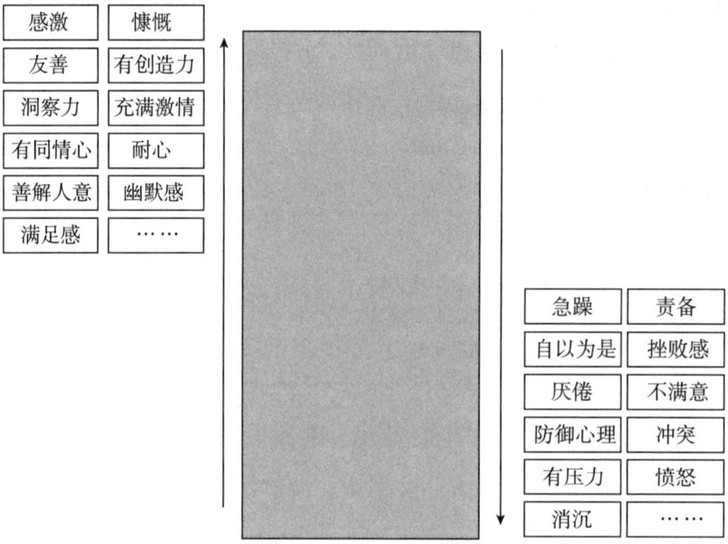

图 8－5　情绪电梯

作为一名优秀的管理者，要学会管理自己的情绪，千万不能阴晴圆缺全部写在脸上，不但自己不开心，员工看了也怕！正如图 8－5 所示，管理者一定要学会用积极的情绪提升“情绪电梯”，而不是用消极的情绪使“情绪电梯”下降。

六、压力管理

和情绪管理一样，管理者还要学会承受并分解各种各样的压力。压力是指在外界刺激下引起伴有躯体机能和生理改变的身心状态。面对压力，不同的管理者会有不同的反应：有些人会显得很烦躁，训斥下属；有些人即使压力再大，也不会写在脸上，而是通过合理的方式将压力进行分解和传递。

很多人会认为，人是趋利避害的动物，会逃避痛苦、选择快乐，换句话而言，不会有人主动选择压力的。其实不然，适度的压力不仅可以帮助员工快速成长，也可以让一个人迸发出超乎寻常的战斗力和自信心。

压力可以分为积极压力和消极压力：积极压力是指会产生正面、积极与顺遂结果的压力，如新任职、承接新的工作任务、担当新的工作职责；消极压力是指会产生负面、消极结果的压力，如失业、生病、工作中犯错。

同时，压力还有过度压力和轻度压力之别：过度压力是指超过个体容忍限度、令其无法应付而造成严重后果的压力；轻度压力是指个体能够容忍、可以应付而且不会产生太多负面反应的压力。

作为一名管理者，一方面要学会将自己的压力进行管理，同时也要管理下属的压力，给予下属适当的积极压力和轻度压力，这样可以帮助员工产生工作的动力，增强其自信心，同时也可以让团队更有凝聚力。

七、沟通管理

既然管理者是通过他人实现工作结果的人，那么管理者的沟通能力就显得非常重要。因为沟通是管理者进行任何决策和计划的基础，也是组织和控制过程中必不可少的手段，更是建立和改善人际关系必不可少的条件。

在日常工作和生活中，大家往往会陷入一个误区，很多人会认为那些夸夸其谈或者喋喋不休的人沟通能力会比较强，其实不然，因为沟通一定是双向的，如果只是一个人在说，而其他人没有呼应和反馈，这样的沟通效果会很差。

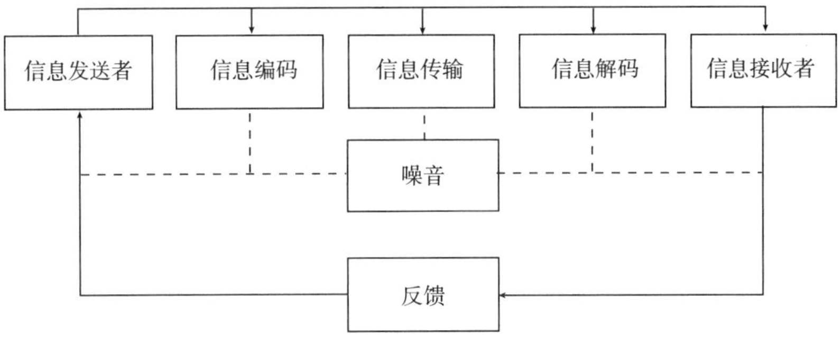

图 8－6　沟通模型

通过图 8－6 我们可以看到，双方沟通的过程中，当信息发出者发出信息的时候，他必须对信息进行编码（可能是书面的，也可能是口头的），信息通过一定的渠道传递到接收者那里的时候，接收者必须对收到的信息进行解码，并根据自己的理解进行相应的反馈。值得注意的是，信息在编码、传递和解码的过程中都会受到“噪音”的干扰而发生变异，我们称之为“信息失真”。

【案例8-4】

下面我们通过一组具体的案例来分析信息失真的过程

表8-6 信息传递失真案例分析

上司的原话	上司的真实意图	下属的理解
小马，那个报告写好后，请给我，我需要它	那个报告对我很重要，请在写完的第一时间拿给我	停下手上的所有工作，现在就去写那份报告
小张，继续努力，我想你会成功的	虽然这次没做好，但我信任你，同时也相信你能做得更好	如果下次你再做不好，我就会开除你
小张，我真的期望你在工作上能够再投入一些	你在工作上的投入远远不够，我期望你能够花更多的时间和精力将工作做好	其实你现在做的还是不错的，只不过我期望你能够再认真一点

作为管理者，在与员工进行沟通的过程中，千万要注意最大化地减少信息失真，而要做到这一点，选择合适的沟通方式就显得很重要。沟通的分类有很多种方法：根据组织系统划分沟通可以分为正式沟通和非正式沟通；根据沟通信息的流向可以分为上行沟通、下行沟通、横向沟通、斜向沟通；根据沟通的媒介形式可以分为口头沟通、书面沟通、非语言沟通、电子媒介沟通；根据功能可以分为工具式沟通和感情式沟通等。图8-6为我们描述了常见的5种沟通方式：

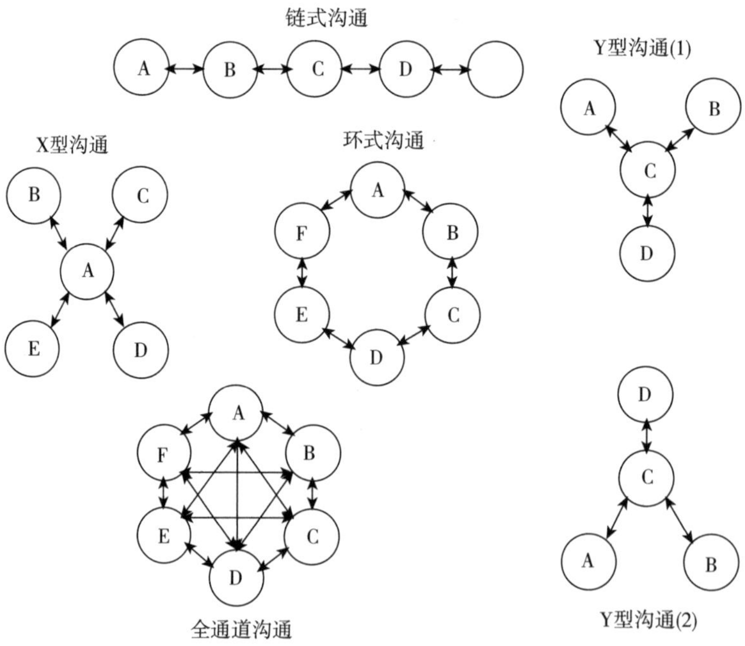

图8-7 常见沟通模式

表 8-7　常见沟通模式比较

常见沟通模式	优点	缺点
链式沟通	结构严谨、规范	信息传递慢，容易失真
X 型沟通	信息传递速度快，中心角色 A 控制力强，具有权威性	成员满意度和士气低
Y 型沟通	中心角色 C 控制力强，具有权威性	信息传递慢，容易失真，团队士气不高
环式沟通	成员士气较高	信息传递慢，信息准确性较低
全通道式沟通	合作氛围浓厚，有利于集思广益，信息准确性较高	缺乏结构性，容易混乱，浪费时间，影响工作效率

八、激励管理

要想下属能够富有激情地工作，作为管理者学会并熟练应用员工激励手段和方法是非常重要的，也许一句鼓励的话或者一封致谢的电子邮件就会让员工士气倍增、信心十足，并不一定需要采用挑战性的工作、丰厚的物质奖励等高姿态的做法。关于员工激励，重要的是管理者要关注员工的真正需求，灵活运用相关的激励方法，从而达到激励的预期效果，提升员工满意度。

1. 培训激励

促进员工成长。员工培训主要是指企业对员工进行职业生涯开发的管理指导和对员工发展所做的系列培训和教育。他们与员工激励的关系主要体现在企业对员工的关心和员工经由组织帮助实现个人最高层次的需要两个方面。如：组织对员工的职业生涯进行管理，为员工创造知识技能提升条件，使他们有机会获得一个有成就感和自我实现感的职业。

每个人对自己的一生都有良好的理想设计，这些理想有的可以实现，有的由于各种因素的限制不会实现。如果组织能够为员工个人发展进行规划，员工就会产生强烈的追求感和上进心。

目前，许多公司把培训与员工的职业发展有效地结合了起来，科学有效的职业生涯管理是使企业和员工在培训上获得“双赢”的“金钥匙”。

职业生涯规划是企业人力资源管理中的一个重要内容，指企业帮助员工确定个人在本企业的职业发展目标（职位的变动及工作理想的实现），并提供员工在工作中增长职业素质的培训机会，从而使企业发展目标与员工个人发展目标联系起来和协调一致，建立企业与员工间的双赢关系，进而结成紧密的利益共同体。

2. 目标激励

让员工对工作更加专注。所谓目标激励就是设置适当的目标以激发员工的动机、调动员工的积极性。员工对目标看得越重，目标实现的概率也就越大。

个人生活和工作的重要动力就是为实现一定的目标而奋斗。任何一个人都有期望达成的目标，当有明确的努力方向时，员工就能够把自己的行动与目标不断加以对照，清楚地知道自己行进的速度和逼近目标的进度，其行为动机就会得到维持和加强，从而自觉地克服一切困难，努力达到目标。

为发挥目标的激励作用，应注意以下几点：

(1) 个人目标与组织目标一致。组织的目标与个人的目标可能是平衡一致的，也可能会发生偏向。如果出现偏向，就不利于调动个人的积极性，不利于组织目标的实现；只有使这种偏向趋于平衡，即组织目标向量与个人目标向量间的夹角最小，才能使个人的行为朝向组织的目标，在个人间产生较强的心理内聚力，使其为完成组织目标而共同奋斗。

(2) 目标的难度拟定上要适当，要做到树上的果子悬到“跳一跳够得着”的程度，宜于激发进取性。过高了力不能及，过低了不需努力、轻易得到，都不能收到良好的激励效果。

(3) 目标的内容要具体明确，能够有定量要求的目标更好，切忌笼统抽象。当然在目标层次体系中，越是上层的目标越抽象，越是下层的目标越具体。

(4) 目标的时间上，既要有近期目标，又要有无期目标。只有长期目标，易使人产生渺茫感；只有近期目标，则使人目光短浅，其激励作用也会减少或不能维持长久。

让激励目标发挥“指挥棒”的作用是我们真正的目的所在。那么如何建立有效的激励目标呢？我们来用一个模型来说明这个问题。

3. 授权激励系统

给员工发挥才智的更大空间。有人说：如果没有高昂的士气，工作就是苦役，而监督就近乎奴役。所以给员工创造一个发挥个人才智的空间非常重要。当员工在一定范围内拥有自主权后，就会充分利用所掌握的信息在第一时间内把工作做好，积极提高工作效率，同时对企业的认同感和归属感也会提高。

企业管理中要形成“激励—努力—绩效提高—满意—再激励”的良性循环模式。在工作中，其实每个人都想实现自我价值，因此上司的授权激励就是对下属的信任。它所带来的直接结果就是员工士气高昂、绩效快速提升，能更好地帮助企业实现战略目标，此时，管理者就有可能对其授予更多的自主决策权。

所以，企业管理者应学会有效授权，信任下属并鼓励他们独立工作，而不是紧盯式地监督他们。但另一方面，管理者必须不断从其下属那里得到反馈，这是保证授权成功的关键所在。仅有授权而不实施控制会招致许多麻烦，最可能出现的结果是下属滥用他获得的权限。

【案例 8－5】

在沃尔玛，公司将企业所有信息，包括采购、运输、销售等数据公开，让每位部门经理充分了解自己的业务信息。同时，公司将权力下放到各部门经理，由他们负责商店全套的事务，并将其个人收入与未来的提升与工作业绩挂钩。这样，沃尔玛不仅给经理委派任务、落实职责，而且允许其行动自由并享有决策资格，使其有权根据销售情况订购商品并决定商品的促销法则。

另外，员工可以有不同的思想观念和生活方式，也可各抒己见、畅所欲言，但一旦公司或门店做出决策，就必须维护决策的权威，所有人必须服从。

【案例 8－6】

海底捞的授权管理

近些年有一本名为《海底捞你学不会》的管理图书盛极一时，大家通过这本书真正了解了一家普通火锅店的经营模式。

海底捞的总裁张勇说过，海底捞成功的秘诀就是：把人当“人”看。多么朴实的一句话，却道出了海底捞成功的秘诀。

海底捞的速度不算快，从 1994 年创办，到现在二十余年，才百余家连锁店，员工 2 万人，营业额 30 亿。

海底捞所选择的产业一点都不酷，就是火锅，它既不是资源垄断行业，也不是高科技行业，只要是中国人，自己在家都会涮。

海底捞的商业模式并不独特，就是一锅一锅地卖、一店一店地开。

海底捞的创始人张勇也不是什么名牌大学的高才生，也不是什么镀过金、留过洋的海归，是个出身底层的“川娃子”。

就这样一个人，就凭着把人当“人”看这种简单朴实的经营理念，把火锅店开到全国，成为全中国企业界研究和学习的典范，我想这值得我们思考。

海底捞的成功，还有一个重要的原因，那就是张勇深谙授权的重要性，因为火锅店不能像工厂一样批量生产，每家店就是一个独立的经营单元，如果没有完善的授权体系而全靠老板一个人去管，估计张勇再有能耐，也不可能管百余家店。

关于授权，海底捞的老板张勇对下属的授权可谓是“大胆”的。在海底捞，副总、财务总监和大区经理有100万元以下开支的签字权，大宗采购部长、工程部长和小区经理有30万元的审批权，店长则有3万元以下的签字权。而海底捞的一线员工也同样有着比同行大得多的权力，那就是免单权，只要他们认为有必要，就可以给顾客免费送一些菜，甚至有权免掉一餐的费用。要知道，这样的权力在其他餐厅，起码要经理才会拥有。

对此，张勇是这样解释的：“如果亲姐妹代你去买菜，你还会派人跟着监督吗？当然不会。”其实，顾客从进店到离店始终是和服务员打交道，如果顾客对服务不满意，一线员工是最清楚原因的。因此把解决问题的权力交给一线员工，才能最大限度地、最快速地消除顾客的不满。

4. 工作激励

给员工提供施展才华的舞台。有数据表明，一个公司中的工作可能有40%是“毫无价值”的，这些工作没有与职能或公司的战略目标有效结合。并且员工的工作对自己而言通常是无组织的、无条理的，他们的任务繁重、责任心不强、权力有限、工作效率不高，这些因素都会一步步地使大多数公司失去潜力。

所以，如何利用工作设计促使员工积极努力、发挥自己的最大能量，并以此激励员工，这对企业或员工都具有重要的意义。

利用工作来激励员工就是让员工明白工作本身的意义，选择适合自身情况的岗位工作。随着环境的变化以及员工自身的成长与发展，原来的工作或许已不适合了，同时企业大多数的工作岗位都是为提高效率而设的，但工作内容的专业面窄、易学、重复性强导致了很多工作单调乏味。如果让员工继续留在这样的岗位上就很难最大限度地发挥其能力和特长，从而会降低组织效率。

5. 参与激励

提升员工的认同感和归属感。参与管理是确保企业管理有效性的必要条件。在不同程度上让员工参加企业和相关决策过程和各级管理工作，让员工与企业管理的高层管理者处于平等的地位研究和讨论企业中的问题，他们可以感受到上级主管的信任，感受到自己的利益与企业的发展有密切的关系，从而产生一种责任感。另外，也为员工提供了一个获得别人重视的机会，员工因为能够参与商讨与自身有关的问题而受到激励，同时也为组织目标的实现提供了保证。

许多企业的管理者都已经意识到了让员工参与企业管理的必要性。事实证明推行这种“群策群力”的管理办法会让管理变得更容易，当然，需要拟订一系列的“参与管理”办法，以发挥“智囊团”的作用。

【案例8－7】

有一家公司根据企业管理的需要成立了一个由中高层管理人员组成的规范化小组来推动企业的制度化建设，同时从外部聘请了两名专业人员辅助该小组的工作。几个月下来，公司的制度化建设逐步健全，然而却并没有带来预期的效果，员工的流动率很高，正式或非正式的罢工事件也时有发生，严重影响产品质量，致使产品的退货率高达7.8%以上，企业一度陷入管理困境。

为什么会出现这种情况呢？其实，该公司的管理制度体系是在权威式的管理思想下形成的，员工没有提出意见的机会，即使有时提出了意见，也得不到管理者的重视。正是这种缺少参与的管理机制直接造成了员工背离企业的行为，同时也验证了“兼听则明”这句话。

6. 福利激励

解除员工的后顾之忧。随着员工需求的多元化，员工福利与工资的比例不断提高，有些公司这个比例几乎接近，同时员工福利项目的弹性越来越强，向“自助式”方向发展。这说明员工福利体系在企业管理中的作用越来越重要，是解决企业管理问题的有效“良药”。

决定企业获得可持续发展的因素在于内部有一支致力于企业长远发展的核心员工团队，这就要求企业必须建立完善的福利系统，尽可能满足和保证员工生活上的需要，解除员工的后顾之忧，让员工心情愉快地投入工作中去，从而使企业获得不竭的动力源泉。

员工福利体系激励作用主要表现在：

（1）可以满足员工生活上的需要，解除员工的后顾之忧，从而调动员工的积极性，提高其工作效率。

（2）完善的福利体系可以营造出积极向上的竞争氛围，激励员工的进取心和吸引更多更好的人才加盟，从而激活组织的创造性和动态性。

（3）全体员工都享有充分的福利，可以减少由于薪资不同而造成的差别感，从而减少员工之间的利益摩擦，增进员工之间的集体感和团队意识。

一般来说员工的福利项目分为两类：一类是强制性福利，企业必须按政府规定的标准执行，比如养老保险、失业保险、生育保险、医疗保险、工伤保险、住房公积金等；另外一类是企业自行设计的补充福利项目，常见的有人身意外保险、家庭财产保险、旅游、餐补、住房、过年过节费、购房支持计划、带薪假期、培训费、补充养老计划或企业年金等项目。

员工在不同的年龄阶段，出身于不同的家庭背景，对福利项目的需求是不同的：年轻的员工可能面临着购房和竞争压力，自然希望公司提供住房资助，也会考虑选择那些对提升工作竞争力有帮助的福利，比如，放弃旅游和休假，转向选择培训或进修，让福利成为提升竞争力的润滑剂；而中年员工则偏重于医疗和养老方面的需求。如果企业统一给定，而员工无选择的权力，员工并不一定满意，激励效果也未必好。所以，要想让福利项目起到较好的激励效果，首先要对员工的需求情况进行分析，再设计出有针对性的福利计划。

7. 情感激励

让员工感到被关心、尊重与理解。当在员工团队中情感有了多数的一致性即有了共同的心理体验和表达方式时，员工之间的感情追求便成为共同的需要，人际依恋性就会越来越强，集体的理解力、凝聚力、向心力就成为一种不可抗拒的精神力量，维护集体的责任感甚至使命感就根植于员工的意识之中了。所以，作为一名领导，要时刻关心和体贴员工，让员工能够感受到你的尊重与理解。

【案例8－8】

某一大型公司的一个清洁工，原本是最被人忽视的角色，但就是这样一个人，在公司保险箱被窃时，与小偷进行了殊死搏斗，一时在公司内部广为流传。事后，当有人为他请功并问他动机时，他的回答令所有人陷入了深思。他说，每次公司总经理从他身边经过时，总会赞美他“你扫的地真干净！”就是这么一句简简单单的话，使清洁工受到很大的感动，并能够“以身相许”。

其实管理有时就是这么“简单”，这位清洁工并没有受到重大的奖励，日常简单的沟通就建立起了双方之间的情感。当情感与理智一致时，情感就成为理智行为的推动力。

当然，这种情感激励并不是超越原则和制度的，否则就变成了一种私人关系。因此在管理中要做到“无情制度、有情管理”，只有这样，激励的作用才会更加明显。

九、文化管理

德鲁克说过：真正卓越的企业，往往是波澜不惊、枯燥和乏味的。企业更需

要沉静的领导，而不是供人膜拜的偶像。费尽心思调动员工积极性，要求员工保持饱满的激情，恰恰是企业经营缺乏底气的表现；只有建立理性的文化和氛围，大胆地剖析企业的长处短处于员工，充分发挥员工主观能动性的企业，才有可能不断成功，走向卓越。

有人说，五年的企业靠领导，十年的企业靠管理，百年的企业靠文化。确实是这样，管理者一定要学会用文化凝聚人心，用文化激励下属，用文化保持团队的稳定性和战斗激情。大家都知道，一名优秀的管理者首先是一个“造梦人”，为员工描绘工作的蓝图和发展的愿景；同时，他还是一名优秀的传教士，传递积极、健康、符合企业主流文化的思想理念；另外，他还必须是一名企业文化的践行者，一言一行、一举一动都在诠释企业文化的核心和内涵。

十、自我管理

所谓自我管理，就是指个体对自我本身，对自我的目标、思想、心理和行为等表现进行的管理，体现为自己把自己组织起来，自己管理自己，自己约束自己，自己激励自己，最终实现自我奋斗目标的一个过程。自我管理是一名管理者追求的最高境界，自我管理要求管理者必须忘我地投入，坚守目标，克制欲望，为组织目标的实现全力以赴。

德鲁克曾经说过，管理者必须有效。如何才能做到？我们认为只有实现自我管理的管理者才能真正做到。

其实大家不妨回顾一下，我们在前面所讲的时间管理、计划管理、压力管理、情绪管理、冲突管理、沟通管理、自我激励大都属于管理者自我管理的范畴，只有那些能够很好地进行自我管理的人，才有可能真正成为优秀的管理者。

3 setps to be an excellent manager

第三节 管理者必会的50个管理工具

在管理循环中，我们曾经提到，管理者就是利用各种各样的管理工具进行不断的管理实践，以指导他人解决问题。可见，了解和掌握一些基本的管理工具对于管理者的成长和发展至关重要。下面按照管理“三叶草”的不同纬度为大家介绍一些常用的管理工具。

（1）战略管理类工具。外部环境评价矩阵（EFE）、内部因素评价矩阵（IFE）、行业关键成功因素分析（KSF）、PEST 分析、波特五力量分析、利益相关者分析、组织生命周期理论、产品生命周期理论、SWOT 分析、战略地位和行动评估矩阵、波士顿矩阵、通用矩阵、V 矩阵、产品 – 市场演变矩阵、产品 – 市场多元化矩阵、7S 模型、战略钟、决策树、核心竞争力分析模型、企业发展阶段模型。

（2）组织管理类工具。价值链模型、流程优化、流程再造、EVA、组织文化细分、部门职能分解矩阵、路径目标模型、卡内基模型、费德勒模型、平衡计分卡（BSC）。

（3）人力资源管理类工具。招聘计分卡、结构化面试、360°评价法、工作测量法、测时法、因素计点法、头脑风暴法、情景管理理论、行为事件访谈法（BEI）、KPI、KCI、QQTC 模型、岗位价值评估、SMART、管理方格图、因果分析法、PDCA、时间管理矩阵、冰山素质模型、5W2H。

3 setps to be an excellent manager | **第四节**

管理者必读的 50 本经典著作

“学管理—用管理—会管理”是一名优秀管理者成长的三部曲，限于篇幅，本书不可能将管理者需要学习的管理著作一一详细介绍，下面根据管理循环简要地向大家推荐 50 本经典著作，期望能对大家学习管理知识、运用管理工具、提升自己的管理能力有所帮助。

（1）管理思想类。《国学大师说诸子百家》（作者：章太炎）、《管理思想史》（作者：方振邦等）、《西方管理思想史》（作者：郭咸纲）、《宗教的本质》（作者：费尔巴哈）、《伊斯兰教史》（作者：金宜久）、《基督教史》（作者：王秀美等）、《佛教史》（作者：杜继文）、《柏拉图全集》（作者：柏拉图）、《理想国》（作者：柏拉图）、《战争史》（作者：普洛科皮乌斯）。

（2）管理理论类。《科学管理原理》（作者：泰罗）、《工业管理与一般管理》（作者：法约尔）、《社会组织与经济组织》（作者：韦伯）、《经理人员的职能》（作者：巴纳德）、《动机和人格》（作者：马斯洛）、《工作的激励因素》（作者：赫茨伯格)、《管理的哲学》(作者：麦格雷戈)、《公司的概念》(作者：德鲁克)、《创新与企业家精神》(作者：德鲁克)、《组织与管理》(作者：巴纳德)、《管理决策的新科学》(作者：西蒙)、《竞争优势》(作者：迈克尔·波特)、《竞争战略》(作者：迈克尔·波特)。

(3) 管理工具类。《平衡计分卡：化战略为行动》(作者：卡普兰、诺顿)、《高管路径："轮岗培养"领导人才》(作者：拉姆·查兰)、《聘谁：用A级招聘法找到最合适的人》(作者：斯玛特、斯特里特)、《麦肯锡方法》(作者：艾森·拉塞尔)、《时间管理：如何充分利用你的24小时》(作者：吉姆·兰德尔)。

(4) 管理实践类。《管理实践》(作者：德鲁克)、《卓有成效管理者的实践》(作者：德鲁克)、《管理：任务、责任、实践》(作者：德鲁克)、《组织协同：运用平衡计分卡创造企业合力》(作者：卡普兰、诺顿)、《战略地图：化无形资产为有形成果》(作者：卡普兰、诺顿)、《战略中心型组织》(作者：卡普兰、诺顿)、《执行：如何完成任务的学问》(作者：拉里·博西迪、拉姆·查兰、查尔斯·伯克)、《基业长青》(作者：吉姆·柯林斯)、《从优秀到卓越》(作者：吉姆·柯林斯)、《金字塔原理》(作者：芭芭拉·明托)、《长尾理论》(作者：克里斯·安德森)、《麦肯锡意识》(作者：艾森·拉塞尔、保罗·弗里嘉)、《系统思考》(作者：丹尼斯·舍伍德)、《九型人格与领导力》(作者：金杰·拉皮德·伯格达)、《简单管理：穿越复杂正确做事的管理指南》(作者：杰克·特劳特、史蒂夫·里夫金)。

(5) 管理艺术类。《谁说大象不能跳舞》(作者：郭士纳)、《杰克·韦尔奇自传》(作者：杰克·韦尔奇、约翰·拜恩)、《我在通用汽车的岁月》(作者：小艾尔弗雷德·斯隆)、《一路向前》(作者：霍华德·舒尔茨、乔安·戈登)、《高效能人士的七个习惯》(作者：史蒂芬·柯维)、《第五项修炼：学习型组织的艺术与实践》(作者：彼得·圣洁)、《活着就为了改变世界：史蒂夫·乔布斯传》(作者：杰弗里·杨、威廉·西蒙)。

第九章

管理循环：由浅步入深

管理是一种思想，是一门科学，需要遵循原则；管理又是一种方法，需要技巧；管理更是一门艺术，需要做到随时、随地、随人、随事。究竟什么是管理？企业究竟应该如何建立自己的管理体系？管理者又该如何实施管理，以达到组织目标？关于这些话题，自从有了人类文明，就开始在探索，但时至今日，能够把管理说得清楚、讲得明白的人恐怕也不多。

在本书的序言中，我们已经提到，要想成为一个优秀的管理者，除了掌握管理知识还不够，还需要学会熟练使用管理方法和工具，这就是本书提出的管理循环，如图 9 –1：

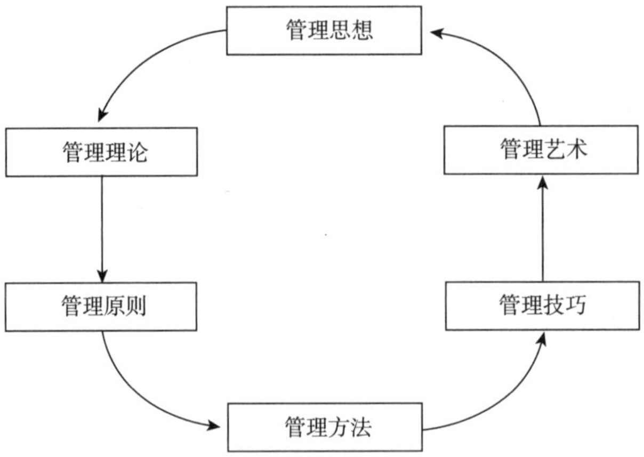

图 9 –1　管理循环示意图

通过图 9 –1 我们可以看得出来，管理思想是实施管理的指引；管理理论是基础，是开展管理实践活动的源泉；管理原则是开展管理实践活动的基准；管理方法、管理技巧则要求管理者恰如其分地利用管理工具解决问题；而管理艺术则是管理的最高境界，犹如武林高手过招，无须见招拆招，而是随心所欲、顺势而为。

3 setps to be an excellent manager

第一节 管理思想

无论是谁实施管理，或者对谁实施管理，都不可避免地会涉及关于人性的假设、道德观、伦理观、利益观、财富观、世界观、人生观等价值观层面的问题，而要想清楚这些问题，必须从思想的层面进行深刻理解和领悟。

在人类发展史上，曾经诞生了无数伟大的思想家和思想体系，中国的儒家、道家、墨家、法家、兵家、纵横家、杂家等诸子百家为我们提供了丰富的精神食粮和管理智慧；古希腊的苏格拉底、柏拉图、亚里士多德等伟大思想家也都是我们的思想导师，学习和理解他们的思想，对于我们认知伦理思想、治国思想、人性等有极大的帮助；古印度的释迦牟尼、以色列犹太教的先知们也都是人类文明的先哲，他们对“何为人、何为人性的本质、何为善恶、何为幸福、何为永恒”等一系列问题的真知灼见，成为后世宝贵的精神财富，也成为当今企业管理活动中必不可少的思想来源；同时，古代君主的治国思想，也会帮助我们看清如何才能保证一家企业从优秀到卓越，再到基业长青。上面提到的这些思想，对于今天的管理者而言，学习并深刻领悟其中的真谛和精髓非常重要！

一、诸子百家核心思想浅析

古人云：以铜为鉴，可以正衣冠；以人为鉴，可以正言行；以史为鉴，可以振国兴邦！在上下五千年的华夏文明长河中，曾经诞生了无数伟大的思想家和思想体系。从先秦到春秋，从战国到楚汉，诞生了孔子、孟子、墨子、荀子、老子、庄子、列子、韩非子、商鞅、申不害、许行、告子、杨子、公孙龙、惠子、孙武、孙膑、张仪、苏秦、田骈、慎子、尹文、邹衍、晏子、吕不韦、管子、鬼谷子等许许多多的思想家，史称诸子百家。

诸子百家的思想给我们留下了深刻的启示。如儒家的“仁政”、“己所不欲勿施于人”的“恕道”，道家的辩证法，墨家的科学思想，法家的唯物思想，兵家的军事思想，等等，在今天依然闪烁着耀眼的光芒。

我们可以也应该学会并借鉴儒家的刚健有为精神，来激励自己发愤图强；借鉴儒家的公忠体国精神，来培育自己的爱国情怀；借鉴儒家的“以义制利”精神，来启示自己树立正确的财富观；借鉴儒家的仁爱精神，来培育自己热爱人民的高尚情操；借鉴儒家的气节观念，来培育自己自尊、自强的独立人格；也应该借鉴墨家的“兼爱”、“尚贤”、“节用”；还应该借鉴道家的“少私寡欲”、“道法自然”。

1. 道家核心思想浅析

道家以先秦老子、庄子关于“道”的学说为中心，是中国春秋时期最重要的思想学派之一。道家思想的核心是“道”，认为“道”是宇宙的本源，也是统治宇宙中一切运动的法则。老子认为，“有物混成，先天地生。寂兮寥兮，独立不改，周行而不殆，可以为天下母。吾不知其名，强字之曰道，强为之名曰大。大曰逝，逝曰远，远曰反。故道大，天大，地大，人亦大。域中有四大，而人居其一焉。人法地，地法天，天法道，道法自然。”（见《道德经》第二十五章）

道家代表人物：老子、庄子、列子。

道家代表著作：《道德经》、《庄子》、《列子》。

道家核心价值主张：

（1）道家主张“道法自然”，即任何事物都必须遵循客观规律，一切要顺应自然才能取得良好的效果。

（2）老子主张“无为”，“无为”是“道”之常，是“道”作为宇宙最高法则的基本规定。因此，老子说，“为学日益，为道日损，损之又损，以至于无为，无为而无不为。取天下常以无事，及其有事，不足以取天下。”（见《道德经》第四十八章）

（3）老子认为，任何事物都有正反两个方面，事物正是在矛盾中不断向前发展的。“天下皆知美之为美，斯恶矣。皆知善之为善，斯不善矣。故有无相生，难易相成，长短相较，高下相倾，音声相和，前后相随。是以圣人处无为之事，行不言之教；万物作焉而不辞，生而不有，为而不恃，功成而弗居。夫唯弗居，是以不去。”（见《道德经》第二章）

（4）老子还提出，要想达到某种目的和结果，首先要从它的对立面做起。“图难于其易，为大于其细；天下难事必作于易，天下大事必作于细。是以圣人终不为大，故能成其大。”（见《道德经》第六十三章）

2. 儒家核心思想浅析

儒家是战国时期重要的学派之一，它以春秋时孔子为师，以六艺为法，崇尚

"礼乐"和"仁义"，提倡"忠恕"和不偏不倚的"中庸"之道，主张"德治"和"仁政"，重视道德伦理教育和人的自身修养。

儒家代表人物：孔子、孟子、荀子。

儒家代表著作：《论语》、《孟子》、《荀子》。

儒家核心价值主张：

（1）主张"仁"、"义"、"礼"、"智"、"信"。

（2）伦理观："仁"是伦理道德的总纲。"仁"就是"爱人"，君主要体察民情、爱惜民力，反对苛政。若要实践仁德，需要"忠"和"恕"。"忠"是尽自己的本分，"恕"是推己及人。提倡以"礼"、"乐"，约束人的行为，陶冶人的情操。

（3）政治观：主张以礼义治国，恢复西周时期的德治；而社会各阶层人士应尽本分，以达至"君君、臣臣、父父、子子"（见《论语·颜渊》）的和谐局面。

（4）教育观：孔子提出"有教无类"的教育主张，认为教育不应分贵贱贤愚。他认为"因材施教"是理想的教学方法，他又提倡"温故知新"及"举一反三"等学习方法。

（5）宇宙观：对鬼神之说抱着"存而不论"的态度，主张"敬鬼神而远之"，但十分重视祭祀祖先。

（6）对人性的假设：孟子主张人性本善，他说，人之所以区别于禽兽，是因为人天生就有良知，有仁爱之心，有道德本性。因为"由是观之，无恻隐之心，非人也；无羞恶之心，非人也；无辞让之心，非人也；无是非之心，非人也。恻隐之心，仁之端也；羞恶之心，义之端也；辞让之心，礼之端也；是非之心，智之端也。人之有是四端也，犹其有四体也。有是四端而自谓不能者，自贼者也；谓其君不能者，贼其君者也。凡有四端于我者，知皆扩而充之矣。若火之始然，泉之始达。苟能充之，足以保四海；苟不充之，不足以事父母。"（见《孟子·公孙丑上》）

而与孟子恰恰相反，荀子主张人性本恶，他认为人性"生而有好利焉"，"生而有疾恶焉"，"生而有耳目之欲，有好色焉"，"从人之性，顺人之情，必出于争夺，合于犯纷乱理而归于暴"（见《荀子·性恶》），所以说人性是"恶"，而不是"善"。

荀子认为，凡是没有经过教养的人都是不会为善的。对于人性中"善"的形成，荀子提出"人之性恶，其善者伪也"的命题。荀子的人性论虽然与孟子的刚好相反，可是他也同意，人人都能成为圣人。荀子以为，就人的先天本性而言，"凡人之性者，尧、舜之与桀、跖，其性一也，君子之与小人，其性一也"（见《荀子·性恶》)，都是天生性恶，后天贤愚的差别是由于“注错习俗之所积耳”。后天的环境和经验对人性的改造起决定性的作用。通过人的主观努力，“起礼义，制法度”，转化人的“恶性”，则“涂之人可以为禹”。

3. 墨家核心思想浅析

中国古代主要哲学派别之一，约产生于战国时期。创始人为墨翟。墨者多来自社会下层，以“兴天下之利，除天下之害”为教育目的，“孔席不暖，墨突不黔”，尤重艰苦实践，“短褐之衣，藜藿之羹，朝得之，则夕弗得”，“摩顶放踵，利天下，为之。”(见《孟子·尽心上》)“以裘褐为衣，以跂蹻为服，日夜不休，以自苦为极”，生活清苦。

墨家代表人物：墨子。

墨家代表著作：《墨子》。

墨家核心价值主张：

(1) 墨子的核心思想，可以归结为：兼爱、非攻、尚贤、尚同、天志、明鬼、非命、非乐、节用、节葬。

(2) 墨家以兼爱为核心，提倡“兼以易别”，反对儒家所强调的社会等级观念。它提出“兼相爱，交相利”。(见《墨子·经说下》)

(3) 墨家主张尚贤、尚同，墨子认为应该不分贵贱地推荐、选拔、使用德才兼备的人，同时“是故选天下之贤可者，立以为天子。天子立，以其力为未足，又选择天下之贤可者，置立之以为三公。天子三公既已立，以天下为博大，远国异土之民，是非利害之辩，不可一二而明知。故画分万国，立诸侯国君，诸侯国君既已立，以其力为未足，又选择其国之贤可者，置立之以为正长。”(见《墨子·尚同上》)

(4) 墨家提倡节用、节葬，墨子认为，厚葬“此为辍民之事，靡民之财，不可胜计也，其为毋用若此矣”(见《墨子·节葬》)。同时他还认为：“今唯无以厚葬久丧者为政，国家必贫，人民必寡，刑政必乱。”“故衣食者，人之生利也，然且犹尚有节，葬埋者，人之死利也，夫何独无节于此乎?”(见《墨子·节葬》)

4. 法家核心思想浅析

法家是春秋战国时期的一个思想学派，是先秦诸子中对法律最为重视的一派，他们以在法律界及法理学方面做出了卓越贡献而闻名，并提出了一整套的理论和方法。这为后来建立中央集权的秦朝制定各项政策提供了相当有效的理论依据，后来的汉朝又继承了秦朝的集权体制以及法律体制，这就是我国古代封建社会的政治与法制主体。

法家代表人物：韩非、李斯、商鞅、李悝、慎到、申不害等。

法家代表著作：《韩非子》、《商君书》等。

法家核心价值主张：

（1）法家主张“依法治国”，提倡“法治”，法家认为，“法者，王之本也；刑者，爱之自也。”（见《韩非子·心度》）同时道家也认为：“徒善不足以为政，徒法不能以自行。”（见《孟子·离娄上》）

（2）韩非子之前，法家分三派。一派以慎到为首，主张在政治与治国方术之中，“势”，即权力与威势最为重要；一派以申不害为首，强调“术”，即政治权术；另一派以商鞅为首，强调“法”，即法律与规章制度。韩非子认为：“不可一无，皆帝王之具也。”（见《韩非子·定法》）认为：明君如天，执法公正，这是“法”；君王驾驭人时，神出鬼没，令人无法捉摸，这是“术”；君王拥有威严，铁令如山，这是“势”。

5. 兵家核心思想浅析

先秦诸子百家之一。兵家的管理思想是中国历代军事家对战争决策、指挥、运筹帷幄等规律的理性分析和客观总结。据《汉书·艺文志》记载，兵家又分为兵权谋家、兵形势家、兵阴阳家和兵技巧家四类。

兵家代表人物：孙武、孙膑、吴起、公孙鞅等。

兵家代表著作：《孙子兵法》、《孙膑兵法》、《吴子》、《六韬》、《尉缭子》等。

兵家核心价值主张：

（1）在战场上，兵家讲究运筹帷幄：“故用兵之法，十则围之，五则攻之，倍则分之，敌则能战之，少则能逃之，不若则能避之。”（见《孙子兵法·谋攻篇》）

（2）兵家也主张“因变制胜”，他们认为战场上的情况随时都在发生变化，要想取得战争的胜利，必须积极应对，迅速反应。

二、古希腊“三贤”核心思想浅析

苏格拉底，著名的古希腊的思想家、哲学家，教育家，他和他的学生柏拉图以及柏拉图的学生亚里士多德被并称为“古希腊三贤”。“古希腊三贤”的思想对西方哲学、教育、治国等有着极其重要的价值。

1. 苏格拉底的核心主张

（1）心灵的转向：把哲学从研究自然转向研究自我。

（2）灵魂与物质：苏格拉底认为灵魂与物质是有本质不同的精神实体，事物的产生与灭亡，不过是某种东西的聚合和分散。他将精神和物质这样明确对立起来，成为西方哲学史上唯心主义哲学的奠基人。

（3）关于真理：苏格拉底认为，“意见”可以有各种各样，“真理”却只能有一个；“意见”可以随各人以及其他条件而变化，“真理”却是永恒不变的。

（4）关于教育：苏格拉底认为教育的目的就是培养治国人才。对人才的教育，首先要培养其美德，教其学会做人、成为有德行的人；其次必须令其获得广博的知识；最后，他还主张教锻炼人的身体。他认为，健康的身体无论在平时还是在战时，对体力活动和思维活动都是十分重要的，而健康的身体不是天生的，只有通过锻炼才能获得。

（5）关于伦理：苏格拉底强调人们应该认识社会生活的普遍法则和“认识自己”，认为人们在现实生活中获得的各种有益的或有害的目的和道德规范都是相对的，只有探求普遍的、绝对的善的概念，才是人们最高的生活目的和至善的美德。苏格拉底认为，一个人要有道德就必须有道德的知识，一切不道德的行为都是无知的结果。人们只有摆脱物欲的诱惑和后天经验的局限，获得概念的知识，才会有智慧、勇敢、节制和正义等美德。

（6）关于治国：苏格拉底倡导专家治国。他认为各行各业乃至国家政权都应该让经过训练、有知识才干的人来管理，而反对以抽签选举法实行的民主。他说：管理者不是那些握有权柄、以势欺人的人，不是那些由民众选举的人，而应该是那些懂得怎样管理的人，比如：一条船，应由熟悉航海的人驾驶；纺羊毛时，妇女应管理男子，因为她们精于此道，而男子则不懂。他还说，最优秀的人是能够胜任自己工作的人，精于农耕便是一个好农夫，精通医术的便是一个良医，精通政治的便是一个优秀的政治家。

2. 柏拉图的核心主张

（1）政治思想：在柏拉图的《理想国》中，他设计了一幅正义之邦的图景：国家规模适中，以站在城中高处能将全国尽收眼底、国人彼此面识为度。柏拉图认为国家起源于劳动分工，因而他将理想国中的公民分为治国者、武士、劳动者三个等级，分别代表智慧、勇敢和欲望三种品性。治国者依靠自己的哲学智慧和道德力量统治国家；武士们辅助治国，用忠诚和勇敢保卫国家的安全；劳动者则为全国提供物质生活资料。三个等级各司其职，各安其位。在这样的国家中，治国者均是德高望重的哲学家，只有哲学家才能认识理念，具有完美的德行和高超的智慧，明了正义之所在，按理性的指引去公正地治理国家。

（2）教育思想：柏拉图是西方教育史上第一个提出完整的学前教育思想并建立了完整的教育体系的人。

3. 亚里士多德的核心主张

（1）现实主义的鼻祖：不同于他的老师柏拉图以自己假定的理想国衡量现实，亚里士多德主张从现实的国家出发，防止国家堕落和促进国家发展。他对人性和理性持怀疑态度，主张法治，而法律的来源也不是人的理性或者学者的思考，而是来自历史和传统中为人们所遵循和认知的东西，也就是历史的理性。他对变法和改革持一种十分谨慎的态度，认为非到万不得已不宜改革。

（2）分权学说：同柏拉图一样，亚里士多德认为城邦高于公民，但是他也主张人有自己的权利。因为城邦不仅是理性的产物，也是人们满足自身需求的产物，因此他要求实现城邦和公民利益的平衡。他还确立了公平正义和交换正义的均衡正义原则。他认为一方面对不同出身、财产、地位、能力的人要平等对待，另一方面对特殊的人物也可以给予特殊的优待。为此他非常推崇民主制和君主制的结合，认为应在立法问题上实行民主，行政上实行君主制。他希望借此在维护城邦整体利益时保证公民的各种利益。这就是亚里士多德提出的分权学说。

三、宗教核心思想浅析

世界三大宗教（基督教、伊斯兰教、佛教）也为我们提供了关于人性的假设、从善如流、慈悲为怀等一系列关于人性的研究理论，费尔巴哈就曾经说过：慈悲是诸神的根本特性。①

不论人们信仰哪种宗教，其本质都是相同的，因为“自然是宗教的最初基本对象”②，只不过在东西方人心目中神的定义不同罢了。“人们的愿望是怎样的，他们的神便是怎样的。希腊人有着有限制的神——就是说：他们有着有限制的愿望。希腊人并不愿意永生，他们只是不愿意老和死，他们并不愿意绝对不死，他们只愿意现在还不死——不快意的事临到人身上总是太迟些，只愿意不要在盛年死，不要暴死，不要痛苦地死；他们不希望享天福，他们只希望享幸福，只希望无牵累地、轻松地生活。”而基督教徒更加愿意相信“他们有着无限制的、超越的、超世间的、

① 〔德〕费尔巴哈．宗教的本质［M］．北京．商务印刷馆，2010：65.

② 〔德〕费尔巴哈．宗教的本质［M］．北京：商务印刷馆，2010：27.

超自然的、超人类本质的、亦即绝对幻想的愿望。……他们的愿望是一个天堂，在这个天堂里自然的一切限制、一切必然性都告消除，一切愿望都得到满足，在这个天堂里，没有愿望，没有烦恼，没有创伤，没有斗争，没有情欲，没有扰乱，没有日和夜、光明与黑暗、逸乐与痛苦的轮转。”①

但无论如何，宗教都是在告诉人们，神是慈悲的，大家都生活在神的佑护之下，每个人都需要从善如流。

四、战争思想浅析

有人说，人类发展的历史既是一部人类文明的进化史，同时也是一部战争史。从《战争史》中记载的波斯战争、汪达尔战争、哥特战争，到世界历史上著名的亚历山大东征、马其顿战争、阿拉伯帝国的西扩、阿拉伯帝国东扩和北扩、英法百年战争、奥斯曼土耳其的扩张、英荷战争、美国独立战争、法国革命战争、意大利独立战争、第一次世界大战、第二次世界大战等等，再到中国历史上的著名战争，如汉武大帝西征、成吉思汗西征、鸦片战争、中日甲午战争、抗日战争……据不完全记载，历史上大大小小的战争不下几千次，战争在给人们带来灾难的同时，也推动了人类文明的进程。当然，从战争中，我们学会了竞争，学会了合作，学会了战略，学会了战术，学会了合纵连横，也学会了如何在竞争中赢得胜利。

其实，在现代企业管理中，我们用到的很多管理思想和工具都获得了战争思想的启示，譬如：

（1）战略管理。大家都知道，现在每家企业都在谈发展战略，其实“战略”一词来源于战争，是一个军事术语，指的是对战争全局的谋划和指挥。现在，战略是泛指重大的、带全局性的、规范性的或决定全局的谋划。在战争中，两军对垒，要想取得战争的胜利，既需要诸葛亮运筹于帷幄之中，更需要关羽、张飞决胜于千里之外；既需要围魏救赵的谋略，也需要“明修栈道、暗度陈仓”的计策。

周三多教授根据自己对《孙子兵法》研究，提出了现代企业战略定位的 9 大原则：慎战原则、利害原则、谋攻原则、先知原则、主动原则、速胜原则、专一原则、奇正原则、良将原则②。

《孙子兵法》中有很多关于战略管理的论述，对我们经营和管理企业很具现实

---

① 〔德〕费尔巴哈．宗教的本质［M］．北京：商务印刷馆，2010：72 – 74.
② 周三多．孙子兵法与经营战略［M］．上海：复旦大学出版社，1995：13 – 17.

借鉴意义。

孙子曰："夫用兵之法，全国为上，破国次之；全军为上，破军次之；全旅为上，破旅次之；全卒为上，破卒次之；全伍为上，破伍次之。是故百战百胜，非善之善也；不战而屈人之兵，善之善者也。"

孙子曰："昔之善战者，先为不可胜，以待敌之可胜。不可胜在己，可胜在敌。故善战者，能为不可胜，不能使敌之必可胜。故曰：胜可知，而不可为。"

孙子曰："凡治众如治寡，分数是也；斗众如斗寡，形名是也；三军之众，可使必受敌而无败者，奇正是也；兵之所加，如以瑕投卵者，虚实是也。凡战者，以正合，以奇胜。故善出奇者，无穷如天地，不竭如江海。终而复始，日月是也。死而更生，四时是也。声不过五，五声之变，不可胜听也；色不过五，五色之变，不可胜观也；味不过五，五味之变，不可胜尝也。战势不过奇正，奇正之变，不可胜穷也。奇正相生，如循环之无端，孰能穷之哉!"

（2）竞争与合作。对战争的理解，很多人认为一定要分出胜负，争个你死我活，其实有时候，在战争中，学会合作才是取得胜利的关键。一部《三国演义》可以说将在战争中如何做到合纵连横阐述得淋漓尽致。

经营企业也是这样，我们既要学会与对手进行你死我活的竞争，又要学会在竞争中合作，学会双赢、多赢。商场如战场，只有一意孤行的竞争是不行的，特别是互联网+时代，学会合作是必不可少的。

可见，不论是中国古代的诸子百家还是古希腊"三贤"，不论是宗教思想还是战争思想，在思想层面都有很多共同之处，虽然中国、印度、中东和希腊之间有着千山万水的阻隔，但中国的老子、孔子、墨子，古希腊的苏格拉底、柏拉图、亚里士多德，古印度的释迦牟尼，以色列犹太教的先知们在有关人性的假设、等级观、道德观、伦理观、竞争观、利益观、财富观、世界观、人生观、时间观等价值观层面，却有着惊人的相似。这些人类文明的先哲和精神导师，共同思考"何为自然、何为人、何为人的本性、何为善、何为恶、何为幸福、何为永恒"等一系列问题，为后人留下了宝贵的精神财富。这对我们进行企业管理在思想层面有非常重要的借鉴价值，要想成为一名优秀的管理者，汲取这些思想中的精华是必不可少的。

3 setps to be an excellent manager

第二节 管理理论

当然，要成为一名优秀的管理者，只到达思想层面还不够，还需要系统地学习和掌握基本的管理理论。最近10年，我们身边有很多企业家、中高层管理者纷纷走进课堂，MBA、EMBA、后EMBA、国学班、总裁办、商界精英班……一时间火爆异常。为什么会有这么多人趋之若鹜地去上这些课程？我想除了拓展人脉之外，更重要的还是学习现代企业管理理论。

我们通常所说的管理理论是一个知识体系，是一个学科群，它的基本目标就是要帮助企业在不断变化的现代社会和竞争环境中，建立起一个能够应对变化、稳健经营的运营体系。

总体而言，管理理论体系的发展经历了三个阶段，即古典管理理论、近代管理理论和当代管理理论丛林。

一、古典管理理论

19世纪末至20世纪初期，随着电力时代的到来和第二次工业革命的不断深入推进，工业在国民经济中的主导地位日益凸显，各行业的垄断组织开始形成。为了解决当时组织不断壮大、管理越来越复杂的局面，古典管理理论应运而生。

古典管理理论的代表人物包括：泰罗，美国古典管理学家，科学管理理论的倡导者，被后人尊称为“科学管理之父”；法约尔，西方古典管理理论在法国的最杰出代表、法国科学管理专家，被后人尊称为“管理过程之父”；韦伯，德国著名政治经济学家和社会学家，被后人尊称为“组织理论之父”。

1. 泰罗科学管理理论及代表著作

（1）科学管理核心思想主要包括8个方面：科学管理的中心问题是提高效率；为了提高劳动生产率，必须为工作挑选“一流的工人”；采用标准化操作方法、工具、机器和材料；采用刺激性的工资报酬制度激励工人努力工作；劳资双方应变对立为合作；用科学方法取代经验工作方法；实行职能工长制；管理中实行例外原则。

（2）代表著作：《计件工资制》、《车间管理》、《科学管理原理》。

2. 法约尔的管理过程理论及代表著作

（1）法约尔提出企业的6项基本活动：技术活动（指生产、制造、加工等活动）；商业活动（指购买、销售、交换等活动）；财务活动（指资金的筹措与应用）；安全活动（指设备维护、职工安全等活动）；会计活动（指货物盘存、成本统计、核算等活动）；管理活动（包括计划、组织、指挥、协调和控制等五项职能活动）。

同时法约尔还提出了14条管理原则：分工、职权与职责、纪律、统一指挥、统一领导、个人利益服从整体利益、个人报酬、集中化、等级链、秩序、公正、保持人员的稳定、首创精神、团结精神。

（2）代表著作：《工业管理与一般管理》。

3. 韦伯的组织管理理论及代表著作

（1）韦伯提出，组织必须具备以下6大特征：明确的分工；自上而下的等级系统；人员的任用；职业管理人员；遵守规则和纪律；组织中人员之间的关系完全以理性准则为指导。

（2）代表著作：《社会组织与经济组织》。

二、近代管理理论

20世纪20年代前后，工人阶级的觉醒和经济的发展，以及周期性经济危机的加剧，对古典管理理论提出了极大的挑战，一些管理学家、心理学家开始意识到，要想适应社会化大生产的需要，必须对古典管理体系进行创新，以适应新的管理需求，于是近代管理理论应运而生。

近代管理理论主要代表人有：梅奥，人际关系理论的创始人；巴纳德，西方近代管理理论中社会系统学派的创始人。

表9－1　近代管理理论代表人物及其管理理论

代表人物	核心管理理论	代表著作
梅奥	梅奥通过著名的“霍桑试验”得出： （1）工人是“社会人”，而不是单纯追求金钱收入的“经济人” （2）企业中除了“正式组织”之外，还存在“非正式组织” （3）新型的领导在于通过职工“满足度”的增加，来提高职工士气，从而达到提高效率的目的	《工业文明中人的问题》

续表

代表人物	核心管理理论	代表著作
巴纳德	（1）组织是一个社会协作系统，这个系统能否继续存在取决于：协作效果、协作效率和协作环境 （2）巴纳德提出正式组织的三个条件：共同目标、协作意愿、信息沟通 （3）巴纳德提出了对经理人员的三点要求：建立和维持一个信息联系的系统；善于使组织成员做出为实现组织目标不可或缺的贡献；规定组织目标	《经理人员的职能》、《组织与管理》

三、当代管理理论丛林

20 世纪 50 年代以来，在已有的古典管理理论、行为科学理论和管理科学理论的基础上，通过不断实践，管理学家们又将针对管理过程、组织管理、行为管理、经验管理、系统管理、决策管理、文化管理、管理科学等的研究分成诸多流派，形成当代管理理论百家争鸣的局面。

1. 管理过程流派

管理过程流派代表人物：法约尔，法国科学管理专家，被后人尊称为“管理过程之父”；孔茨，美国当代最著名的学家之一，其著作《管理学》奠定了他作为管理过程学派主要代表人物之一的学术地位。

孔茨强调管理的概念、理论、原理和方法，认为管理工作是一种艺术，它的各项职能可以分成五类，即计划、组织、人事、指挥和控制，组织的协调是五种职能有效应用的结果。

管理过程学派把管理看作在组织中通过别人或同别人一起完成工作的过程；认为应该分析这一过程，从理论上加以概括，确定一些基础性的原理，并由此形成一种管理理论。管理过程学派把它的管理理论建立在以下 7 条基本信念的基础上：

（1）管理是一个过程，可以通过分析管理人员的职能，从理性上很好地加以剖析。

（2）可以从管理经验中总结出一些基本道理或规律，这些就是管理原理。它们对认识和改进管理工作能起一种说明和启示的作用。

（3）可以围绕这些基本原理开展有益的研究，以确定其实际效果，增大其在实际管理工作中的作用和适用范围。

（4）这些原理只要还没有被证明为不正确或被修正，就可以为形成一种有用的管理理论提供若干要素。

（5）就像医学和工程学那样，管理是一种可以依靠原理的启发而加以改进的技能。

（6）即使在实际应用中由于背离了管理原理而造成损失，管理学中的原理，仍然如同生物学和物理学中的原理一样，是可靠的。

（7）尽管管理人员的环境和任务受到文化、物理、生物等方面的影响，但管理理论并不需要把所有的知识都包括进来才能起一种科学基础或理论基础的作用。

2. 组织管理流派

组织管理学派代表人物为韦伯，他是德国著名政治经济学家和社会学家，被后人尊称为“组织理论之父”。韦伯的主要代表著作包括《新教伦理与资本主义精神》、《一般经济史》、《社会和经济组织的理论》等。韦伯提出的官僚组织模式（即行政组织理论），对后世产生了最为深远的影响。

韦伯认为，任何组织都必须以某种形式的权力为基础，没有某种形式的权力，任何组织都不能达到自己的目标。在人类社会中存在三种为社会所接受的权力：

（1）传统权力：传统惯例或世袭得来；

（2）超凡权力：来源于别人的崇拜与追随；

（3）法定权力：法律规定的权力。

对于传统权力，韦伯认为：人们对其服从是因为领袖人物占据着传统所支持的权力地位，同时，领袖人物也受着传统的制约。但是，人们对传统权力的服从并不是以与个人无关的秩序为依据的，而是在习惯义务领域内的个人忠诚。领导人的作用似乎只是为了维护传统，因而效率较低，不宜作为行政组织体系的基础。

而超凡权力的合法性，完全依靠对领袖人物的信仰，他必须以不断的奇迹和英雄之举赢得追随者。超凡权力过于带有感情色彩并且是非理性的，不是依据规章制度，而是依据神秘的启示，所以，超凡的权力形式也不宜作为行政组织体系的基础。

韦伯认为，只有法定权力才能作为行政组织体系的基础，其最根本的特征在于它提供了慎重的公正，原因在于：

（1）管理的连续性使管理活动必须有秩序地进行。

（2）以“能”为本的择人方式提供了理性基础。

（3）领导者的权力并非无限，应受到约束。

有了适合于行政组织体系的权力基础，韦伯勾画出理想的官僚组织模式便具有下列特征：

（1）组织中的人员应有固定和正式的职责并依法行使职权。组织是根据合法程序制定的，应有其明确目标，并靠着这一套完整的法规制度，组织与规范成员的行为，从而期望有效地追求与达到组织的目标。

（2）组织内部的结构是层层控制的体系。在组织内，按照地位的高低规定成员之间命令与服从的关系。

（3）人与工作的关系。成员之间的关系只有对事的关系而无对人的关系。

（4）成员的选用与保障。每一职位都根据其资格限制（资历或学历），按自由契约原则，经公开考试合格予以录用，务求人尽其才。

（5）专业分工与技术训练。对组织成员进行合理分工并明确每个人的工作范围及权责，然后通过培训来提高工作效率。

（6）团队成员的工资及升迁。按职位支付薪金，并建立奖惩与升迁制度，使团队成员安心工作，培养其事业心。

韦伯认为，凡具有上述6项特征的组织，均可使组织表现出高度的理性化，其成员的工作行为也能达到预期的效果，组织目标也能顺利达成。韦伯对理想官僚组织模式的描绘，为行政组织指明了一条制度化的组织准则，这也是他在管理思想上的最大贡献。

3. 行为科学流派

行为科学流派代表人物包括：马斯洛，美国著名心理学家、第三代心理学的开创者、需求层次理论创始人；赫茨伯格，美国心理学家、管理理论家、行为科学家、双因素理论的创始人；麦格雷戈，美国著名的行为科学家、人性假设理论创始人、管理理论的奠基人之一、X－Y 理论管理大师。

（1）马斯洛的需求层次理论。马斯洛认为，人的需求是分层次的，由低到高分别为：

生理需求：生理上的需要是人们最原始、最基本的需要，如吃饭、穿衣、住宅、医疗等等。若不满足，则有生命危险。这就是说，它是最强烈且不可避免的最底层需要，也是推动人们行动的强大动力。

安全需求：安全的需要要求劳动安全、职业安全、生活稳定、免于灾难、未来有保障等。安全需要比生理需要较高一级，当生理需要得到满足以后就要保障安全需要。每一个在现实中生活的人，都会产生安全感的欲望、自由的欲望、防御实力的欲望。

社交需求：社交的需要也叫归属与爱的需要，是指个人渴望得到家庭、团体、朋友、同事的关怀爱护理解，是对友情、信任、温暖、爱情的需要。社交的需要比生理和安全需要更细微、更难以捉摸。它与个人性格、经历、资历、生活区域、民族、生活习惯、宗教信仰等都有关系，这种需要是难以察悟、无法度量的。

尊重需求：尊重的需要可分为自尊、他尊和权力欲三类，包括自我尊重、自我评价以及尊重别人。尊重的需要很少能够得到完全满足，但基本的满足就可产生推动力。

自我实现：自我实现的需要是最高等级的需要。满足这种需要就要求完成与自己能力相匹配的工作，最充分地发挥自己的潜在能力，成为自己期望成为的人物。这是一种创造的需要。有自我实现需要的人，似乎总在竭尽所能，使自己趋于完美。

（2）赫茨伯格的双因素理论。赫茨伯格认为，使职工感到满意的都是属于工作本身或工作内容方面的；使职工感到不满的，都是属于工作环境或工作关系方面的。他把前者叫作激励因素，后者叫作保健因素。

激励因素。是指能为员工带来积极态度、满意和激励作用的因素，包括：成就、赏识、挑战性的工作、增加的工作责任，以及成长和发展的机会。

保健因素。保健因素的满足对员工产生的效果类似于卫生保健对身体健康所起的作用。保健因素包括公司政策、管理措施、监督、人际关系、物质工作条件、工资、福利等。

（3）麦格雷戈的X理论。消极的X理论，即人性本恶，X理论阐述了独裁式的管理风格，X理论认为：人们基本上厌恶工作，对工作没有热忱，如非必要就会加以逃避。人类只喜欢享乐，凡事得过且过，尽量逃避责任，所以，要使之就范，雇主必须用严密的控制、强迫、惩罚和威逼利诱的手段来对付，如扣减工资、取消休假等。该理论的主要内容是：

• 大多数人都是懒惰的，他们尽可能地逃避工作。工作对他们而言只是一种负担，毫无享受可言。

• 大多数人都没有什么雄心壮志，也不喜欢负什么责任，而宁可让别人领导。他们缺乏自信心，把个人的安全看得很重要。

• 大多数人的个人目标与组织目标都是自相矛盾的，为了达到组织目标必须以外力严加管制。

• 大多数人都是缺乏理智的，不能克制自己，很容易受别人影响，而且容易安于现状。

• 大多数人工作都是为了满足基本的生理需要和安全需要，所以他们会选择那些在经济上获利最大的事去做，而且他们只能看到眼前的利益，看不到长远的利益。

• 人群大致分为两类：多数人符合上述假设，少数人能克制自己，这部分人应当负起管理的责任。

X 理论假设人对工作的基本评价是负面的，即从本质上来说，人都是不喜欢工作的，并且一有可能就逃避工作；一般人都愿意被人指挥并且希望逃避责任。基于上述假设，X 理论得出这样一个结论，管理人员的职责和相应的管理方式是：

• 管理人员关心的是如何提高劳动生产率、完成任务，他们的主要职能是计划、组织、经营、指引、监督。

• 管理人员主要是利用职权，发号施令，使对方服从，让人适应工作和组织的要求，而不考虑在情感上和道义上如何给人以尊重。

• 强调严密的组织和制定具体的规范和工作制度，如工时定额、技术规程等。

• 应以金钱报酬来收买员工的效力和服从。

（4）麦格雷戈的 Y 理论。积极的 Y 理论，即人性本善论，它阐述了民主式的管理风格。Y 理论认为：人性都是正面的、向善的。它假设一般人在本质上并不厌恶工作，只要循循善诱，雇员便会热诚工作，在没有严密监管的情况下，也会努力完成生产任务。而且在适当的条件下，一般人不仅愿意承担责任而且会主动寻求责任感。Y 理论的主要内容是：

• 一般人并不是天性就不喜欢工作的，工作中体力和脑力的消耗就像游戏和休息一样自然。工作可能是一种满足，因而自愿去执行，也可能是一种处罚，因而只要可能就想逃避，到底怎样，要依环境而定。

• 外来的控制和惩罚，并不是促使人们为实现组织的目标而努力的唯一方法，它甚至对人是一种威胁和阻碍。人们愿意实行自我管理和自我控制来完成应当完成的工作目标。

• 人的自我实现要求和组织要求的行为之间是没有矛盾的。如果给人提供适当的机会，就能将个人目标和组织目标统一起来。

• 一般人在适当条件下，不仅学会了接受职责，而且还学会了谋求职责。逃避责任、缺乏抱负以及强调安全感，通常是经验的结果，而不是人的本性。

• 大多数人，而不是少数人，在解决组织的困难问题时，都能发挥较高的想象力、聪明才智和创造性。

• 在现代工业生活的条件下，一般人的智慧潜能只是部分地得到了发挥。

根据以上假设，与 Y 理论相应的管理措施为：

• 管理职能的重点。管理者的重要任务是创造一个使人得以发挥才能的工作环境，并使职工在为实现组织的目标贡献力量时，也能达到自己的目标。此时的管理者已不再是指挥者、调节者或监督者，而是起辅助者的作用，从旁边给职工以支持和帮助。

• 激励方式。根据 Y 理论，对人的激励主要是给予来自工作本身的内在激励，让他担当具有挑战性的工作，担负更多的责任，促使其做出成绩，满足其自我实现的需要。

• 在管理制度上给予工人更多的自主权，使其实现自我控制，让工人参与管理和决策，并分享权力。

4. 经验管理流派

经验管理流派代表人物为彼得・德鲁克（1909—2005），被誉为“现代管理学之父”，彼得・德鲁克主要代表著作包括《经济人的末日》、《工业人的未来》、《公司的概念》、《新社会》、《管理实践》、《卓有成效的管理者》、《技术、管理与社会》、《人、思想与社会》、《管理：任务、责任、实践》、《人与绩效：德鲁克论管理精华》、《创新与企业家精神》、《管理的前沿》、《非营利组织的管理：原理与实践》、《管理未来》、《卓有成效管理者的实践》等 30 多部。

• 关于目标管理。1954 年，德鲁克提出了一个具有划时代意义的概念——目标管理（Management By Objectives，简称为 MBO），这是德鲁克发明的最重要、最有影响的概念，并已经成为当代管理学的重要组成部分。德鲁克认为，目标管理的最大优点是使得一位经理人能控制自己的成就。自我控制就意味着更强的激励：一种要做得最好而不是敷衍了事的愿望。它意味着更高的成就目标和更广阔的事业眼界。目标管理的主要贡献之一就是它能用自我控制的管理来代替由别人统治的管理。

• 关于管理学的真谛。德鲁克认为，管理是一门学科，这首先就意味着，管理人员付诸实践的是管理学而不是经济学，不是计量方法，不是行为科学。经济学、计量方法和行为科学都是管理人员的工具。然而：管理人员付诸实践的并不是经济学，正好像一个医生付诸实践的并不是验血那样；管理人员付诸实践的并不是行为科学，正好像一位生物学家付诸实践的并不是显微镜那样；管理人员付诸实践的并不是计量方法，正好像一位律师付诸实践的并不是判例那样。管理人员付诸实践的是管理学。

德鲁克认为：管理要解决的问题有 90% 是共同的，管理在不同的组织里会有一些差异，因为使命决定愿景，愿景决定结构。管理沃尔玛和管理罗马天主教堂当然有所不同，其差异在于，各组织所使用的名词（语言）有所不同。其他的差异主要是在应用上而不是在原则上。所有组织的管理者都要面对决策：要做人事决策，而人的问题几乎是一样的；所有组织的管理者都面对沟通问题，管理者要花大量的时间与上司和下属进行沟通。在所有组织中，90%左右的问题是共同的，不同的只有10%。只有这10%需要适应这个组织特定的使命、特定的文化和特定语言。换言之：一个成功的企业领导人同样能领导好一家非营利机构；反之亦然。

- 关于培养经理人的重要性。德鲁克认为，经理人是企业中最昂贵的资源，而且也是折旧最快、最需要经常补充的一种资源。建立一支管理队伍需要多年的时间和极大的投入，但彻底搞垮它可能不用费多大劲儿。21世纪，经理人的人数必将不断增加；培养一位经理人所需的投资也必将不断增加。与此同时，企业对其经理人的要求也将不断提高。企业的目标能否达到，取决于经理人管理的好坏，也取决于如何管理经理人。而且，企业对其员工的管理如何，对其工作的管理如何，主要也取决于经理人的管理及如何管理经理人。企业员工的态度所反映的，首先是其管理层的态度。企业员工的态度，正是管理层的能力与结构的一面镜子，员工的工作是否有成效，在很大程度上取决于他被管理的方式。

德鲁克还指出，组织的目的在于让平凡的人做出不平凡的事情，组织不能依赖于天才，因为天才稀少如凤毛麟角。另外，考察一个组织是否优秀，要看其能否使平常人取得比他们看来所能取得的更好的绩效，能否使其成员的长处都发挥出来，并利用每个人的长处来帮助其他人取得绩效。

5. 社会系统学流派

巴纳德是西方现代管理理论中社会系统学派的创始人，其代表著作包括《经理人员的职能》、《组织与管理》等。

巴纳德认为，社会中各式各样的组织包括军事的、宗教的、学术的、企业的等多种类型的组织都是一个协作的系统，它们都是社会这个大协作系统的某个部分和方面。这些协作组织是正式组织，它们都包含三个要素：协作的意愿、共同的目标和信息联系。所有的正式组织中都存在非正式组织。正式组织是保持秩序和一贯性所不可缺少的，而非正式组织是提供活力所必需的。两者是协作中相互作用、相互依存的两个方面。

巴纳德认为，一个协作系统是由相互协作的许多人组成的。个人可以对是否参与某一协作系统做出选择，这取决于个人的动机，包括目标、愿望和推动力，组织则通过其影响和控制的职能来有意识地协调和改变个人的行为和动机。对于个人目标和组织目标的不一致，巴纳德提出了“有效性”和“能率”两条原则。当一个组织系统协作得很成功，能够实现组织目标时，这个系统就是“有效性”的，它是系统存在的必要条件。系统的“能率”是指系统成员个人目标的满足程度，协作能率是个人能率综合作用的结果。这样就把正式组织的要求同个人的需要结合起来，这在管理思想上是一个重大突破。

巴纳德提出，经理人员的作用就是在一个正式组织中充当系统运转的中心，并对组织成员的活动进行协调，指导组织运转，实现组织目标。经理人员的主要职能有三个方面：

（1）提供信息交流的体系；

（2）促成个人付出必要的努力；

（3）规定组织的目标。

一个组织的生存和发展有赖于组织的内部平衡和外部适应，而管理的艺术就是把内部平衡和外部适应综合起来。

巴纳德指出，经理人员成为企业组织的领导核心，必须具有权威。权威是存在于正式组织内部的一种“秩序”，是个人服从协作体系要求的愿望和能力。要建立和维护一种既能保持上级权威又能争取广大“不关心区域”群众的客观权威，关键在于能否在组织内部建立起上情下达、下情上传的有效的信息交流沟通系统，这一系统既能保证上级及时掌握作为决策基础的准确信息，又能保证指令的顺利下达和执行。要维护这种权威，身处领导地位的人必须随时掌握准确的信息，做出正确的判断，同时，还需要组织内部人员的合作态度。

组织的有效性取决于个人接受命令的程度。巴纳德分析个人承认指令的权威性并乐于接受指令的四个条件：

（1）他能够并真正理解指令；

（2）他相信指令与组织的宗旨是一致的；

（3）他认为指令与他的个人利益是不矛盾的；

（4）他在体力和精神上是胜任的，经理人员不应滥用权威，发布无法执行或得不到执行的命令。

巴纳德在《组织与管理》一书中再次突出强调了经理人员在企业组织与管理中的重要领导作用，从五个方面精辟地论述了“领导的性质”这一关系到企业生存和发展的根本性的问题：

（1）构成领导行为的四要素：确定目标，运用手段，控制组织，进行协调。

（2）领导人的条件：平时要冷静、审慎、深思熟虑、审前度后、讲究工作的方式方法；紧急关头则要当机立断、刚柔相济、富有独创精神。

（3）领导人的品质：活力和忍耐力、当机立断、循循善诱、责任心以及智力。

（4）领导人的培养和训练：通过培训增强领导人一般性和专业性的知识，在工作实践中锻炼平衡感和洞察力，积累经验。

（5）领导人的选拔：领导人的选拔取决于两种授权机制：代表上级的官方授权（任命或免职）和代表下级的非官方授权（接受或拒绝），后者即被领导者的拥护程度是领导人能否取得成功的关键。在领导人选拔中最重要的条件是其过去的工作表现。

6. 决策理论流派

西蒙是美国管理学家和社会科学家，管理决策流派代表人物。他的主要著作有：《管理行为》、《公共管理》、《人的模型》、《组织》、《经济学和行为科学中的决策理论》、《管理决策的新科学》、《人工的科学》、《发现的模型》《思维的模型》等。他在《管理行为》、《组织》和《管理决策的新科学》等书中对决策过程进行了深入的讨论，形成了系统的决策过程理论。

西蒙认为，组织是指一个人类群体当中的信息沟通与相互关系的复杂模式。它向每个成员提供决策所需要的大量信息和决策前提、目标及态度，它还向每个成员提供一些稳定的可以理解的预见，使他们能预料到其他成员将会做哪些事，以及其他人对自己的言行将会做出什么样的反应。

西蒙认为，绝大多数的人类决策，不管是个人的还是组织机构的决策，都是属于寻找和选择合乎要求的措施的过程，这是因为寻找最大化措施的过程比寻找前一个过程要复杂得多。后者首要的条件是存在完全的理性，而现实中的人或组织都只是具有有限度的理性。西蒙的管理理论所关注的焦点是人的社会行为的理性与非理性方面的界线。他的管理理论是关于意向理性和有限理性的一种独特理论，是关于那些因缺乏寻求最优的才智而转向寻求满意的人类行为的理论。

西蒙指出，作为管理决策者的经理，其决策制定包括 4 个主要阶段：

（1）情报活动：找出制定决策的理由，即探寻环境，寻求要求决策的条件；

（2）设计活动：找到可能的行动方案，即创造、制订和分析可能采取的行动方案；

（3）抉择活动：在各种行动方案中进行抉择；

（4）审查活动：对已进行的抉择进行评价。

西蒙指出，决策可以区分为性质相反的两种决策：一种是程序化决策，即结构良好的决策；另一种是非程序化决策，即结构不良的决策。区分它们的主要依据是这两种决策所采用的技术是不同的。制定常规性程序化决策的传统方式由于运筹学和电子数据处理等新的数字技术的研制和广泛的应用而发生了革命，而制定非程序化决策的传统方式包括大量的人工判断、洞察和直觉观察还未经历过任何较大的革命，但在某些基础研究方面正在形成某种革命，如探索式解决问题、人类思维的模拟等。自动化方面的进步和人类决策方面的进步会把组织中人的部分和电子的部分结合起来构成一种先进的“人机系统”。

另外，西蒙的组织设计思想认为，一个组织可分为三个层次：

（1）最下层是基本工作过程，在生产性组织中，指取得原材料、生产产品、储存和运输的过程；

（2）中间一层是程序化决策制定过程，指控制日常生产操作和分配系统；

（3）最上一层是非程序化决策制定过程，指对整个系统进行设计和再设计，为系统提供基础的目标，并监控其活动。

7. 文化流派

文化流派代表人物及主要著作包括艾瑞克·莱恩曼的《长远规划的组织理论》、Peters 和 Waterman 的《追求卓越》、博格·沃纳菲尔德的《资源为本理论》。

文化学派将战略制定视为观念形态的形成和维持过程。文化学派认为，战略制定过程是集体行为的过程，建立在由组织成员共同拥有的信仰和价值观之上；战略采取了观念的形式，以组织成员的意愿为基础，表现为有意识的行为方式；由于存在共同的信仰，组织内的协调和控制基本上是规范的；战略的变化不会超出或违背企业的总体战略观点和现存文化。

文化学派的信念主要表现为：

（1）战略形成是社会交互过程，建立在组织成员共同信念和理解的基础上；

（2）个人通过文化适应过程或社会化过程来获得信念，而该过程通常是潜移默化的；

（3）组织成员只能部分描述并巩固着公司文化的信念，而文化的来源和解释可能依然模糊；

（4）战略首先采取了观念而非立场的形式，观念根植于集体意向之中，并在深藏着资源或潜能的组织模式中反映出来，受到保护并且用做竞争优势，因此战略最好描述成深思熟虑的形式；

（5）文化，尤其是观念体系，不鼓励战略的改变，以便现有战略永久存在，人们至多在组织的整体战略观念中做一些立场的改变。

8. 经理角色流派

经理角色流派的代表人物为亨利·明茨伯格，其代表作《经理工作的性质》奠定了他在经理角色流派中的地位。

经理角色流派将经理工作归结为以下6大特点：

（1）工作量大，节奏紧张；

（2）活动短暂、多样而琐碎；

（3）把现实的活动放在优先的地位；

（4）喜欢用口头交谈的方式；

（5）重视同外部和下属的信息联系；

（6）权力和责任的结合。

同时，经理角色流派认为，一般情况下，经理都要担任十种角色，包括：

（1）挂名首脑；

（2）领导者；

（3）联络者；

（4）信息接受者；

（5）信息传递者；

（6）发言人；

（7）企业家；

（8）故障排除者；

（9）资源分配者；

（10）谈判者。

另外，经理角色流派认为，经理还必须带领团队完成以下6项目标：

（1）保证组织实现其目标——有效地生产出某些产品或服务。

（2）设计和维持他分管业务的稳定性，必须规划其组织业务并对这些规划进行监督，以保证工作流程有一个稳定的模型。

（3）经理必须负责组织的战略系统决策，并使组织以一种可控制的方式适应于变动的环境。

（4）经理必须保证组织为那些对组织有影响力的人服务，这些人必须对经理施加压力，以便组织为其共同目标服务。

（5）经理必须在组织同环境之间建立起关键的信息联系。

（6）作为正式的权威，经理负责其所在组织的等级制度运行。

当然，除了上面提到的这些管理流派之外，在当代管理理论丛林中，还出现了包括管理科学流派、系统理论流派、权变理论流派等不同分支和管理体系，形成了百花齐放、百家争鸣的局面。

但无论如何，当代管理理论体系都是有一些共性的，可概括如下：

（1）强调目标管理的重要性。自从德鲁克提出目标管理以后，越来越多的企业和管理者开始重视并不断加强目标管理在企业实践活动中的运用。

（2）强调系统化。这就是运用系统思想和系统分析方法来指导管理的实践活动，解决和处理管理的实际问题。系统化，就要求人们要认识到一个组织就是一个系统，同时也是另一个更大系统中的子系统。所以，应用系统分析的方法，就是从整体角度来认识问题，以防止片面性和受局部的影响。

（3）重视人的因素。由于管理的主要内容是人，而人又是生活在客观环境中的，虽然他们也在一个组织或部门中工作，但是他们在其思想、行为等诸方面，可能与组织不一致。重视人的因素，就是要注意人的社会性，对人的需要予以研究和探索，在一定的环境条件下，尽最大可能满足人们的需要，以保证组织中全体成员齐心协力地为完成组织目标而自觉做出贡献。

（4）重视"非正式组织"的作用。即注意"非正式组织"在正式组织中的作用。非正式组织是人们以感情为基础而结成的集体，这个集体有约定俗成的信念，人们彼此感情融洽。

利用非正式组织，就是在不违背组织原则的前提下，发挥非正式群体在组织中的积极作用，从而助力组织目标的实现。

（5）广泛地运用先进的管理理论与方法。随着社会的发展和科学技术水平的迅速提高，先进的科学技术和方法在管理中的应用越来越重要。所以，各级主管人员必须利用现代的科学技术与方法，促进管理水平的提高。

（6）加强信息工作。由于普遍强调通信设备和控制系统在管理中的作用，所以对信息的采集、分析、反馈等的要求越来越高，即强调及时和准确。主管人员必须利用现代技术，建立信息系统，以便有效、及时、准确地传递信息和使用信息，促进管理的现代化。

（7）把"效率"和"效果"结合起来。作为一个组织，管理工作不仅仅是追求效率，更重要的是要从整个组织的角度来考虑组织的整体效果以及对社会的贡献。

因此，要把效率和效果有机地结合起来，从而使管理的目的体现在效率和效果之中，也即通常所说的绩效。

（8）**重视理论联系实际**。重视管理学在理论上的研究和发展，进行管理实践，并善于把实践归纳总结，找出规律性的东西。所有这些都是每个主管人员应尽的责任。主管人员要乐于接受新思想、新技术，并应用于自己的管理实践中，把诸如质量管理、目标管理、价值分析、项目管理等新成果应用于实践，并在实践中创造出新的方法、形成新的理论，促进管理学的发展。

（9）**强调“预见”能力**。社会是迅速发展的，客观环境在不断变化，这就要求人们运用科学的方法进行预测，进行提前控制，从而保证管理活动的顺利进行。

（10）**强调不断创新**。要积极改革，不断创新。管理意味着创新，就是在保证“惯性运行”的状态下，不满足现状，利用一切可能的机会进行变革，从而使组织更加适应社会条件的变化。

3 setps to be an excellent manager

第三节 管理原则

一、古典管理原则

管理原则是企业管理者实施管理实践的过程中必须遵守的基本准则。早在 20 世纪初，法约尔就提出了 14 条管理原则，即：

（1）**分工**。法约尔认为，劳动分工属于自然规律。劳动分工不只适用于技术工作，而且也适用于管理工作。应该通过分工来提高管理工作的效率。但是，法约尔又认为：“劳动分工有一定的限度，经验与尺度感告诉我们不应超越这些限度。”

（2）**职权与职责**。有权力的地方，就有责任。责任是权力的孪生物，是权力的当然结果和必要补充。这就是著名的权力与责任相符的原则。法约尔认为，要贯彻权力与责任相符的原则，就应该有有效的奖励和惩罚制度，即“应该鼓励有益的行动而制止与其相反的行动”。实际上，这就是现在我们讲的权、责、利相结合的原则。

（3）**纪律**。法约尔认为纪律应包括两个方面，即企业与下属人员之间的协定和人们对这个协定的态度及其对协定遵守的情况。法约尔认为纪律是一个企业兴旺发达的关键，没有纪律，任何一个企业都不能兴旺繁荣。

（4）**统一指挥**。统一指挥是一个重要的管理原则，按照这个原则的要求，一个下级人员只能接受一个上级的命令。如果两个领导人同时对同一个人或同一件事行使他们的权力，就会出现混乱。

（5）**统一领导**。统一领导原则是指：“对于力求达到同一目的的全部活动，只能有一个领导人和一项计划。……人类社会和动物界一样，一个身体有两个脑袋，就是个怪物，就难以生存。”统一领导原则讲的是，一个下级只能有一个直接上级。它与统一指挥原则不同，统一指挥原则讲的是，一个下级只能接受一个上级的指令。这两个原则之间既有区别又有联系。统一领导原则讲的是组织机构设置的问题，即在设置组织机构的时候，一个下级不能有两个直接上级。而统一指挥原则讲的是组织机构设置以后运转的问题，即当组织机构建立起来以后，在运转的过程中，一个下级不能同时接受两个上级的指令。

（6）**个人利益服从整体利益**。法约尔认为这是一些人们都十分明白清楚的原则，但是，往往“无知、贪婪、自私、懒惰以及人类的一切冲动总是使人为了个人利益而忘掉整体利益”。为了能坚持这个原则，法约尔认为，成功的办法是：领导人的坚定性和好的榜样；尽可能签订公平的协定；认真地监督。

（7）**个人报酬**。法约尔认为，人员报酬首先“取决于不受雇主的意愿和所属人员的才能影响的一些情况，如生活费用的高低、可雇人员的多少、业务的一般状况、企业的经济地位等，然后再看人员的才能，最后看采用的报酬方式”。人员的报酬首先要考虑的是维持职工的最低生活消费和企业的基本经营状况，这是确定人员报酬的一个基本出发点。在此基础上，再考虑根据职工的劳动贡献来决定采用适当的报酬方式。对于各种报酬方式，法约尔认为不管采用什么报酬方式，都应该能做到以下几点：它能保证报酬公平；它能奖励有益的努力和激发热情；它不应导致超过合理限度的过多的报酬。

（8）**集中化**。法约尔指的是组织的权力的集中与分散的问题。法约尔认为，集中或分散的问题是一个简单的尺度问题，问题在于找到适合该企业的最适度。在小型企业，可以由上级领导者直接把命令传到下层人员，所以权力就相对比较集中；而在大型企业里，在高层领导者与基层人员之间，还有许多中间环节，因此，权力就比较分散。按照法约尔的观点，决定一个企业是集中还是分散的因素有两个：一个是领导者的权力；另一个是领导者对发挥下级人员积极性的态度。

（9）**等级链**。等级链就是从最高权力机构直到低层管理人员的领导系列。而贯彻等级链原则就是要在组织中建立这样一个不中断的等级链，这个等级链说明了两个方面的问题：一是它表明了组织中各个环节之间的权力关系，通过这个等级链，组织中的成员就可以明确谁可以对谁下指令，谁应该对谁负责。二是这个等级链表明了组织中信息传递的路线，即在一个正式组织中，信息是按照组织的等级系列来传递的。贯彻等级制度原则，有利于组织加强统一指挥原则，保证组织内信息联系的畅通。但是，一个组织如果严格地按照等级系列进行信息的沟通，则可能由于信息沟通的路线太长而使得信息联系的时间过长，同时，容易造成信息在传递的过程中失真。

（10）**秩序**。法约尔所指的秩序原则包括物品的秩序原则和人的社会秩序原则。他认为，坚持物品的秩序原则就是要使每一件物品都在它应该放的地方。对于人的社会秩序原则，他认为，每个人都有他的长处和短处，贯彻社会秩序原则就是要确定最适合每个人的能力发挥的工作岗位，然后使每个人都在最能使自己的能力得到发挥的岗位上工作。为了能贯彻社会的秩序原则，法约尔认为首先要对企业的社会需要与资源有确切的了解，并保持两者之间经常的平衡；同时，要注意消除任人唯亲、偏爱徇私、野心奢望和无知等弊病。

（11）**公正**。法约尔把公平与公道区分开来。他说："公道是实现已订立的协定。但这些协定不能什么都预测到，要经常地说明它，补充其不足之处。为了鼓励其所属人员全心全意和无限忠诚地执行他的职责，应该以善意来对待他。公平就是由善意与公道产生的。"也就是说，贯彻公道原则就是要按已定的协定办。但是在未来的执行过程中可能会因为各种因素的变化使得原来制定的"公道"的协定变成"不公道"的协定，这样一来，即使严格地贯彻"公道"原则，也会使职工的努力得不到公平的体现，从而不能充分地调动职工的劳动积极性。因此，在管理中要贯彻"公平"原则。所谓"公平"原则就是"公道"原则加上善意地对待职工。也就是说在贯彻"公道"原则的基础上，还要根据实际情况对职工的劳动表现进行"善意"的评价。当然，在贯彻"公平"原则时，还要求管理者不能"忽视任何原则，不忘掉总体利益"。

（12）**保持人员的稳定**。法约尔认为，一个人要适应他的新职位，并很好地完成他的工作，需要时间。这就是"人员的稳定原则"。按照"人员的稳定原则"，要使一个人的能力得到充分的发挥，就要使他在一个工作岗位上相对稳定地工作一段时间，使他熟悉自己的工作，了解自己的工作环境，并取得别人对自己的信任。

（13）**首创精神**。法约尔认为："想出一个计划并保证其成功是一个聪明人最大的快乐之一，也是人类活动最有力的刺激物之一。这种发明与执行的可能性就是人们所说的首创精神。建议与执行的自主性也都属于首创精神。”法约尔认为人的自我实现需求的满足是激励人们的工作热情和工作积极性的最有力的刺激因素。对于领导者来说，“需要极有分寸地，并要有某种勇气来激发和支持大家的首创精神”。当然，纪律原则、统一指挥原则和统一领导原则等的贯彻，会使得组织中人们的首创精神的发挥受到限制。

（14）**团结精神**。人们往往由于管理能力的不足，或者由于自私自利，或者由于追求个人的利益等而忘记了组织的团结。法约尔认为管理者需要确保并提高劳动者在工作场所的士气，个人和集体都要有积极的工作态度。为了加强组织的团结，法约尔特别提出在组织中要禁止滥用书面联系。他认为在处理一个业务问题时，用当面口述要比书面快，并且简单得多。另外，一些冲突、误会可以在交谈中得到解决。

法约尔认为：没有原则，人们就处于黑暗和混乱之中；另外，没有经验与尺度，即使有最好的原则，人们仍将处于困惑不安之中。

法约尔还认为：管理是一门科学与一种艺术之间的关系，即理论是可以指导实践的，问题在于如何应用这个理论，再好的管理理论，如果不懂得如何去应用，也是没有用处的。而要使管理真正有效，还必须积累自己的经验，并合理运用这些原则。

二、现代企业管理原则

在21世纪初举行的世界经理人大会上，与会代表又根据当代管理科学的发展以及企业的特征，提出了符合时代潮流的十项管理原则。

（1）**激励与沟通原则**。大家都知道，任何一个组织目标都是在每位员工每天将每件事情都做对、做好的基础上实现的，那么在管理的过程中，首先就需要管理者通过沟通，让员工充分理解并知晓组织的目标是什么，以及如何实现组织目标。组织内部的沟通机制不健全、沟通渠道不畅顺，势必会导致员工对于组织目标的理解出现偏差，进而导致组织目标最终不能如期实现，所以说，企业内部的沟通是非常关键的。

另外，在企业管理过程中，很多管理者都普遍存在这样的一个误区，觉得只要把企业的目标明确了，把目标实现的路径规划清楚了，企业的目标就可以实现了，然而却往往事与愿违。为什么呢？我认为管理者忽略了最重要的一个因素，那就是企业目标实现过程中人的因素，因为组织目标的实现，源于富有激情、责任感和目标意识的员工队伍，如果一个企业的员工都没有激情、缺乏战斗力，企业目标的实现也就只能是空中楼阁了，这就是我们所说的员工激励的重要性。

（2）**合作原则**。随着现代管理技术的不断进步，社会分工，包括企业内部的分工越来越细，这就要求企业之间、企业内部部门之间、岗位之间必须本着“双赢”、“多赢”、“共赢”的原则，精诚团结，紧密协作，只有这样，才能使一个部门、一家企业具有竞争优势。

如今，企业之间的竞争已经不是企业个体之间的竞争，而是企业价值链和企业价值链之间的竞争。可见，企业要想在残酷的市场竞争环境中脱颖而出，单凭自己的强大是不够的，还需要整合上下游资源，保持高度合作，形成战略联盟。

企业之间如此，企业内部也是同样的道理。原来企业管理强调职能式的管理模式，强调职能管理的作用，但现在越来越多的企业开始意识到，过分强调部门的职能管理，势必会导致部门本位主义；而要解决这一问题，必须从部门之间的紧密协作开始，所以现在越来越多的企业开始重视流程。

（3）**诚信原则**。诚信是一个道德范畴，对于个人而言，诚信是一个人的第二个“身份证”，是日常行为的诚实和正式交流信用的合称，即待人处世真诚，讲信誉，言必信、行必果；对于企业而言，诚信是经营的道德底线，离开了诚信这个基础，注定是短命的，永远也不可能成为百年企业。

【案例9-1】

以下是国内一些知名企业的核心价值理念，通过分析，我们就不难发现诚信对于企业的重要性：

同仁堂：炮制虽繁必不敢省人工，品味虽贵必不敢减物力；修合无人见，存心有天知。

联想集团：成就客户、创业创新、精准求实、诚信正直。

华为：成就客户、艰苦奋斗、自我批判、开放进取、至诚守信、团队合作。

可以看得出来，不论是同仁堂、联想集团还是华为，凡具远大理想的企业，都必须以诚信作为企业安身立命的基石。

（4）**服务原则**。服务原则告诉我们，企业做任何一件事情，都应本着“为客户服务”的原则，因为企业存在的唯一理由就是客户需要，如果哪一天客户不再需要其产品和服务，估计这家企业也就走到了尽头。

服务原则同样适用于企业内部，如：上道工序必须服务于下道工序，流程的上游必须服务于下游，上级必须服务于下级，职能部门必须服务于业务部门，等等，无不体现“服务原则”。

【案例9－2】

华为基本法规定：各部门管理者有责任记录、指导、支持、激励与合理评价下属人员的工作，负有帮助下属人员成长的责任。下属人员才干的发挥与对优秀人才的举荐，是决定管理者升迁与否及人事待遇的重要因素。（见《华为基本法》第六十二条）

（5）**以人为本原则**。齐国著名政治家管仲在《管子·霸言》中说：“夫霸王之所始也，以人为本。本治则国固，本乱则国危。”这可能是关于“以人为本”的最早的思想体系了。自从诺基亚提出“科技以人为本”之后，很多企业开始认识并逐渐重视人才对企业的重要性：首先，人才是企业最重要的资源；其次，企业的财富和利润都是通过员工的努力创造的。

那么，企业应该如何实施以人为本的管理原则呢？

①以人为本要求企业必须尊重员工，发挥员工的价值。

②以人为本要求企业用财富、物质、精神、文化和环境回报员工。

【案例9－3】

造就出一支谙熟市场脾性、具有创新精神和竞争力的企业家队伍，一支具有企业经验、善于经营管理的职业经理队伍，一支掌握科技知识、精通专门技术的科技及专业人才队伍，一支具有熟练的岗位技能、精力充沛的基层员工队伍，是集团持续、长期的任务之一。要加大对人力资本的投资力度，并将其放在优先考虑和安排的位置，为广大员工创造、提供学习和训练的机会，使集团成为工作、学习一体化组织，使集团整个人力资本迅速增值。

——摘自《华侨城宪章》第三十六条

【案例9－4】

集团以市场原则、功绩原则为价值分配的基本准则，运用支付月薪、颁发年薪、赋予职权、提供个人发展机会及培训学习机会、持有股份等形式以及不同的报酬组合，满足员工多元化混合需求；同时，作为调节集团内部利益关系和激励机制的多重手段。

集团针对不同类别的员工实行分类分层的分配制度。不同类别的员工各自行走在彼此有一定对应关系的收入轨道上；每类员工又区分为若干分配层次；伴随着员工的职业生涯，其收入具有丰富的变化空间。

忠诚企业、肯于奉献、精通业务的经营管理骨干和专业技术人才是企业的中坚力量，要在发展机会、经济利益、组织权力等方面明确地向他们倾斜。

——摘自《华侨城宪章》第三十八条

【案例9－5】

华为可分配的价值，主要为组织权力和经济利益；其分配形式是：机会、职权、工资、奖金、安全退休金、医疗保障、股权、红利，以及其他人事待遇。我们实行按劳分配与按资分配相结合的分配方式。

效率优先，兼顾公平，可持续发展，是我们价值分配的基本原则。

按劳分配的依据是：能力、责任、贡献和工作态度。按劳分配要充分拉开差距，分配曲线要保持连续和不出现拐点。股权分配的依据是：可持续性贡献、突出才能、品德和所承担的风险。股权分配要向核心层和中坚层倾斜，股权结构要保持动态合理性。按劳分配与按资分配的比例要适当，分配数量和分配比例的增减应以公司的可持续发展为原则。

——摘自《华为基本法》第十八条、第十九条

（6）**个人利益服从整体利益原则**。员工个体是企业整体的组成部分，个人利益是整体利益的基础，没有个人利益的实现，就不会有企业整体利益的充分发展；另外，个人利益又必须依赖于企业整体利益，整体利益是满足个体利益的保障和前提，是员工个人利益的集中表现，同理，没有整体利益的保证，员工个人利益也很难持久！

在与很多企业员工沟通的过程中，大家都有这样的一个疑问：究竟是“得到的”决定“付出的”，还是“付出的”决定“得到的”？有些人会认为，拿多少钱，干多少事，理所当然；也会有一些人则主张先把事干好再说，正所谓：付出总有回报，世间自有公道。可以看得出来，前者是典型的“得到的”决定“付出的”，而后者则是“付出的”决定“得到的”。其实，道理很简单，离开企业的整体利益简单地去谈员工个人利益是毫无意义的，正所谓：皮之不存，毛将焉附！

（7）**持续领先原则**。大家都知道这样一句顺口溜：人无我有、人有我优、人优我转。这句话的意思是：企业经营的过程中，企业如果拥有了竞争对手没有的优势

（如产品、技术、市场机会、商业模式等），就更容易成功；而一旦竞争对手迎头赶上，也获取了这些优势，企业就必须通过创新，使自己获得新的优势。

【案例 9－6】

曾经，一场手机巨头之间（三星和苹果）的官司，吸引了全球的目光。官司内容涉及多项专利侵权。这里权且不论这场官司的最终结果谁赢谁输，我们只是想看看三星电子这家成立于 1969 年的企业，如何以火箭的速度成长为世界电子巨头的。

在欧债危机和全球金融危机肆虐的 2012 年，当日本电子巨头（如索尼、佳能、松下、夏普等）节节败退之际，三星电子却异军突起，2012 年世界 500 强排名跃居 20 强（如表 1－5 所示）。三星电子之所以能够取得如此骄人的战绩，其智能手机和平板电脑在全球市场的优异表现功不可没，其推崇的创新战略亦居功至伟。

表 9－2　2008—2012 年世界 500 强前 20 位排名

排名	2008 年	2009 年	2010 年	2011 年	2012 年
1	沃尔玛	皇家壳牌石油	沃尔玛	沃尔玛	皇家壳牌石油
2	埃克森美孚	埃克森美孚	皇家壳牌石油	皇家壳牌石油	埃克森美孚
3	英荷壳牌	沃尔玛	埃克森美孚	埃克森美孚	沃尔玛
4	英国石油	英国石油	英国石油	英国石油	英国石油
5	丰田汽车	雪佛龙	丰田汽车	中国石化	中国石化
6	雪佛龙	道达尔	日本邮政控股	中国石油天然气	中国石油天然气
7	荷兰国际	康菲石油	中国石化	中国国家电网	中国国家电网
8	道达尔	荷兰国际集团	中国国家电网	丰田汽车	雪佛龙
9	通用汽车	中国石化	安盛	日本邮政控股	康菲石油
10	康菲石油	丰田汽车	中国石油天然气	雪佛龙	丰田汽车
11	戴姆勒汽车	日本邮政	雪佛龙	道达尔	道达尔
12	通用电气	通用电气	荷兰国际集团	康菲石油	大众汽车
13	福特汽车	中国石油天然气	通用电气	大众汽车	日本邮政控股
14	富通集团	大众汽车	道达尔	安盛	嘉能可国际
15	法国安盛集团	中国国家电网	美国银行	房利美	俄罗斯天然气工业
16	中国石化	比利时德克夏银行	大众汽车	通用电气	意昂集团
17	花旗集团	埃尼石油	康菲石油	荷兰国际集团	埃尼石油
18	大众汽车	通用汽车	法国巴黎银行	嘉能可国际	荷兰国际集团
19	比利时德克夏银行	福特汽车	意大利忠利保险	伯克希尔·哈撒韦	通用汽车
20	汇丰集团	安联保险	安联保险	通用汽车	三星电子

我们再来看看近10年三星电子的世界排名：

表9－3 2002—2012年三星电子世界排名

年份	世界排名	营业收入（百万美元）
2012年	第20位	148944.4
2011年	第24位	133780.5
2010年	第32位	108927.0
2009年	第40位	110350.0
2008年	第38位	106444.0
2007年	第46位	89476.2
2006年	第46位	78716.6
2005年	第39位	71555.9
2004年	第55位	54400.2
2003年	第115位	32960.0

对比以上两张表，我们可以清晰地看到三星电子的成长轨迹和发展速度，10年前还徘徊在100名之外的三星电子，用10年时间的快速发展，终于跻身世界前20强。

三星电子董事长李健熙曾经说过：除了自己的老婆孩子，全都要革命。除了热衷于技术和产品的创新之外，他提出的“根植技术经营”的理念已经成为全球优秀企业学习和效仿的榜样。李健熙倡导管理创新、组织创新，这无不体现这位优秀企业家的创新思维。

德鲁克说过：不创新，毋宁死。三星电子就是秉持着这种创新精神，因时而变，因势而变，不断追求创新。这种创新型的管理和创业式的经营，已经成为三星企业文化的灵魂。以“变”为核心经营理念，以人才和技术为基础，创造最佳的产品和服务，为人类社会做出贡献，这，就是三星电子。

（8）公平、公正、公开原则。这一原则要求企业在实施管理的过程中，必须做到：

①员工无论职位高低，在精神和人格上都绝对平等。

②企业提供给员工公平成长的机会和实现工作目标的资源。中国有句古话：不患寡而患不均。企业在经营和管理过程中，必须保证为每位员工提供公平学习与成长的多元化环境，同时根据职位及目标需要，为员工提供必需的相关资源。

③任何人决不预设立场，保持公正。

④企业重要政策与事务，应充分征求意见并协商，做到公开。让员工参与公司

经营与决策，已经成为很多成功企业的经营秘诀，因为让员工参与公司的重要决策和事务，势必减少很多政策宣贯和沟通的环节，同时，让员工感觉到成就感，更容易使公司的决策和政策得到有效执行。

【案例9－7】

华为基本法第四章规定

第五十五条　华为的可持续成长，从根本上靠的是组织建设和文化建设。因此，人力资源管理的基本目的，是建立一支宏大的高素质、高境界和高度团结的队伍，以及创造一种自我激励、自我约束和促进优秀人才脱颖而出的机制，为公司的快速成长和高效运作提供保障。(基本目的)

第五十六条　华为全体员工无论职位高低，在人格上都是平等的。人力资源管理的基本准则是公正、公平和公开。(基本准则)

第五十七条　共同的价值观是我们对员工做出公平评价的准则；对每个员工提出明确的挑战性目标与任务，是我们对员工的绩效改进做出公正评价的依据；员工在完成本职工作中表现出的能力和潜力，是比学历更重要的评价能力的公正标准。(公正)

第五十八条　华为奉行效率优先、兼顾公平的原则。我们鼓励每个员工在真诚合作与责任承诺的基础上，展开竞争；并为员工的发展，提供公平的机会与条件。每个员工都应依靠自身的努力与才干，争取公司提供的机会；依靠工作和自学提高自身的素质与能力；依靠创造性地完成和改进本职工作满足自己的成就愿望。我们从根本上否定评价与价值分配上的短视、攀比与平均主义。(公平)

第五十九条　我们认为遵循公开原则是保障人力资源管理的公正和公平的必要条件。公司重要政策与制度的制定，均要充分征求意见与协商。抑侥幸，明褒贬，提高制度执行上的透明度。我们从根本上否定无政府、无组织、无纪律的个人主义行为。(公开)

(9) 目标与计划原则。德鲁克认为：企业的目的和任务必须转化为目标，目标的实现者同时也是目标的制定者。首先，他们必须一起确定企业的航标，即总目标，然后对总目标进行分解，使目标流程分明。其次，在总目标的指导下，各级职能部门制定自己的目标。再次，为了实现各层目标，必须权力下放，培养一线员工主人翁的意识，唤起他们的创造性、积极性和主动性。

同时，在目标实现的过程中，决不能忽视计划的作用，计划是目标实现的过程跟进，也是目标的具体化，只有保证计划的落实，才能保证目标的顺利实现。

（10）**高效与快速响应原则**。高效和快速响应已经成为现代企业经营的共识，试想，如果没有高效和快速响应，企业何谈“持续领先”？如果失去高效和快速响应，企业又何谈“做强、做大”？所以说，高效、快速响应已经是现代企业竞争的主旋律，也是企业在复杂的竞争环境中取胜的唯一法宝！

高效与快速原则要求企业：

①提高顾客服务水平，即在正确的时间、正确的地点用正确的产品来响应消费者需求；

②通过快速响应和周转，提升企业获利能力；

③以效率为基础，以结果为导向，打造高效、稳健的企业组织及流程体系。

前面我们结合当代企业特征和经营环境对企业管理的10大基本原则进行了详细的阐述，那么，作为一名管理者，是不是掌握了这些基本的管理原则就可以了呢？答案是否定的。要想成为一名优秀的管理者，深刻理解这些原则只是基础，管理者还需要将这些原则付诸实践，用具体的管理方法和工具去解决问题。

3 setps to be an excellent manager

第四节 管理方法

管理方法是指用来实现管理目标的手段、方式、途径和程序的总和，也就是运用管理原理，实现组织目标的方式。任何管理，都要选择和运用相应的管理方法，就如汽车对于旅行者一样，运用管理方法可以化繁为简，利用管理工具可以提升效率。

那么一名优秀的管理者应该掌握哪些管理方法呢？

其实，早在泰罗提出科学管理方法时，管理学家和企业管理者就开始研究并总结有利于企业目标实现、组织管理的一系列管理方法了。管理方法发展到今天，总结起来，大致可以分为以下几种：

（1）**任务管理方法**。任务管理方法的提出者是泰罗，任务管理法的基本内容，可以概括为通过时间动作研究确定标准作业任务，并将任务落实到一线工人。也就是说，一线工人的作业在于完成管理人员规定的任务，而这种任务又是管理人员经过仔细推敲后设计出来的。这样，组织中的工人都有明确的责任，按职责要求完成了任务则付给一定的报酬。

（2）**人本管理方法**。从管理学的发展来看，对组织采取以人为中心的管理方法是在任务管理后提出来的。20 世纪 30 年代以后，管理学家们发现，提高人的积极性、发挥人的主动性和创造性对提高组织的效率更为重要。组织活动成果的大小是由领导方式与工作人员的情绪决定的，由此管理学将研究的重点转向了管理中的人本身，这就是以行为科学为主要内容的人际关系理论。人际关系学家主张采取行为管理的方法，即通过分析影响人的行为的各种心理因素，采用一定的措施，改善人际关系，以此提高工作人员的情绪和士气，从而产出最大的成果，达到提高组织效率的目的。

在人际关系理论的推动下，对组织的管理和研究便从原来以“事”为中心发展到以“人”为中心，由原来对“纪律”的研究发展到对“行为”的分析，由原来的“监督”管理发展到“自主”管理，由原来的“独裁式”管理发展到“民主参与式”的管理。

（3）**目标管理方法**。目标管理是美国著名管理学家德鲁克的首创，1954 年，他在《管理实践》一书中，首先提出“目标管理与自我控制”的主张，随后在《管理：任务、责任、实践》一书中对此做了进一步阐述。德鲁克认为，并不是有了工作才有目标，而是相反，有了目标才能确定每个人的工作。所以“企业的使命和任务，必须转化为目标”，如果一个领域没有目标，这个领域的工作必然被忽视。因此管理者应该通过目标对下级进行管理，当组织高层管理者确定了组织目标后，必须对其进行有效分解，转变成各部门以及各个人的分目标，管理者根据分目标的完成情况对下级进行考核、评价和奖惩。德鲁克指出，如果没有方向一致的分目标指示每个人的工作，则企业的规模越大、人员越多、专业分工越细，发生冲突和浪费的可能性就越大。企业每个管理人员和工人的分目标就是企业总目标对他的要求，同时也是员工对企业总目标的贡献。只有完成每一个目标，企业总目标才有完成的希望，而分目标又是各级领导人员对下属人员进行考核的主要依据。德鲁克还认为，目标管理的最大优点在于它能使人们用自我控制的管理来代替受他人支配的管理，激发人们发挥最大的能力把事情做好。

（4）**系统管理方法**。系统方法属于一般科学方法论，它以认识、研究和探讨结构复杂的客体确立必要的方法论原则。所谓系统方法，就是按照事物本身的系统性把研究对象放在系统的形式中认识和考察的一种方法。具体地说，从系统的观点出发，始终着重从整体与部分（要素）之间、整体与外部环境之间、部分（要素）与部分（要素）之间的相互作用和相互制约的关系中考察对象，从而达到最佳的处理效果。

系统方法是一种满足整体、统筹全局、把整体与部分辨证统一起来的科学方法，它将分析和综合有机地结合并运用数学语言定量地、精确地描述研究对象的运动状态和规律。它为运用数理逻辑和电子计算机来解决复杂系统的问题开辟了道路，为认识、研究和探讨结构复杂的整体确立了必要的方法论原则。

第五节 管理技巧

管理技巧是管理者在熟练掌握和运用各项管理方法和工具的基础上，针对不同的管理对象和管理环境，做到“随时、随地、随人、随事”灵活处理的表现。这是所有管理者追求的高级境界。正如一个习武之人，必须从练习蹲马步等基本功开始，再到练习招数和套路，但当他真正成为武林高手跟别人过招的时候，就不会完全按照套路出拳了，他只需根据对手的进攻顺势一击，便能击败对手。

在实际的企业管理活动中，我们也会发现，刚入职场的年轻管理者更喜欢谈论管理方法本身，而有经验的管理者则更喜欢研究如何运用管理方法更有效。这就是初级管理者和优秀管理者之间的差异。初级管理者探讨“术”层面的东西，而优秀的管理者研究“道”和“势”层面的东西。

【案例 9－8】

我们用一组案例来看看具有不同管理技巧的管理者对同一件事情的处理方法。

包工头拿到一桩业务，要将一批货搬到码头上去，且必须在半天内完成，任务相当繁重。要是按照之前的作业方式，完成此项工作至少需要一天的时间，手下就那么几名伙计，看来很难完成任务了。那么问题来了，我们有什么办法让这几名伙计拼命去干才能完成这单生意呢?

包工头 A：包工头 A 亲自下厨并将做好的饭菜给伙计们一一盛好，还亲手捧到每个人手里。伙计 A 接过饭碗，拿起筷子，正要往嘴里扒，一股诱人的红烧肉浓香扑鼻而来，他急忙用筷子扒开一个小洞，三块油光发亮的红烧肉藏在米饭中间，他立即扭过身，一声不响地蹲在屋角，狼吞虎咽地吃起来。这顿饭，伙计 A 吃得特别香。他边吃边想：老板看得起我，今天要多出点力，于是他把货装得满满的，一趟又一趟，来回飞奔着。整个上午，其他伙计也都像他一样卖力，个个累得汗流浃背，一天的活，一个上午就干完了。秘诀在于包工头 A 在他们每人的碗里都放了三块红烧肉。

包工头 B：包工头 B 把几名伙计召集在一起，给大家讲清楚当天的工作任务及要求，并且告诉大家会按照每个人搬运货物的多少计发奖金，全部工作完成后干活最多的那位伙计还能得到额外的奖励。几名伙计听到有奖金拿，每个人都拼命地干，一个上午的时间工作也完成了，为此，包工头额外拿出了 1200 元（相当于包工头全部收入的 30%）作为奖金。

包工头 C：包工头 C 把几位伙计召集在一起，告诉大家这单业务的基本情况及客户的要求，伙计们听了之后都摇头觉得很难完成，其中一名伙计提出最好能够增加 5 个人手，没有其他好的办法，包工头 C 也就只能从外面又临时叫了 5 名伙计帮忙。包工头 C 虽然也满足了客户的要求，但也为临时增加的 5 名伙计额外支出了 1500 元的工资。

包工头 D：包工头 D 在接到业务之后，他把伙计们分为 2 组，每组选取 1 名伙计作为组长，并告诉两组的伙计，他们之间要进行一场搬运货物竞赛，获胜的一方将会得到奖杯和奖金（价值 500 元），同时获胜组中表现最优秀的伙计还有机会参加公司组织的旅游。比赛开始了，两组伙计都表现得很优秀，货物也在客户要求的时间内顺利搬到了码头。

在上面的例子中，虽然包工头 A、包工头 B、包工头 C、包工头 D 都顺利完成了客户的订单，但他们每个人采取的措施和方法是不同的。下面我们来一起看看哪个包工头的激励方式是最有效的。

表 9－4　不同包工头激励方式对比

	激励方式	激励成本	激励效果
包工头 A	情感激励	100 元（一顿红烧肉）	优
包工头 B	目标激励	1200 元	中
包工头 C	工作激励	1500 元	差
包工头 D	竞争激励	600 元（奖杯＋奖金）	良

从上表的分析可以看出，包工头A的做法是最有效的，而包工头C的做法是最差的。大家想一下，如果采取包工头C的做法，长此以往，就会形成只要工作量大伙计们就都期望包工头C去外面找伙计来帮忙的期待，因为有了外面伙计的帮忙，工作能完成而且他们每个人的收入也不会减少。

看来采取什么样的激励方式从本质上没有对错之分，但要做到随人、随事、随时、随地，恰到好处，其实是挺难的，这就是本书所讲的管理技巧。

第六节 管理艺术

管理艺术是指管理活动中的一种高超的手段和方法，它是在长期的管理实践中总结出来的，建立在一定的素养、才能、知识 、经验基础上的有创造性的管理技巧。巴纳德用了“感觉”、“判断”、“感知”、“协调”、“平衡”、“相称”等词语来表述管理艺术。

管理艺术乃管理之最高境界，绝非泛泛之辈能达到，但作为一名管理者，我们必须了解如何才能达到管理艺术。

管理艺术古已有之。但是，直到20世纪50年代，随着社会经济、科技文化的飞速发展，管理问题日益复杂，才在客观上要求管理者必须掌握先进的管理手段和技巧，更加重视管理艺术。

最早提出管理艺术的是法国的亨利·法约尔，他认为，管理者在选择使用管理原则时，必须根据各种环境的特殊情况，依靠“艺术”来进行；美国著名管理学家德鲁克认为，在管理中，针对不同情况应采取不同的解决办法，管理是一门艺术；决策理论代表人物美国管理学家赫伯特·西蒙提出程序化决策和非程序化决策，区分了确定性决策、风险性决策和非确定性决策。这些都是管理艺术最初的表现形式和组成部分。

把管理作为一门艺术来研究，是管理者和管理学家的共识。从一般意义上说，管理艺术是管理实践的产物，是管理者在随机和不确定的条件下，熟练运用知识、经验、智慧和直觉，及时、恰当、有效地解决问题的技巧和所达到的境界。

管理艺术的形成及其有效运用，是以丰富的实践、深厚的理论和管理者自身实力为基础的：

（1）**理论基础**。管理艺术是管理者在对客观事物及其规律正确认识的基础上，解决具体问题的技巧。它除了直接来源于实践，还必须以一定的理论为指导。因此，管理艺术具有一定的继承性，是可以学习和传授的。管理艺术依赖的理论主要有三大类：第一类是思想理论，主要包括哲学思想、战争思想、宗教思想、治国思想等；第二类是基本理论，主要包括哲学理论、经济学理论、管理学理论；第三类是方法论，主要包括系统论、信息论、控制论和现代数学。管理艺术是吸收上述理论的有关核心、作为自己的理论基础，并灵活应用所呈现出的技巧。

（2）**实践基础**。管理与人类发展相始终，它存在于人类所有活动之中，因此，实践是管理艺术的直接来源。只有在实践中，人们学到的文化知识、制定的法律政策、建立的规章制度才能得到检验，并用正确的理论、政策、制度来指导实践，在多次锤炼、历经磨砺甚至艰难困苦的过程中积累经验、发现技巧，形成管理艺术。所以，离开了实践，管理艺术就成了无源之水、无本之木。

（3）**素质基础**。一定的实践和理论，仅仅是管理艺术的必要条件，而不是充分条件。管理者须同时具备一定的素质，如身体健康、精力充沛、品质高尚，具有一般常识、专业知识、管理知识、管理能力、大局意识、客户导向、战略思维、开放和包容的心态等，善于总结经验，能较快地依凭直觉，及时地发现问题、分析原因，而且有能力解决和杜绝问题，不局限于以往的经验和固有的知识，具体问题具体分析，恰当地解决所遇到的问题。

同时，管理艺术是一种客观存在技巧和能力，具有以下主要特点：

（1）**创造性**。我们把管理活动分解为两方面：一方面是人们在认识客观事物及其规律的基础上，对以往经验的总结，并使之制度化、规范化、公式化，其适用条件没变。另一方面，以往成功经验适用的条件发生了变化，或出现了新情况、新问题。对于第一种情况，可以完全照抄照办原来的经验，理直气壮地坚持原则、套用公式，这里体现了经验性、制度性和规范性；对于后一种情况，就要审时度势、因地制宜地处理问题，不能拘泥于经验、制度和规范，这里体现了灵活性、创造性和新颖性。

（2）**感染性**。管理艺术总是离不开管理者处理问题时的感情色彩和倾向。正如其他艺术一样，管理艺术能给人一种美的感受，引起人们感情共鸣，有着强大的感染和吸引力。具体说，就是说话使人爱听，办事使人信服，做事使人向往，处理问题往往使被管理者情不自禁地欣然接受。因此，高超的管理艺术，使管理者具有很强的号召力和凝聚力。

（3）**综合性**。管理艺术来自管理者对实践经验的总结和升华，是管理者知识文化对实践的指导和运用，是其自身智慧和能力的充分体现，是时势和环境所造就的管理技巧。因此，管理的系统性，在管理艺术方面表现为综合性。

参考文献

[1]〔美〕彼得·圣杰. 第五项修炼——学习型组织的艺术与实务[M]. 北京:中信出版社,2009.

[2]〔德〕费尔巴哈. 宗教的本质[M]. 北京:商务印刷馆,2010.

[3]〔拜占庭〕普洛科皮乌斯. 战争史(全二册)[M]. 北京:商务印刷馆,2010.

[4]〔美〕迈克尔·波特. 竞争优势[M]. 北京:华夏出版社,2009.

[5]〔美〕迈克尔·波特. 竞争战略[M]. 北京:华夏出版社,2009.

[6]〔美〕斯蒂芬·P. 罗宾斯,〔美〕蒂莫西·A. 贾奇. 组织行为学(第十二版)[M]. 李原,孙健敏,译. 北京:中国人民大学出版社,2011.

[7]〔美〕加里·德斯勒. 人力资源管理(第九版)[M]. 吴雯芳,刘昕,译. 北京:中国人民大学出版社,2005.

[8]〔美〕罗伯特·N. 卢西尔. 管理学基础:概念、应用与技能提高[M]. 郑风田,等,译. 北京:人民邮电出版社,2007.

[9]〔美〕彼得·德鲁克. 管理的实践[M]. 北京:机械工业出版社,2009.

[10]〔美〕彼得·德鲁克. 公司的概念[M]. 慕凤丽,译. 北京:机械工业出版社,2009.

[11]〔美〕彼得·德鲁克. 新社会[M]. 石晓军,等,译. 北京:机械工业出版社,2009.

[12]〔美〕罗伯特·S. 卡普兰,〔美〕戴维·P. 诺顿. 战略中心型组织[M]. 博意门咨询公司,译. 北京:中国人民大学出版社,2008.

[13]〔美〕罗伯特·S. 卡普兰,〔美〕戴维·P. 诺顿. 战略地图:化无形资产为有形成果[M]. 刘俊勇,孙薇,译. 广州:广东经济出版社,2005.

[14]〔美〕罗伯特·S. 卡普兰,〔美〕戴维·P. 诺顿. 组织协同:运用平衡计分卡创造企业合力[M]. 博意门咨询公司,译. 北京:商务印刷馆,2006.

[15]〔美〕罗伯特·S. 卡普兰,〔美〕戴维·P. 诺顿. 平衡计分卡:化战略为行动[M]. 刘俊勇,译. 广州:广东经济出版社,2004.

[16]〔美〕丹尼尔·A. 雷恩,〔美〕阿瑟·G. 贝德安. 管理思想史(第六版)[M]. 孙健敏,黄小勇,李原,译. 北京:中国人民大学出版社,2012.

[17]〔美〕拉姆·查兰．高管路径:“轮岗培养”领导人才[M]．徐中,杨懿梅,译．北京:机械工业出版社,2011.

[18]〔美〕斯玛特,〔美〕斯特里特．聘谁:用A级招聘法找到最合适的人[M]．任月园,译．深圳:海天出版社,2009.

[19]〔美〕戴维·D. 杜波依斯,〔美〕威廉·J. 罗思韦尔,〔美〕德博拉·乔·金·斯特恩,〔美〕琳达·K. 肯普．基于胜任力的人力资源管理[M]．于广涛,等,译．北京:中国人民大学出版社,2006.

[20]〔美〕凯文·肯尼迪．持续领先[M]．王毅,译．北京:高等教育出版社,2004.

[21]〔美〕弗雷德·R. 戴维．战略管理(第10版)[M]．李克宁,译．北京:经济科学出版社,2006.

[22]方振邦,徐东华．管理思想史[M]．北京:中国人民大学出版社,2011.

[23]彭剑锋,饶征．基于能力的人力资源管理[M]．北京:中国人民大学出版社,2003.

[24]郭咸纲．西方管理思想史[M]．北京:世界图书出版公司北京公司,2010.

[25]鲁培康．境界管理:五重境界管理模式[M]．北京:机械工业出版社,2012.

[26]戴淑芬．管理学教程(第三版)[M]．北京:北京大学出版社,2009.

[27]水藏玺,许艳红．管理成熟度评价理论与方法[M]．北京:中国经济出版社,2012.

[28]水藏玺．人力资源管理体系设计全程辅导[M]．北京:中国经济出版社,2008.

[29]水藏玺．流程优化与再造[M]．北京:中国经济出版社,2011.

[30]水藏玺．互联网时代业务流程再造[M]．北京:中国经济出版社,2015.

[31]黄开国,等．诸子百家大辞典[M]．四川:四川人民出版社,1999.

[32]张少瑜．兵家法思想通论[M]．北京:人民出版社,2006.

[33]林语堂．孔子的智慧[M]．长沙:湖南文艺出版社,2011.

[34]刘笑敢．道教[M]．上海:上海古籍出版社,2008.

[35]王秀美,等．基督教史[M]．南京:江苏人民出版社,2006.

[36]金宜久．伊斯兰教史[M]．南京:江苏人民出版社,2006.

[37]吴伯凡,等．企业公民:从责任到能力[M]．北京:中信出版社,2010.

[38]周坤．企业规范化管理实务[M]．北京:北京大学出版社,2005.

[39]周坤．战略规划精要[M]．北京:北京大学出版社,2007.

[40]彭志强．商业模式的力量[M]．北京:机械工业出版社,2010.

[41]吴能全,许峰．胜任能力模型设计与应用[M]．广州:广东经济出版社,2006.

[42]翟胜涛,宋争. 管理者胜任素质[M]. 北京:机械工业出版社,2006.

[43]周三多. 孙子兵法与经营战略[M]. 上海:复旦大学出版社,1995.

[44]金成哲. 战略运营管理咨询工具箱[M]. 北京:人民邮电出版社,2010.

[45]侯章良,刘立新. 战略管理最重要的5个工具[M]. 广州:广东经济出版社,2008.

[46]侯章良,水藏玺. 人力资源管理最重要的5个工具[M]. 广州:广东经济出版社,2008.

[47]何军,水藏玺. 管理咨询35种经典工具[M]. 北京:中国经济出版社,2005.

[48]秦杨勇. 能力素质模型设计五步法[M]. 厦门:鹭江出版社,2009.

[49]高艳. 企业人力资本经营研究[M]. 北京:中国经济出版社,2011.

后 记

“学管理、用管理、会管理”是一名优秀管理者成长的三部曲!

“学管理”是让管理者通过对管理思想真谛的领悟以及对管理理论的学习，对管理有一个系统而全面的认知。

“用管理”则是管理者利用管理工具和方法解决实际工作中遇到的各项管理问题，提升组织效率，做出正确决策，帮助企业成长。

“会管理”是管理者能够根据不同的管理环境和管理对象，随时、随地、随人、随事地实施管理，营造良好的工作氛围，带领团队成员共同努力达到组织目标。

这不但是一名管理者从“门外汉”变成“行家里手”的必经之路，也是任何一名管理者追求管理的最高境界。

在十多年的咨询生涯中，我也是通过不断思考、总结和实践，在辅导客户管理者不断成长的过程中，逐步提高和成长的。所以，我很庆幸选择了咨询行业，并一直在这个行业坚守。每当看到客户在我的辅导和帮助下实现业绩倍增、管理越来越规范，我总会觉得自己很幸福！同时，在过去十多年的时间里，我始终坚持写作，从我的第一本书《吹口哨的黄牛》（与国内著名的人力资源管理专家姜定维、蔡巍合著）开始，不知不觉已经出版了二十三本之多。我认为，写作是一种很好的总结和学习的过程，通过写作，可以让自己的知识更加体系化，同时也可以将自己在企业经过实践的管理工具和方法与更多的人分享，这本身就是一件很愉悦的事情，这是我的爱好，也是对顾问这个职业最好的回报！

在咨询过程中，有幸遇到了很多的企业家和管理高手，他们是：苏州新机电的张建伟先生、游黎萍小姐；朵唯手机的何明寿先生、张梅小姐、廖文平先生；泛亚人力的靳站兵先生、高晓勇先生、潘向华先生；汉丹机电的葛懿先生、舒远鹏先生；3ZU 的董其良先生、金培娟小姐；华孚色纺的孙伟挺先生、许伟宜先生、邵敏小姐；龙源鞋业的张在军先生、伍俊辉先生；鸿福泰的樊文劲先生；泰坦科技的陈向军先生；芬尼克兹的刘敏小姐；泛微华南的张少勇先生、杨新岐先生、陈政先生；玉溪矿业大红山铜矿的李沛丰先生、姬祥云先生；冠欣投资的邓白洋先生；建峰化工的曾中全先生、潘伟雷先生、赵秋先生；西洋肥业的周超先生；名雕装饰的林金成先生；南宁一品轩的张文俊小姐；古鼎香集团的曾秀林小姐；中核华兴的陈涛先生、王善民先生、郭云涛先生、陆凯先生；赛尔康的王赤辰先生；欢乐谷的刘凡慧小姐；深圳彩生活服务集团的马焰先生；三和管桩的韦泽林先生、何先军先生、万如斌先生；创梦天地的陈湘宇先生、董顺会先生；武汉益康的郭建忠先生、邓云佐小姐；南京公路科学研究所徐全珍所长；佛山创意产业燕邱代伦先生、张莹小姐；云南招标股份有限公司的徐瑞川先生、赵贵梅小姐；浙东建材集团邱风雷先生；金凯德集团陈立新先生、曹行一先生……他们都是管理者中的佼佼者，他们对企业管理孜孜不倦的追求，保证了企业的稳健经营，其中很多企业已经成为行业的标杆。在与他们不断探讨和总结的过程中，我学到了很多，在此我要谢谢他们！

在十多年的咨询经历中，有幸认识了很多咨询行业的优秀咨询师，他们是周坤先生、冉斌先生、蔡巍先生、吴平新先生、赵晓东先生、唐东方先生、赵国强先生、李军先生、魏志峰先生、眭昆先生、昝鹏先生、伍俊辉先生、曹国栋先生、张少勇先生、杨新岐先生、唐晓斌先生、王林先生、孙洪斌先生、李鸿飞先生、王建超先生、曲军先生、谭文平先生、李章溢先生、郭楚凡先生、姚孝杨先生、朱韵菲小姐、王秀娟小姐、田志宝先生、姜定维先生、张远坤先生、徐晓浪先生、赵浩然先生……他们大都还在默默坚守并深爱着这个职业，相信，咨询行业会因为他们的坚守而更加精彩！

本书是我个人出版的第二十三本书。每一本书对于我个人而言都是一个总结，让我能够静下心来重新思考管理的本质；而对于这么多年来信任我、支持我的服务客户来讲，每一本书都是一份感谢！感谢你们长期以来的支持与信任，让我有勇气把自己对管理的粗浅认知拿出来与更多的人一起分享。

我常讲，过去做顾问的十多年，是我人生中最难忘的十多年，因为在这期间，有太多的感动。虽然在很多人看来，顾问这个职业充满艰辛，但我深深地爱着我的选择！

在本书出版之际，我要感谢中国经济出版社的李煜萍小姐，从 2006 年算起，我们之间的合作已有 10 年之久，10 年来，我始终被她一丝不苟的工作作风感动着，我钦佩她作为一名出版人的执着，再次感谢！

我要感谢我的爱人许艳红小姐，一路走来，都是她在默默支持我、鼓励我。还有我可爱的女儿思涵，记得2005年春节在我写《看好自己的文件夹：企业知识管理的精髓》的时候，她刚刚满月，转眼之间，她已经是一名五年级的小学生了，我爱你们！

另外，去年是我母亲赵梅梅女士的甲子之年，我要借助本书出版的机会，对生我、养我、育我的母亲表示深深的谢意，祝愿母亲健康、长寿！

是为后记。

水藏玺

2016年5月5日于深圳

水藏玺作品集

序号	书名	出版社	出版日期
1	吹口哨的黄牛：以薪酬留住人才	京华出版社	2003
2	金色降落伞：基于战略的组织设计	中国经济出版社	2004
3	睁开眼睛摸大象：岗位价值评估六步法	中国经济出版社	2004
4	管理咨询35种经典工具	中国经济出版社	2005
5	看好自己的文件夹：企业知识管理的精髓	中国经济出版社	2005
6	绩效指标词典	中国经济出版社	2005
7	培训促进成长	中国经济出版社	2005
8	拿多少，业绩说了算	京华出版社	2005
9	成功向左、失败向右：在企业的十字路口如何正确决策	中国经济出版社	2006
10	激励创造双赢：员工满意度管理8讲	中国经济出版社	2007
11	人力资源管理最重要的5个工具	广东经济出版社	2008
12	人力资源管理体系设计全程辅导	中国经济出版社	2008
13	企业流程优化与再造实例解读	中国经济出版社	2008
14	金牌班组长团队管理	广东经济出版社	2009
15	薪酬的真相	中华工商联合出版社	2011
16	流程优化与再造：实践、实务、实例	中国经济出版社	2011
17	管理成熟度评价理论与方法	中国经济出版社	2012
18	流程优化与再造	中国经济出版社	2013
19	定工资的学问	立信会计出版社	2014
20	互联网时代业务流程再造	中国经济出版社	2015
21	管理就是解决问题	中国纺织出版社	2015
22	年度经营计划管理实务	中国经济出版社	2015
23	学管理　用管理　会管理：优秀管理者成长三部曲	中国经济出版社	2016

本书案例来源及专业支持

共图咨询　　信睿咨询　　CPIO协会

共图咨询　是由国内知名管理专家冉斌先生、水藏玺先生、蔡巍先生共同发起，以倡导和推动“企脉系统”的建设和落地为使命。“企脉系统”包括企梦系统、企事系统、企人系统、企大系统、企业系统等5大子系统。

共图咨询认为，企业只有将“梦、事、人、脉”一体化，才能够保证企业健康稳健地运营。

信睿咨询　是由国内知名管理专家水藏玺先生、吴平新先生发起，以“持续提升客户经营业绩”为追求目标，始终坚持“以客为尊，以德为先”的经营理念，信睿咨询率先提出的“与客户结婚”和“咨询零收费”模式开创了国内咨询行业全新的商业模式。

CPIO协会　深圳首席流程创新官协会（Chief Process Innovation Officer，简称CPIO）是由国内知名管理专家水藏玺先生、张少勇先生等人发起，旨在帮助企业打造一批优秀的CPIO。

CPIO的工作职责覆盖首席信息官（Chief Information Officer，CIO）、首席创新官（Chief Innovation Officer，CIO）和首席流程官（Chief Process Officer，CPO）的范畴，优秀的CPIO是企业经营系统升级的主要推动者和责任承担者。